Sob o signo de Atena

SUZELEY KALIL MATHIAS (ORG.)

Sob o signo de Atena:

gênero na diplomacia e nas Forças Armadas

editora unesp

Programa de Pós-Graduação em Relações Internacionais
UNESP - UNICAMP - PUC/SP

Direitos de publicação reservados à:
Fundação Editora da UNESP (FEU)
Praça da Sé, 108
01001-900 – São Paulo – SP
Tel.: (0xx11) 3242-7171
Fax: (0xx11) 3242-7172
www.editoraunesp.com.br
www.livrariaunesp.com.br
feu@editora.unesp.br

Programa San Tiago Dantas de Pós-Graduação em Relações Internacionais
Praça da Sé, 108 – 3º andar
01001-900 – São Paulo – SP
Tel.: (0xx11) 3101-0027
www.unesp.br/santiagodantassp
www.pucsp.br/santiagodantassp
www.ifch.unicamp.br/pos
relinter@reitoria.unesp.br

CIP – Brasil. Catalogação na fonte
Sindicato Nacional dos Editores de Livros, RJ

S659

Sob o signo de Atena: gênero na diplomacia e nas Forças Armadas/Suzeley Kalil Mathias (org.) – São Paulo: Editora UNESP: Programa de Pós-Graduação em Relações Internacionais San Tiago Dantas, 2009.
280 p.: il.

Inclui bibliografia
ISBN 978-85-7139-975-4

1. Mulheres diplomatas. 2. Mulheres militares. 3. Mulheres diplomatas – Brasil. 4. Mulheres diplomatas – Brasil. 5. Relações internacionais. I. Mathias, Suzeley Kalil. II. Programa de Pós-Graduação em Relações Internacionais San Tiago Dantas.

09-4637. CDD: 305.42
CDU: 316.346.2-055.2

Beneficiário de auxílio financeiro da FAPESP – Brasil

Editora afiliada:

Asociación de Editoriales Universitarias de América Latina y el Caribe

Associação Brasileira de Editoras Universitárias

SUMÁRIO

APRESENTAÇÃO 7

PARTE 1

GÊNERO, DEFESA E PAZ NO CONE SUL 17
Suzeley Kalil Mathias

MULHER, FORÇAS ARMADAS E MISSÕES DE PAZ NA REGIÃO ANDINA 51
Loreta Tellería Escobar

A MULHER NAS FORÇAS ARMADAS DA AMÉRICA CENTRAL E MÉXICO NAS MISSÕES DE PAZ 81
IEPADES

GÊNERO, FORÇAS ARMADAS E MISSÕES DE PAZ NO CARIBE 107
Lilian Bobea

O PROCESSO DE INCORPORAÇÃO E O PANORAMA ATUAL DAS MULHERES NAS FORÇAS ARMADAS ESPANHOLAS: NOTAS PARA A COMEMORAÇÃO DO 20º ANIVERSÁRIO 151
Bárbara Kristensen

O OLHAR DOS HOMENS: RESISTÊNCIA E CUMPLICIDADE NAS RESPOSTAS MASCULINAS À INTEGRAÇÃO DE MULHERES NAS FORÇAS ARMADAS 169
Helena Carreiras

Parte 2

IGUALDADE DE GÊNERO: UM CAMINHO PARA A PAZ 191
Roberta Cristina Izzo

DE AFRODITE A MELÍADE? O FEMINISMO NOS ESTUDOS DE SEGURANÇA 205
Juliana Alves da Costa, Lara Martim Rodrigues Sélis e Samuel Alves Soares

REFLEXÕES FEMINISTAS ACERCA DAS RELAÇÕES INTERNACIONAIS 229
Lídia Maria Vianna Possas e Sarah de Freitas Reis

A PRESENÇA DA MULHER NA DIPLOMACIA BRASILEIRA NO INÍCIO DO SÉCULO XXI 243
Viviane Rios Balbino

REFERÊNCIAS BIBLIOGRÁFICAS 265

Apresentação[1]

Suzeley Kalil Mathias

Este livro é resultado de um duplo esforço. Por um lado, dos seis capítulos que compõem a primeira parte, quatro são resultado da pesquisa *Mulheres nas Forças Armadas da América Latina: uma perspectiva de gênero sobre operações de paz*, levada a cabo pela Red de Seguridad y Defensa de América Latina (RESDAL) com o objetivo de subsidiar as discussões da VIII Conferência de Ministros da Defesa das Américas, que aconteceu em setembro de 2008 no Canadá. Pela primeira vez, o tema gênero foi pauta desse evento, no qual foi apresentada uma sinopse dos textos que agora publicamos.

Por ter sido muitas vezes exemplo para a formação militar latino-americana, a estes quatro textos juntamos dois outros que tratam, respectivamente das mulheres nas Forças Armadas portuguesas e espanholas. Por fim, somamos a estes outra parte, composta por quatro trabalhos, dedicados à analise da relação entre mulheres e relações internacionais.

O tema gênero vem ganhando terreno nas ciências sociais das Américas. Porém, diferentemente dos EUA e do Canadá, são muito recentes os estudos sobre a presença feminina nas Forças Armadas e mais ainda sobre seu envolvimento na resolução de conflitos, como nas Operações de Paz das Nações Unidas.

Em termos gerais, o tema da mulher nas forças militares é tratado como parte da temática de igualdade de gênero, o que não atende às especificidades da questão militar. As pessoas que querem ser parte de uma força

1 Necessário registrar o grande empenho de Juan Rial, praticamente coautor desta introdução, cujo texto é quase completamente de sua autoria – originalmente apresentação à primeira parte deste livro –, como pode ser constatado consultando-se "La mujer en las Fuerzas Armadas: la incorporación de las militares latinoamericanas a las operaciones de paz" [www.resdal.org.ar]. Grande especialista em relações civil-militares, tendo sido assessor em projetos de resolução de conflitos, inclusive na ONU, Rial acompanhou todo o desenvolvimento da pesquisa cujo resultado agora se publica. Sem seu talento e bom humor, os textos aqui reunidos certamente não seriam os mesmos.

armada e não são homens foram obrigadas a se acomodar a uma instituição historicamente masculina.

Os homens possuem notórios preconceitos acerca da participação de mulheres nas Forças Armadas. Estes podem ser divididos em dois esquemas polares. Para muitos, as mulheres como combatentes são temíveis e difíceis de controlar. Ao mesmo tempo e de forma contraditória, diz-se que as mulheres não têm capacidade para suportar as duras tarefas físicas que impõe a profissão militar. Oscilando entre essas duas posições, as instituições militares têm buscado um acomodamento à crescente demanda pela igualdade de gênero. No caso da América Latina, a questão que se coloca é a de igualdade de sexos, pois o problema mais global, de gênero, encontra-se longe de ser adequadamente colocado.

No tratamento do tema é preciso assinalar que existem diferentes necessidades: há as individuais, as da sociedade e as das instituições militares. Entre as individuais, estão a forma dos mercados de trabalho, fortemente informalizados, pois neles se pode ganhar mais do que no mercado formal, porém carecem de qualquer apoio social. Ingressar em uma força burocrática estatal, como a militar, supõe obter não apenas um salário, que pode ser muito reduzido, mas também benefícios sociais, tais como seguro-saúde, reforma remunerada e outros. No que se refere à sociedade, à prédica pela igualdade de gênero, pelo fim da discriminação da mulher e daqueles com perfil social que não são os dominantes, também é somada uma variada gama de necessidades. É conhecido o fato de que em mais de um movimento armado revolucionário as mulheres ocuparam importantes responsabilidades e funções. No entanto, no caso dos movimentos vitoriosos, imediatamente depois de ganhar, as mulheres deixaram de deter essas posições, voltando a exercer papéis tradicionais que lhes são imputados. O tema das necessidades militares é um pouco mais amplo.

As necessidades militares se orientam pelas dificuldades crescentes que enfrentam as Forças Armadas para obter pessoal em razão da baixa remuneração oferecida. No passado, em períodos de penúria de pessoal, foram recrutadas mulheres como auxiliares na administração e logística, como o fizeram os Estados Unidos, a Inglaterra e a ex-União Soviética na Segunda Guerra Mundial. Naquela época, chegou-se a colocar mulheres nos serviços aéreos de transporte ou treinamento. Porém, superado o limite da falta de pessoal masculino suficiente, as mulheres foram dispensadas. Em países como a Alemanha, onde os constrangimentos ideológicos eram muito fortes, podia-se submeter prisioneiras a trabalhos forçados, mas o pessoal feminino das Forças Armadas alemãs jamais foi engajado para além das funções administrativas e de apoio. Somente bem ao final da guerra, foi possível ver mocinhas da juventude nacional-socialista empunharem armas de fogo.

Hoje em dia, com as mudanças nas condições do mercado de trabalho, o recrutamento de mulheres para realizar funções logísticas e administrativas nas forças militares é um fato corrente. A resistência em recrutá-las existe quando o eventual posto supõe o combate – em geral considera-se difícil compatibilizar uma carreira militar, a qual supõe capacidade física para dispor da força e da energia de gente jovem, o que coincide com o ciclo de maternidade. Por isso, embora o recrutamento feminino seja permitido em vários casos, o seu desempenho em unidades de combate geralmente é proibido. Os EUA são um desses casos. Entretanto, conflitos como o do Iraque ou Afeganistão, nos quais as linhas de frente não estão estabelecidas, indicam que um combatente de infantaria é tão suscetível ao risco quanto uma mulher soldado conduzindo um caminhão de provisões.

Se a presença das mulheres nas Forças Armadas é pouco trabalhada, no que se refere às relações internacionais, gênero é um tema praticamente ignorado. Na totalidade do continente americano, as análises sobre o tema têm se omitido, sem maiores explicações; nem mesmo aquelas fortemente preconceituosas que aparecem em relação às mulheres na guerra são mencionadas. Entretanto, se a diplomacia e a força são os dois instrumentos da política externa dos países, eximir-se da discussão "gênero e diplomacia", em particular quando se trata de jogar luzes sobre o fenômeno da negociação em situações de conflito, como são as missões de paz, é o mesmo que marginalizar a sociedade do mundo contemporâneo.

Talvez por envolver as relações homem e mulher, de masculino e feminino, o tema é considerado íntimo, privado, pessoal e, consequentemente, relegado pelas discussões públicas, mormente quando o centro desta relaciona-se com a política internacional, com o relacionamento entre Estados. Entretanto, é importante frisar que, ao dizer gênero, situa-se a temática em outra dimensão, muito maior que aquela norteada pelas definições de masculino e feminino. Na realidade, gênero diz respeito não às diferenças físicas ou biológicas entre os sexos, mas aponta para as relações sociais, as formas históricas que assumiram as percepções sobre as diferenças entre homens e mulheres. Visto como relação entre os sexos, como acima mencionado, jamais o tema alcançará *status* acadêmico, menos ainda político.

Por outro lado, a participação das mulheres em operações de paz é vista como uma importante oportunidade para as mulheres exercerem a tarefa de *diplomacia com uniforme* ao poder realizar as atividades vinculadas com a construção da paz, ainda que esta não seja uma tarefa exclusiva de DPKO, já que a preocupação do Programa de Desenvolvimento das Nações Unidas (PNUD), por meio de seu Birô de Prevenção de Conflitos e Reconstrução da Paz, pouco a pouco considera que, para poder dar por exitosa a avaliação de uma determinada operação de paz, se deve incursionar no terreno de maior participação feminina nessas operações. Mas lembrar que há "diplomatas com uniforme" nas frentes de batalha tem sido o mecanismo de afastar a discussão e jogar para um futuro sempre mais distante a incorporação da mulher com iguais oportunidades que seus pares homens às operações de paz.

Um entrave à participação feminina em operações de paz é que se considera que as mulheres cumprem adequadamente as missões de segurança, enquanto policiais, como nos seus próprios países, nos quais atuam correntemente nos casos de violência doméstica e de abusos sexuais. Porém, os contingentes policiais são escassos e difíceis de recrutar, enquanto as possibilidades são maiores quando se trata de militares.

Evidentemente, com estas missões, em mais de um caso se redesenham as previsões legais dos países de origem, nos quais as funções de defesa e segurança estão claramente separadas. É que, essencialmente, ainda que a maioria das atuais operações de paz esteja justificada sob o capítulo VII da Carta das Nações Unidas, na prática suas principais tarefas são de natureza policial e constituem operações *seis e meio*, como são conhecidas nas conversas de corredores na sede daquele organismo internacional, dado que não impõem estritamente a paz, mas guardam a ordem. A Carta das Nações Unidas, pensada para manter a paz entre Estados, de fato teve de adequar-se para ser aplicada a conflitos internos, ainda que muitos deles tenham se internacionalizado.

No caso de desastres naturais ou de operações humanitárias é quase óbvio o espaço que existe para ser preenchido por contingentes femininos, assim como há em todas as atividades auxiliares, de apoio e em tarefas policiais. Porém, da mesma forma que nos países de origem, o desafio é a integração plena nas organizações de combate, seja como militar seja como negociadora, onde resta muito por fazer.

Os resultados do projeto *Mulheres nas forças armadas da América Latina: uma perspectiva de gênero sobre operações de paz*, plasmados nos textos que compõem a primeira parte deste livro, desdobraram-se em uma nova pesquisa organizada em três coordenações e suas equipes sob direção da RESDAL e deverá atingir a totalidade dos resultados em 2010, quando serão apresentadas as análises nacionais e regionais (exceto Caribe) em trabalhos que versam sobre a incorporação das mulheres em Forças Armadas e policiais da América Latina e sua participação em missões de paz, incluindo estudos sobre a percepção destas mulheres e seus comandantes na atuação de homens e mulheres nestas missões.

Este livro pretende ser uma contribuição, ainda que singela, para a discussão "gênero, diplomacia e Forças Armadas", razão pela qual está organizado da seguinte maneira: dividido em duas partes, a primeira inicia-se com o capítulo escrito por Suzeley Kalil Mathias que, a partir de uma discussão a respeito do gênero enquanto produto histórico-social, avalia a incorporação das mulheres às Forças Armadas dos cinco países do Cone Sul (Argentina, Brasil, Chile, Paraguai e Uruguai) e sua participação em missões de paz, em especial na MINUSTAH, missão da ONU no Haiti ainda em curso. O segundo capítulo, assinado por Loreta Terellía Escobar, é dedicado à mesma análise, agora preocupada com a região andina (Bolívia, Colômbia, Equador,

Peru e Venezuela). Segue-se com a apresentação do tema para os países da América Central e México realizado pela equipe do IEPADES. Os países caribenhos são o objeto de análise de Lilian Bobea, com o qual se encerra o conjunto dos textos de pesquisa da RESDAL.

O quinto capítulo é dedicado ao caso espanhol. Escrito por Bárbara Kristensen, nele se apresenta um panorama dos 20 anos de incorporação das mulheres às Forças Armadas da Espanha apontando para as influências mútuas ou recíprocas entre avanço democrático, modernização castrense e sua participação na OTAN. A autora reconhece o ganho para a igualdade representado pela abertura dos quartéis às mulheres, mas também salienta a persistência dos estereótipos sexistas, o que dificulta, se não impede, a afirmação das mulheres como militares e sua ascensão aos postos mais altos da hierarquia.

Consagrada autora de pesquisas nesse tema, Helena Carreiras fecha a primeira parte do livro com a avaliação do caso português. Considerando que as pesquisas sobre as mulheres nas Forças Armadas em Portugal estão bastante adiantadas com relação à América Latina, nesse texto já não é a incorporação das mulheres o objeto da autora, mas sim, enfatizando a dimensão relacional do processo de convivência de homens e mulheres nas forças, toma a percepção e as perspectivas masculinas sobre ele como objeto de análise.

Assumindo que para a operacionalização de qualquer política externa deve haver diálogo entre os ministérios da Defesa e das Relações Exteriores, responsáveis pelos dois meios de realização desta política, respectivamente a força e a diplomacia, entendemos que, num livro dedicado a um tema tão pouco considerado pela academia brasileira — como é a relação entre força e gênero — dever-se-ia incluir também a perspectiva diplomática, pois tanto quanto o primeiro este é um tema desprezado pelos estudos acadêmicos. Por isso, incorporamos quatro textos que buscam introduzir a discussão "gênero e diplomacia" na pesquisa nacional.

O capítulo 7 é, assim, responsável por impulsionar a discussão. Neste extrato, Roberta Cristina Izzo se esforça por mostrar a grande relação que existe entre paz e igualdade de gênero, uma dinâmica que envolve muito trabalho, mas cujos frutos são substanciais, em especial para a consolidação da democracia.

Segue-se a análise da relação entre feminismo e estudos de segurança, com isso introduzindo o papel exercido pelo movimento de mulheres sobre a teoria, sobre a forma de olhar e avaliar as relações internacionais. A responsabilidade aqui recaiu sobre duas jovens cientistas sociais capitaneadas por Samuel Alves Soares. São elas Juliana Alves da Costa e Lara Martim Rodrigues Sélis.

O nono capítulo também é dedicado ao campo teórico das relações internacionais. Nele, Lídia Maria Vianna Possas e Sarah de Freitas Reis buscam mostrar como é uma vantagem a pluralidade de abordagens que marca as ciências sociais, apontando para a contribuição dos estudos de gênero para a construção do paradigma feminista e deste para a análise no campo de estudo das relações internacionais.

Completa este dossiê o capítulo assinado pela diplomata Viviane Rios Balbino, que se dedica a apresentar pesquisa empírica pioneira, a qual discute a participação das mulheres na diplomacia brasileira neste início do século XXI. A conclusão é que, apesar dos grandes avanços das mulheres pela igualdade de gênero, ainda há um caminho não apenas largo, mas espinhoso a percorrer, pois a presença da mulher no Itamaraty está muito aquém de sua importância na sociedade; e mais, a diplomata se responsabiliza pelos postos mais baixos na hierarquia, sendo quase uma exceção aquelas que chegam aos postos de mais alta autoridade.

Por último, é impossível encerrar sem agradecer, correndo o risco da omissão, às várias pessoas que ajudaram na realização das pesquisas reunidas nesta publicação e sem as quais certamente este tema seguiria sendo deixado de lado pelas ciências sociais não apenas no Brasil, mas nas Américas. Primeiramente, agradecemos a Marcela Donadio que, como diretora da RESDAL, confiou e apostou no trabalho. Ao longo dos últimos cinco anos, ela dedicou boa parte de seu tempo à busca de financiamento e de acesso aos dados necessários à realização da pesquisa, cujos resultados compõem a primeira parte deste dossiê. Nesta sua busca, ela foi auxiliada por muitas pessoas, em especial por Juan Rial e Joanna Mendelson, igualmente empenhados em alargar os estudos da Defesa e Forças Armadas, aos quais também agradecemos.

A equipe da RESDAL, em particular Cecilia Mazzota e Paz Tibileti, não apenas fizeram de pesquisadores dispersos pelo mundo um conjunto debruçado sobre o mesmo tema, mas também localizaram e compilaram dados, venceram resistências, prepararam discussões etc. Por sua dedicação e amabilidade, agradecemos.

Aos homens e mulheres das Forças Armadas e das Relações Exteriores de cada um dos países objeto de análise, que se dispuseram a auxiliar nesta empreitada fornecendo informações ou seus depoimentos, ou ainda participando das reuniões de discussão, agradecemos.

A Héctor Saint-Pierre que, como membro da Diretoria da RESDAL, incentivou e acreditou no projeto, encampando-o e integrando-o ao Projeto Pró-Defesa, no intuito de dar maior visibilidade e divulgação aos trabalhos aqui reunidos, agradecemos.

Ao consultor anônimo que, com seus elogios, fez-nos ver que o caminho pode ser espinhoso, mas o resultado final é um campo florido e perfumado, agradecemos. Não menos importante, a Tullo Vigevani, que incluiu este livro na laureada coleção *Estudos Internacionais*, coordenação conjunta do Programa Interinstitucional (PUC-SP/UNESP/UNICAMP) de Pós-Graduação em Relações Internacionais e Editora da UNESP, bem como agradecemos à FAPESP por, uma vez mais, confiar em nosso trabalho.

Oxalá esta pequena contribuição seja suficiente para impulsionar as pesquisas na temática Forças Armadas, Diplomacia e Gênero, lançando cada vez mais luz sobre uma questão que sempre foi vista com desconfiança mesmo por aqueles empenhados nos estudos de segurança internacional e defesa. Como os textos aqui reunidos apontam, tratar e promover a igualdade de gênero é essencial para aproximar os civis tanto das Forças Armadas como da diplomacia, o que certamente contribui para a consolidação da democracia e, quiçá mais importante, para a paz no mundo.

São Paulo, fevereiro de 2009.

Parte 1

Parte I

GÊNERO, DEFESA E PAZ NO CONE SUL[1]

Suzeley Kalil Mathias[2]

INTRODUÇÃO

O objetivo deste texto é avaliar a entrada das mulheres nas Forças Armadas e sua participação em missões de paz. Como parte de um trabalho maior, que tem como recorte geográfico a América Latina, nossa atenção específica é discutir o ingresso nas Forças Armadas e a participação em missões de paz das mulheres nos países do Cone Sul (Argentina, Brasil, Chile, Paraguai e Uruguai). Nossa tarefa é lançar luzes sobre as diferenças entre os países no tratamento do tema, razão pela qual adotamos uma perspectiva de gênero para a investigação. Para isso, nas palavras de Carolyn Hannan (2001, p.1):

> A perspectiva de gênero é realizada pela identificação de ligações entre gênero e diferentes áreas de desenvolvimento, de forma que essas ligações sejam a base para o planejamento e implementação das atividades futuras. Isso requer, primeiramente, a análise da situação de homens e mulheres – seus papéis, responsabilidades, prioridades e necessidades; o acesso e controle de recursos e cargos de decisão. Em segundo lugar, deve-se avaliar como cada qual, homens e mulheres, podem contribuir no planejamento das ações (ou se opor a elas), bem como o impacto potencial das ações planejadas sobre as mulheres e os homens.

---

[1] O presente artigo foi realizado como parte do projeto da RESDAL: *La mujer en las Fuerzas Armadas y Policia: una aproximación de gênero a las operaciones de paz*, financiado pelo Global Peace and Security Fund do Departamento de Assuntos Exteriores e Comércio do Canadá (GPSF-DFAIT). Trabalho apresentado no Seminário Internacional "A mulher nas Forças Armadas da América Latina e Caribe: uma aproximação de gênero às missões de paz", na Guatemala, em 11 e 12 de março de 2008. Na compilação dos dados contei com o auxílio de Eduardo Ishida, Eduardo Lucas e Maria Cecília Oliveira Adão, aos quais agradeço.

[2] Livre-docente em ciência política. Pesquisadora do Grupo de Estudos de Defesa e Segurança Internacional (GEDES) e professora de pós-graduação em "Paz, defesa e segurança internacional" (Pró-Defesa) do programa interinstitucional "San Tiago Dantas". Entre seus trabalhos está, organizado com Rafael Villa, *Ensaios latino-americanos de política internacional*. São Paulo: Hucitec, 2007.

O gênero feminino não é identificado com a força bruta e, por isso, a mulher não é "naturalmente" guerreira. O exemplo mais conhecido da participação das mulheres na guerra é como vítima, como uma forma paradigmática de atingir e degradar o inimigo. Esse é o único papel "normal" da mulher na guerra. A guerra, portanto, é tudo, menos feminina. Quando não aparece como vítima, ela é menos mulher, como no caso das Amazonas ou das gregas de Lesbos: são "anormais", andróginas, antissociais. Conforme Mac-Donald (1987), o paradoxo dessa imagem da mulher é que a "transgressora", a guerreira, tem papel essencial na "articulação simbólica da ordem social e seus valores", pois mostra qual deve ser o "comportamento apropriado da mulher e, porque estabelecem os limites sociais da guerra, elas garantem a possibilidade de uma normalização pós-conflito" (apud Carreiras, 2006, p.6).

Por outro lado, por mais excepcional que possa ser, a mulher sempre participou de conflitos armados, inclusive como combatente. Até a modernização do combate realizada pelas batalhas napoleônicas, a logística costumava ser trabalho feminino (Lynn, 2005, p.202-205). E, quando necessário, ela se tornava soldado. Com a profissionalização castrense, todo instrumento de guerra passa a ser uma atividade exclusivamente masculina. Mas, por esses paradoxos da história, a guerra também funcionou como instrumento de libertação da mulher: na Primeira Guerra Mundial, com as grandes baixas masculinas (por exemplo, estimadas em 40% dos sérvios alistados), à mulher coube manter a economia para a guerra, saindo de casa e ocupando as fábricas, o que redundou nas mudanças conhecidas no entre-guerras (Murray, 2006, p. 310-312).

Já durante a Segunda Guerra Mundial, alguns países, como a Alemanha e a Inglaterra, adotaram a conscrição feminina. Nos EUA, formou-se o WASP (sigla em inglês para Serviço Feminino da Força Aérea), que atuou inclusive em missões de combate. Entretanto, logo depois da guerra, confirmando a visão de gênero predominante na sociedade, elas foram desengajadas (Carreiras, 2006, p.8). E, mesmo quando estavam em serviço ativo, não eram consideradas como militares, mas civis. No mesmo WASP, as mulheres pilotavam aviões de combate e 38 delas morreram em serviço; seus direitos como militares somente foram reconhecidos em 1977, quando o Congresso as incluiu entre os militares veteranos (Segal, 1999b, p.33).

Os exemplos apontados indicam que gênero não é uma definição natural, mas uma categoria social que, como tal, é uma equação entre espaço e tempo, é histórica. Indicam, igualmente, que a forma como a sociedade é construída politicamente, incluindo sua inserção no meio internacional, é fator que deve ser considerado se o desejo é compreender a incorporação das mulheres às Forças Armadas e sua participação em missões de paz desde uma perspectiva de gênero.

Se nosso objeto é a mulher militar contemporânea, então é necessário informar o que se quer dizer com essas palavras, que não são simples códigos, mas categorias que permitem avaliar o objeto. Para compreender essas categorias, precisamos responder às seguintes questões:

1) Qual é a participação, na sociedade como um todo, da mulher nos países do Cone Sul hoje?
2) Qual o contexto político que serviu como pano de fundo para a entrada das mulheres nas Forças Armadas?
3) Nos países em foco, como o tema da defesa tem sido tratado? Esse debate contribui ou não para a participação da mulher na esfera militar?

A própria natureza das questões aponta para a forma como vemos o problema. Para nós, a entrada da mulher nas Forças Armadas está inserida em um contexto que leva em consideração as esferas sociopolíticas (que incluem a economia e as relações internacionais), culturais (qual o *status* da mulher naquela sociedade) e a esfera militar (o debate sobre a defesa, as funções militares, a tecnologia etc.). Ao adotarmos essa postura, tomamos o modelo proposto por Segal (1995), incluindo algumas variáveis mencionadas por Carreiras (2002, p.18).

Gênero é uma categoria desenvolvida nos anos 70, que tem como princípio de ordenamento social a sexualidade. A categoria descreve as relações entre homens e mulheres inseridos na sociedade contemporânea, cujo traço distintivo é a ideologia individualista, baseada na vigência, ainda que formal, dos princípios de igualdade e liberdade. Os sistemas de gênero, que estruturam as relações sociais, indicam uma relação de poder na qual a mulher ocupa o âmbito do privado (a casa) e o homem o âmbito público (a praça) e, por isso, o feminino indica sempre uma *relação* – a mulher é mãe, esposa, irmã –, enquanto o masculino indica um *status* – o homem é militar, político, caçador (Ferreira, 1996, p.52-54).

Já para compreender a esfera militar, buscamos apoio no clássico de Janowitz (1967). Ele mostra como se constitui a profissão militar, qual o *ethos* que a sustenta. Para tornar-se um profissional das armas, o soldado deve deixar de ser o indivíduo que é e transformar-se num ser cuja identidade é determinada pela instituição, que tem no combate sua função. Todo o aprendizado do soldado tem essa finalidade: construir um novo homem. O elemento central na identidade militar é justamente a masculinidade, pois a guerra sempre foi associada à agressão e esta é a função do militar. As Forças Armadas talvez sejam "a mais masculina de todas as instituições sociais" (Segal, 1999b, p.17).

Na relação entre civis e militares, é também Janowitz que indica a particularidade dos segundos, e aponta o quanto as Forças Armadas são uma instituição fechada e conservadora – aliás, a conservação é típica da profissão militar, pois cabe a ela garantir a *permanência* do Estado. O controle dos civis sobre os militares avança na exata medida que os primeiros consigam inspirar a confiança nos segundos de que seus interesses profissionais serão preservados. Na leitura de Wend Hunter, este é o papel principal da tecnologia: enquanto os militares tiverem seus "brinquedinhos", a política não os seduzirá (Hunter, 1992). Transpondo essa ideia para nossa questão central, a entrada das mulheres no meio militar deve ser precedida de garantias quanto ao padrão profissional.

Como o recorte da pesquisa é a compreensão do tema no Cone Sul, às categorias mencionadas deve-se incorporar uma perspectiva comparativa. No caso específico, como nosso objeto se localiza em um momento de transformação das relações entre civis e militares, bem como da reordenação do edifício político-jurídico dessas sociedades, parte-se das propostas reunidas por O'Donnell, Schmitter e Whitehead (1988), enfatizando que não se trata de uma análise acabada do fenômeno, mas de uma tentativa de compreendê-lo comparativamente.

Para responder às questões enunciadas, dividimos o texto em três partes. Na primeira, discutimos os avanços das mulheres latino-americanas em conquistar espaços sociais, em especial aqueles considerados naturalmente masculinos. Paralelamente ao ingresso feminino nas Forças Armadas, os países aqui enfocados viviam processos de dupla transição – por um lado, dos regimes burocrático-autoritários para a democracia; por outro, de mudança de modelo econômico e inserção no sistema internacional –, que reorganizaram as relações entre civis e militares, tema que revisitamos na segunda parte do texto. Na terceira, acompanhamos a trajetória de incorporação feminina às Forças Armadas e avaliamos o comprometimento desses países na promoção da igualdade de gênero na solução de conflitos, conforme política traçada pela Organização das Nações Unidas.

O LUGAR DA MULHER NA SOCIEDADE

Como nos conta a História, a construção da identidade de gênero transformou a mulher em bem de troca (Strauss, 1976), o que fez dela um *objeto* que, na sociedade moderna, transformou-se em *propriedade dos homens*. Embora essa percepção tenha evoluído de maneira diferente, e a despeito do grande salto promovido na liberdade feminina a partir dos anos 60-70, situações de descenso feminino continuam corriqueiras nas sociedades latino-americanas. Tais comportamentos, entretanto, chocam-se com a visão de igualdade que legitima as ações sociais e, por isso, hoje se considera, na maioria dos países da região, a violência contra a mulher como uma questão pública.

É razoável afirmar que a luta pela erradicação da violência, em especial aquela que acontece no seio familiar, foi iniciada no mesmo momento que nascia a percepção dos direitos humanos. A luta das mulheres para alcançar esses direitos começou ainda no século XVIII, mas só encontrou uma rota permanente quando, já perto do século XXI, os organismos internacionais passaram a atentar para o problema. Nas Américas, essa atenção encontrou seu ponto alto na Assembleia Geral da OEA de 1994, na qual se elaborou a Convenção Interamericana para prevenir, punir e erradicar a violência contra a mulher, documento que foi chamado "Convenção de Belém do Pará". Após essa data, os países americanos passaram um a um a ratificá-la, criminalizando a violência contra mulheres e crianças.

Mesmo assim, informe do BID de 1997 dava conta que entre 25% e 50% das latino-americanas sofriam algum tipo de violência doméstica (CEPAL, 2000). Não se pode ignorar que toda estatística a respeito desse fenômeno é aproximada, pois, querendo ou não, existe "uma cumplicidade entre vítima e algoz que por vezes impede a sociedade de conhecer o verdadeiro impacto e a magnitude dos atos violentos que acontecem na família" (Traverso, 2001). Quem não conhece uma história em que a vítima de violência é a primeira a impedir que o agressor seja denunciado? O lado mais perverso desse tipo de violência é justamente ela acontecer onde a pessoa deve estar mais protegida: no seu próprio lar.

Pode-se dizer, entretanto, que os governos do Cone Sul estão tomando a iniciativa, principalmente no campo legal, de não mais proteger os responsáveis, mas criar mecanismos que levem à denúncia dos perpetradores de maus tratos. Já se compreendeu que "ignorar a violência é encorajar sua recorrência" (Traverso, 2001), senão por solidariedade às vítimas, mas também porque é sabido de sua influência negativa sobre o setor produtivo, como exemplificava estudo de meados dos anos 90 promovido pelo Banco Mundial, que apontava que as mulheres perdiam um em cada cinco dias de trabalho por problemas de saúde causados pela violência no interior da família (CEPAL, 2000).

Entre os cinco países objeto desse estudo, a Argentina foi o primeiro a acatar a Convenção de Belém do Pará. Em dezembro de 1994, sanciona-se a Lei n.24.417, que visa à proteção da família contra a violência. Essa Lei, regulamentada pelo Decreto n.235/96, é pioneira na sua forma de combater a recorrência de atos violentos, pois prevê a exclusão do domicílio daquele que agride os familiares (Presidencia de la Nación, 2004).

Em seguida, o Uruguai também ratificou a Convenção de Belém, adotando medidas legais que representam avanço. Em 1995, por meio da Lei n.16.707, a violência doméstica é considerada como delito, sendo então incorporada ao Código Penal (artigo 321). Em 2002, aprova-se a Lei n.17.514, criando o Conselho Nacional de Luta contra a Violência Doméstica, que congrega representantes dos três poderes e da sociedade civil sob a presidência do Instituto Nacional da Mulher. É dele a responsabilidade de alinhavar um Plano Nacional contra a Violência Doméstica que se desdobra em serviços de atenção às vítimas, em franco crescimento a partir de 2005 (Giacometti, 2007).

O Brasil, apesar de ter ratificado a Convenção de Belém em 1995, teve um caminho mais longo para cumprir com os preceitos ali colocados, ainda que tenha ensaiado algumas iniciativas bem antes desse acordo. A partir de meados dos anos 80, várias iniciativas impulsionadas por movimentos sociais que então se formavam desaguaram na criação das delegacias e casas de apoio à mulher e à família, que passam a conhecer melhor o problema, mostrando que sua extensão é muito maior do que a imaginada: não se tratava de uma questão de "negros e pobres", mas que atingia todos os estratos sociais (Teles, 1999, p.131). Ainda assim, foi principalmente depois da promulgação da Constituição de 1988 que a violência contra a mulher passou a ser pauta das políticas governamentais. Mas quase vinte anos se passaram para que o governo federal adotasse postura pró-ativa quanto às reivindicações da mulher, cumprindo com tratados e convenções assinados pelo país, criando a Secretaria Especial de Políticas para as Mulheres, em 1º de janeiro de 2003 e, três anos e meio depois, promulgando a Lei n.11.340 (11.08.2006), conhecida como "Lei Maria da Penha".[3]

O Chile foi um dos últimos a ratificar a Convenção de Belém, o que aconteceu em novembro de 1998, por meio do Decreto n.1.640. Porém, mesmo antes dos grandes movimentos femininos, o país tomava iniciativas pela igualdade de gênero. Em 1972, o governo Allende criou um Serviço de Proteção à Mulher, diretamente ligado à Presidência da República. No entanto, com o golpe de 1973, esse Serviço transformou-se em instrumento de propaganda ideológica do governo, assim permanecendo até 1991, quando o governo da *Concertación* edita a Lei n.19.023, recriando o SERNAM (Servicio Nacional de la Mujer). O governo Pinochet promulgara a Lei n.18.802, de 1989, pela qual a mulher casada deixa de figurar entre os incapazes, criando-se, pelo menos formalmente, paridade dentro do matrimônio.

Com relação à participação da mulher no campo laboral, sua inserção no mercado vem apresentando crescimento sistemático nos últimos vinte anos, funcionando como justificativa para o incremento das taxas de atividade no setor urbano, bem como para a redução substancial das diferenças de gênero (Giacometti, 2007). Isso se comprova em todos os cinco países do Cone Sul, cujas taxas de atividade vêm atingindo patamares ligeiramente maiores no Brasil e no Uruguai com relação à Argentina e ao Chile.

---

[3] A Lei n.11.340 ganhou esse nome como uma homenagem à Maria da Penha Maia, cujo marido deixou-a paraplégica depois de baleá-la nas costas. Desde a agressão, em 1983, ela passou a lutar contra a violência doméstica e para condenar seu marido, Marco Antonio Heredia, preso em 2003, o que só aconteceu depois da Comissão Interamericana de Direitos Humanos responsabilizar o governo brasileiro por negligência relativamente à violência doméstica (2001). Disponível em: http://copodeleite.rits.org.br/apc-aa-patriciagalvao/home/noticias.shtml?x=671. Acesso em: 01 fev. 2008.

Conforme estudo patrocinado pelo BID para toda a América Latina, nos anos 90 o maior crescimento da participação feminina aconteceu na área urbana para a faixa etária de 46 a 59 anos, na qual as mulheres estão mais liberadas de suas tarefas maternas, pois os filhos estão crescidos. Também se percebeu que em países como o Chile, onde as regras de contratação de mão de obra vêm se flexibilizando, o referido aumento aconteceu no setor de empregos por conta própria, que exigem menor escolaridade, o que sugere aumento do trabalho informal. Nas palavras de Piras (2006, p.48),

> [...] no Brasil, Uruguai e Venezuela, as mulheres em geral exibem taxas mais elevadas de participação na força de trabalho do que suas contrapartes urbanas da Argentina e Chile. Por exemplo, as taxas de participação das residentes urbanas do Uruguai, com idade entre 30 e 45 anos e com educação superior, apresentam vinte pontos percentuais acima da mensurada na Argentina; as uruguaias com escola primária completa exibem taxas doze pontos percentuais a mais que suas homólogas argentinas [...].

O Paraguai é o país que apresenta o maior mercado informal de trabalho no Cone Sul. Esse setor responde por 35% da ocupação, sendo que entre as mulheres, desconsiderando-se o trabalho doméstico, essa taxa estava, em 2005, em 27,2%. Ademais, o país é essencialmente agrícola, contrariamente a seus vizinhos nos quais o setor urbano é o mais importante. Essa talvez seja a principal explicação para a redução da participação feminina nas taxas de ocupação, pois, historicamente, quanto mais urbanizada a sociedade, maior é a participação da mulher no mercado laboral (CEPAL, 2007).

As menores diferenças de salários e maiores taxas de atividade feminina no mercado formal são apresentadas pelo Uruguai, no qual as mulheres respondem por metade da renda doméstica – o que explica as menores diferenças salariais entre os sexos. A causa mais plausível para esse cenário parece estar na política de seguridade social, ainda hoje vinculada à comprovação do trabalho.

Em relação à renda, os dados mostram uma constante redução nas diferenças. O aumento médio do salário feminino ao longo dos anos 90 para toda a América Latina foi de 4%. Em 2000, as latino-americanas ganhavam, em média, 80% do salário pago aos homens na mesma função (Piras, 2006), novamente com as uruguaias apresentando as menores diferenças. Nesse caso, as brasileiras não acompanham suas homólogas da banda oriental: segundo dados do IBGE (Brasil, 2008), a mulher recebe 70% do salário do homem para a mesma função. De toda forma, o que mais afeta essa constante parece ser o crescimento da proporção de mulheres chefes de família (cabeça de casal), cuja tendência está na Tabela 1.

Tabela 1 - Porcentagem de lares urbanos chefiados por mulheres (1990/2005)

Ano\País	Argentina	Brasil	Chile	Paraguai	Uruguai
1990	21,1	20,1	21,4	20,3	25,2
2005	32,5	30,4	27,4*	32,2	34,3
Média	11,4	10,3	6,0	11,9	9,1

* Dados referentes a 2003.
Fonte: CEPAL (2007).

A primeira observação a ser feita é a semelhança entre as taxas de crescimento. É verdade que o caso do Chile chama a atenção, pois mesmo que projetada para 2005, a média de crescimento ainda não atingiria sete pontos, o que significa pouco mais de dois terços da apresentada pelo Uruguai, que foi o segundo país em que a taxa se apresentou menor. No caso deste último, considerando o exposto, pode-se aventar como motivo de a média ser baixa o fato de a participação da mulher no mercado de trabalho já ser bastante alta e apresentar as menores diferenças salariais entre os sexos.

Também chama a atenção o Paraguai ter apresentado a média mais alta, pois a chefia de famílias por mulheres geralmente está associada a uma urbanização e modernização social maiores. No entanto, o fato de a média argentina ser bastante semelhante – uma diferença de 0,4 pontos –, apenas corrobora a explicação corriqueira, isto é, que crises econômicas e políticas, que o crescimento da pobreza e das desigualdades ampliam as sendas para a ocupação feminina.[4] Assim, se a taxa de mulheres na chefia de família cresce, incrementa-se a igualdade de gênero, o que não é necessariamente positivo, pois pode representar, conforme demonstrado, perdas para toda a sociedade.

O Brasil é o país que apresenta taxa mais próxima da média, mostrando que as crises mais fortes já tinham sido resolvidas, mas ainda não com-

[4] Recordamos que os anos 90 foram marcados pela desestabilização econômica, acompanhada de tentativas de amortecimento do conflito gerado pelos problemas políticos. A Argentina, na maior parte do período, estava sob o governo Carlos Menem (1989-1999), que tinha por missão construir a governabilidade necessária ao progresso democrático. A ele se seguiu o mandato de Fernando de La Rua, que depois de pouco mais de um ano no poder conduziu o governo a uma fase de sucessivas crises, com quatro presidentes assumindo o poder em menos de três anos. Na economia, foi nesse período que se adotou o receituário neoliberal, com privatizações que levaram à desindrustrialização do país, aumento do desemprego e diminuição do crescimento econômico combinado com momentos de euforia de consumo, como quando da adoção do dólar como moeda nacional. Infelizmente, não acessamos dados desagregados para mostrar as diferenças entre essa fase e os dois primeiros anos do governo Kirchner (2003-2007). Já o Paraguai, que vinha enfrentando a crise de esgotamento do modelo oligárquico tradicional desde o início dos anos 80, vivenciou a queda da ditadura Stroessner, que durara quase quarenta anos, em 1989, e iniciou um processo de criação do governo democrático cheio de idas e voltas, e até hoje não concluído.

pletamente superadas. O grande problema para o país continuava a ser a desigualdade, uma das maiores do mundo. Entretanto, conforme a análise de Rezende (2006), é interessante observar que atualmente muitas dessas famílias prescindem da figura masculina, seja o pai, o irmão ou qualquer outro homem. Há cada vez mais famílias com inversão dos papéis clássicos atribuídos ao casal, isto é, famílias nas quais o homem fica em casa, cuidando dos afazeres domésticos e dos filhos, enquanto a mulher sai para trabalhar e assim prover a renda necessária à manutenção de todos os membros da família.

Por último, ainda referente à questão laboral, vale citar as horas dedicadas ao trabalho remunerado e ao trabalho doméstico. Pesquisa patrocinada pela Fundação Carlos Chagas (FCC), com dados até 2002, mostra que enquanto as mulheres dedicam, em média, vinte horas semanais aos cuidados da família e do lar, os homens destinam sete horas semanais para o serviço doméstico.

Embora o universo da investigação seja menor, o estudo mencionado por Giacometti (2007, p.49) é esclarecedor. Realizado em Montevidéu em 2003, informa que, quando o casal tem ao menos um filho menor de 18 anos, a taxa semanal do trabalho feminino não remunerado chega a 62,5 horas; reduzindo-se para 56,6 horas quando não existem filhos. Em relação às mulheres que vivem sós, a taxa está em 30,6 horas.

É provável que essa análise seja reforçada pela avaliação de outra tendência nascida nos anos 70, que apontava para o crescimento das mulheres na elite política e intelectual. Sabe-se que a participação política das mulheres aumentou, mas em nenhum daqueles países em que a proporção é definida por lei atingiu-se a proporção por ela exigida.[5]

Em *Mulheres na elite política brasileira*, o universo da pesquisa está no próprio título. Nele, os dados mostram que a participação feminina na política formal brasileira (considerando os três poderes) é a maior entre os cinco países do Cone Sul. Em 1995, enquanto estava em 13,1%, era 3,2% na Argentina, 12,2% no Chile, 3,3% no Paraguai e 2,9% no Uruguai (Avelar, 2001, p.52). De imediato, é possível comentar que chama a atenção o fato de Brasil e Chile terem dados tão diferentes dos outros três, uma discrepância de mais de dez pontos percentuais entre os índices melhor e pior. Também é surpreendente que o Paraguai apresente um percentual maior que Argentina e Uruguai, um país que até hoje não ascendeu ao regime democrático,

[5] Apenas Argentina e Brasil apresentam legislação sobre o percentual mínimo de candidaturas femininas. Porém, os próprios partidos políticos têm dificuldade em cumprir a lei e, mesmo quando a cumprem, a probabilidade da totalidade de candidatas serem eleitas é quase nula, o que se reflete na pequena ocupação feminina de funções políticas. Vale destacar que a Democracia Cristã Chilena adotou espontaneamente a quota de 40% de candidatas femininas para os cargos legislativos.

desde que este seja entendido como confiança quanto às regras e incerteza quanto aos resultados.[6]

Por outro lado, os dados nada dizem sobre o *status* dessa participação e, como se sabe, atualmente a Argentina, que apresenta o segundo pior índice, tem uma presidente: Cristina Kirchner. Do ponto de vista do cargo público mais importante, o Cone Sul está muito bem representado, pois também o Chile é governado por uma mulher, Michele Bachelet que, é bom lembrar, foi ministra da Defesa no governo anterior. Por esse único dado, 40% do poder regional é feminino. Entretanto, sabemos que esse fato é a exceção que confirma a regra.

Seguindo o critério da posição que a mulher ocupa, é possível perceber que se repete na política o que acontece nas empresas: quanto mais alto o cargo e de maior responsabilidade, menor é a participação da mulher. Para os ministérios, por exemplo, essa participação é sazonal, o mesmo não acontecendo com os cargos eletivos. A Tabela 2 reproduz a presença da mulher nos parlamentos nacionais em dois momentos.[7]

Tabela 2 - Porcentagem de mulheres nos Parlamentos Nacionais*

Ano\País	Argentina	Brasil	Chile	Paraguai	Uruguai
1998	28	7	8	3	7
2005/6	34	9	15	10	11

* Quando o legislativo é organizado de forma bicameral, a taxa se refere à Câmara dos Deputados.
Fonte: CEPAL (2007).

Esses dados parecem ser mais realistas. Ainda que a Argentina se sobressaia, o crescimento de uma eleição para outra mantém-se na média. A melhor explicação para dados tão positivos parece relacionar-se com a forma da organização da sociedade platina, que aconteceu antes da constituição mesma do Estado e, ainda que sob o autoritarismo, conheceu as Madres de la Plaza de Mayo, familiares femininas dos muitos mortos e desaparecidos que construíram uma rede de solidariedade de tal monta que ainda hoje contribuem para a representação feminina na política (Avelar, 2001, p.54).

A taxa que causa estranheza é apresentada pelo Brasil, pois tanto há um pequeno percentual de mulheres no legislativo brasileiro quanto seu crescimento é bem menor do que a média apresentada por seus vizinhos. Talvez a explicação para isso esteja no sistema eleitoral do país, que exige muito mais

[6] Um já antigo artigo defende essa ideia desde seu sugestivo título: "Amas a incerteza e serás democrático", escrito por Adam Przeworski (1984).

[7] Dados brutos coletados nos seguintes sites oficiais: Tribunal Superior Eleitoral, Senado da República, Câmara dos Deputados e Presidência da República dos países aqui representados.

votos para a Câmara Federal do que, por exemplo, para o Senado. Por outro lado, a própria forma de organização da sociedade e seu relacionamento com o Estado parece ser a fonte maior de explicação para esse fenômeno. Um Estado hipertrofiado e vivendo raros momentos democráticos ao longo do século XX alimentou a dominação tradicional, ao mesmo tempo que dificultou a organização das mulheres. Essa visão é corroborada quando se atenta para a participação feminina nas disputas locais, cuja taxa, em 1998, era 12,64% nos legislativos estaduais (provinciais) e, em 2000, 11,61% nos municipais (ayuntamientos) (Avelar, 2001, p.67ss.).[8]

O Chile e o Uruguai são bastante semelhantes no que tange à representação feminina na política. Em ambos, não existem cotas para as candidatas; diferentemente do Brasil, ambos apresentam taxa menor de mulheres no Senado com relação à Câmara dos Deputados – 4,2% no senado chileno (1997) e 9,7% no uruguaio (2004) – e nenhum deles contava com mulheres no judiciário superior (1996).

Já o Paraguai deve ser saudado, pois a despeito de continuar a ser uma sociedade arcaica, que exclui grande parte da população do processo político por meio da violência que marca sistemas de mando tradicionais, apresenta um percentual de mulheres no parlamento maior do que o brasileiro, o mesmo acontecendo com o crescimento dessa participação. Mas, segundo especialistas, a presença feminina no legislativo, em particular no âmbito local, é muito pequena, o que é imputado à forma de organização das listas eleitorais pelos partidos, que as colocam no final das listas, inviabilizando as possibilidades de serem eleitas, pois cumprem apenas formalmente a legislação que estabelece uma cota feminina de 20%. Também é importante assinalar que, apesar da existência de várias mulheres no judiciário, presença que aumenta na medida em que diminui o escalão (o que confirma que às mulheres são destinados cargos de menor poder de decisão e menor remuneração), em 2004 foi nomeada uma mulher como ministra da Corte Suprema de Justiça, fato inédito e muito significativo na história desse país (Giacometti, 2006, p.40ss.).

Outro dado que representa avanço é a presença feminina em postos ministeriais. Embora se possa dizer que a participação da mulher no primeiro escalão de governos na América Latina seja excepcional (CEPAL, 2000), parece que nos últimos anos ela vem sendo valorizada pelos governos. Por isso, países como o Uruguai, que nunca teve uma ministra, hoje conta com quatro mulheres — uma delas, Azucena Berrutti, tendo assumido o Ministério da Defesa em 2005 (deixou o cargo em 01.03.2008, com a reforma ministerial promovida pelo presidente Tabaré Vázquez).[9]

8 Dados brutos citados por Avelar (2001).

9 Disponível em: http://noticias.uol.com.br/ultnot/efe/2008/02/09/ult1808u111638.jhtm.

Semelhantes dados apresentam-se para todos os atuais governos do Cone Sul. Nesse aspecto, a Argentina conta com três ministras – entre elas, Nilda Garré, ministra da Defesa desde o governo anterior – e quatro secretárias; o Brasil, com três; o Chile com quatro e mais três secretárias; o Paraguai com uma ministra e cinco secretárias.

Quando o assunto é ciência, as diferenças de distribuição por sexo são bem menores relativamente às encontradas no mercado de trabalho e na política. Por exemplo, as mulheres ocupavam, em 2005, 34,7% dos cargos docentes da Universidade de São Paulo, a maior do Brasil (USP, 2006). Se tomarmos as lideranças em grupos de pesquisa, os homens, em 1995, preenchiam 66% dos postos, caindo para 56% dez anos depois (Brasil, 2007). No vestibular, elas já são maioria: 56%, mas a escolha ainda é por setores considerados femininos: 75% em educação e 63% em Ciências Humanas, enquanto as que optaram por Engenharia não chegam a 30% (FCC, 2004).

As argentinas são maioria entre os egressos do ensino superior, 59,6%, percentual que cai muito quando se trata da pós-graduação, na qual apenas 24% delas estão em cargos de direção, concentrando-se nas Ciências Humanas e Sociais (55%). Já no que se refere às Ciências Exatas, sua presença no setor era de 49%, confirmando a tendência iniciada em fins dos anos 80, percentual que apresenta crescimento de dez pontos em oito anos (1993-2001). Entretanto, a maioria das mulheres estava entre os bolsistas e não entre os pesquisadores. Essa disparidade é confirmada no CONICET, no qual elas se concentram nos segmentos mais baixos da carreira (70%), enquanto no mais alto elas são 10% — contra 24% dos homens (Giacometti, 2005).

Sobre os demais países, não temos dados suficientes para a análise. É bastante provável que o que se apresentou aqui para Argentina e Brasil tenha se repetido nos outros três. Sabemos, por exemplo, que na Universidad de la República (Uruguai), na qual estão 80% dos universitários, das 14 faculdades e institutos, somente três são dirigidos por decanas, todas elas vinculadas à área da saúde (Giacometti, 2007).

Poder-se-ia continuar a análise em outros campos da sociedade, com grande probabilidade de encontrar as mesmas tendências, isto é, as mulheres dos cinco países enfocados, neste início do século XXI, são mais educadas, trabalham mais, ganham menos que seus companheiros homens e têm mais responsabilidade relativamente à família. Essas mesmas mulheres parecem estar tomando consciência de seus direitos, entre os quais o de não sofrer discriminação por gênero; daí pouco a pouco buscarem aumentar sua participação em profissões consideradas masculinas. Tudo isso parece indicar mudanças sutis em como a mulher é vista pela sociedade. Ou, em outros termos, "[...] a revolução da cidadania tem-se expandido a grupos sociais anteriormente privados de direitos[...]" (Segal, 1999b, p.33). Resta ver se nos meios que definem o Estado – nas Forças Armadas –, as mesmas propensões são notadas, justamente o objetivo deste trabalho. Antes, porém, a perspectiva adotada exige a avaliação de como a temática da defesa está inserida nessas sociedades.

O TEMA DA DEFESA NA SOCIEDADE

Talvez seja defesa o tema que proporciona as melhores chances de avançar na análise comparativa, pois a história recente dos cinco países em apreço é bastante semelhante: na política, em todos eles está em vigência um governo democrático que foi erguido sobre os escombros de regimes burocrático-autoritários (AB); na economia, todos passaram por reformas que enterraram antigos modelos de desenvolvimento – o modelo da "dependência imperfeita", segundo Chico de Oliveira – e adotaram, em maior ou menor grau, com mais ou menos velocidade, o chamado "Consenso de Washington".

Por entendermos que a forma como acontece a passagem dos regimes burocrático-autoritários para os governos democráticos é fundamental para definir a institucionalidade futura,[10] e também que as formas dessas transições condicionam a maneira como a defesa transforma-se em um dos temas centrais nas preocupações de nossos países, dedicamos alguns parágrafos ao fenômeno.

Em trabalho feito em 1999 para comparar as transições de regimes AB, colocamos os casos em um gráfico que representava o controle militar sobre tais processos.[11] É importante enfatizar que o desenho nada diz sobre a subordinação das Forças Armadas aos civis, que deve resultar da transição. Podemos reproduzir essa representação para nossos casos atuais, o que resultaria na seguinte figura:

Figura 1 - Graus de controle militar sobre as transições de regimes autoritários

Brasil | Chile | Paraguai | Uruguai | Argentina

=======|===========|===========|===========|===========|======

Máximo Controle — Mínimo Controle

Talvez a posição do Paraguai não represente exatamente seu caso, que também não é exemplo de regimes AB, mas de uma ditadura clássica cuja

[10] A discussão dos processos transicionais dos governos burocrático-autoritários está fortemente baseada em López (ed.), 2007, exceto para o Paraguai.

[11] A referência é "Pensamiento y papel militar en America Latina en el umbral del siglo XXI". Diamint, (1999).

transição para o governo democrático não foi suficiente para romper com a política tradicional do país. Na verdade, ele constitui um caso *sui generis*, daí colocado como de controle militar intermediário.

A transição do governo dos generais para o governo dos civis no Brasil é conhecida como uma "transição transada" (Share; Mainwaring, 1986). Isso quer dizer que o controle da corporação fardada sobre o processo de constituição da democracia foi bastante grande, o que a fez manter boa parte de suas prerrogativas não apenas ao longo da transição, mas no período posterior.[12] Tal controle é parte significativa da explicação sobre a falta de atenção com relação à questão da defesa neste país.

Paralelamente ao processo de "transição transada", que, pelas contas mais otimistas, levou 14 anos (entre a posse do presidente Geisel em 1974 e a promulgação da Constituição, em 1988), o mundo vivia o fim da Guerra Fria e o aprofundamento do capitalismo financeiro, o que redundou, para as Forças Armadas de países como o Brasil, no que foi chamado de "crise de identidade", pois elas perdiam, numa única tacada, as três hipóteses de guerra – guerra global, subversiva e regional – que balizavam seu preparo e emprego (Vidigal, 1996).

Dez anos depois, já sob a presidência de Fernando Henrique Cardoso, em maio de 1996, criou-se, na Câmara dos Deputados, a Comissão de Relações Exteriores e Defesa Nacional (CREDEN). Seis meses depois, em novembro, veio a público o documento "Política de Defesa Nacional", cujo caráter genérico sugere que a postura cautelosa do governo foi consequência de negociações com o meio militar (Fucille, 2006). O Ministério da Defesa (MD), entretanto, demoraria ainda três anos para ser instituído, o que aconteceu em janeiro de 1999 e representou um avanço na subordinação militar ao poder civil. Entretanto, sua existência não é suficiente para resolver os problemas da defesa e muito menos fomentar o debate com a sociedade civil.

Segundo a Constituição Brasileira de 1988, entre as funções das Forças Armadas está a "manutenção da lei e da ordem". Essa é a única temática que empolga a sociedade, o que é fácil de explicar.[13] Uma das principais razões está na adoção de planos econômicos que aumentam a pobreza ao mesmo tempo que diminuem a assistência do Estado, combinada com o crescimento da violência urbana, com destaque para os crimes ligados ao

---

[12] Trabalhamos detidamente sobre a transição do regime autoritário de base militar no Brasil, centrando a atenção sobre as relações entre civis e militares em *Distensão no Brasil: o projeto militar* (1995). Analisamos a manutenção das prerrogativas nas mãos dos militares, bem como seu espaço no governo dos civis em *A militarização da burocracia* (2004).

[13] Pesquisa realizada dois anos depois da ECO-92 – reunião mundial sobre meio ambiente, cuja sede foi a cidade do Rio de Janeiro, durante a qual a segurança do município ficou sob a supervisão das Forças Armadas – dava conta que 89% da população apoiava o emprego das Forças Armadas em ações de segurança pública. Cf. *Jornal do Brasil*, 24.10.1994.

tráfico de drogas e armas. O resultado do emprego das Forças Armadas na segurança pública é a banalização do uso das forças de defesa do país, reforçando a falta de conhecimento do governo para compreender a desproporção das forças empregadas.

No intuito de legalizar a atuação castrense na segurança pública, ao longo dos últimos dois governos adotaram-se leis que regulam o emprego das Forças Armadas no cumprimento constitucional da "lei e da ordem".[14] O governo Lula foi além e criou uma unidade especial composta por soldados da Polícia do Exército, treinada especificamente para ações de garantia da lei e da ordem.[15]

Em resumo, é verdade que hoje o tema da defesa é foco de interesse. Tanto assim que se criou uma Associação Brasileira de Estudos da Defesa (ABED) que, em seu Primeiro Encontro, realizado em setembro de 2007, contou com mais de cem trabalhos inscritos. O Ministério da Defesa, no entanto, não acompanhou a expansão do debate, extinguindo secretarias e cargos civis.[16] Apesar de elaborados dois Documentos de Política de Defesa Nacional, o tema ainda não ganhou o *status* de política pública, isto é, um plano de ação que se fundamente na discussão pela sociedade do que é prioritário.

O Chile também vivenciou uma transição controlada.[17] No entanto, diferentemente do Brasil, o controle dos militares sobre o processo foi muito menor, pois as Forças Armadas daquele país jamais estiveram imersas no poder político. Ao contrário, o golpe militar de 1973 representou um momento excepcional, e o apoio ao regime de Pinochet se explica pela consistência da direita do país e não pela politização das Forças Armadas. Aliás, ao contrário da maioria de seus vizinhos, havia uma forte tradição democrática antes do golpe e, portanto, tratava-se apenas de restaurar as instituições e não criá-las.

Outros três fatores auxiliaram no formato da transição chilena. Em primeiro lugar, seu início aconteceu num momento de relativo sucesso

---

[14] As leis em tela são: lei-complementar n.97, de 09.06.1999, modificada pela lei-complementar n.117, de 02.09.2004 e decreto-presidencial n.3897, de 24.08.2001.

[15] Observatório Cone Sul de Defesa e Forças Armadas – *Informe Brasil* n.129, de 19.06.04 a 25.06.04.

[16] Entre os trabalhos, nenhum era originário de funcionários do MD. Se houve a presença de muitos militares, a maior parte deles veio da Academia da Força Aérea (localizada a pouco mais de 50 km do local do evento) ou dos programas Pró-Defesa, este último criado em parceria com a CAPES com o objetivo de capacitar as forças em nível de pós-graduação.

[17] Apesar de aceitarmos o modelo proposto por O'Donnell, entendemos que a nomenclatura dada às transições (por pactos ou por colapso) não representa o fenômeno. Por isso, preferimos adotar outra forma de nomeá-las: "transições controladas" para aquelas em que a saída de elite autoritária é contínua e sem sobressaltos, haja ou não pactos ao longo do processo. Já naqueles casos em que o governo autoritário termina de forma abrupta, somente por comodismo podem ser chamadas de transição, pois há uma precipitação, sem tempo para avaliar como reconstruir as instituições.

econômico. Em segundo, não houve polarização e nem fragmentação das Forças Armadas e elas não foram responsabilizadas diretamente pela repressão (Valenzuela, 1989). Terceiro, o apoio externo aos democratas, revelado especialmente na fiscalização do plebiscito de 1988, foi grande. Além disso, a transição chilena comportou uma *decisão de retirada*, na medida em que Pinochet aceitou os resultados do plebiscito e convocou eleições diretas, dando posse ao presidente eleito.

Por outro lado, a permanência de Pinochet à frente das Forças Armadas garantiu estabilidade à transição e controle sobre o setor militar, criando uma situação inusitada e sem precedentes: o comando-em-chefe das Forças Armadas como cargo independente da chefia do Estado, o que provocou uma dualidade de poder que poderia gerar crises e colocar em risco a própria continuidade do processo de reconstrução da democracia. Essa dualidade criou um descompasso entre os avanços na arena política e a inserção das Forças Armadas na democracia (Gutiérrez, 2007).

No Chile, levar o setor castrense à institucionalidade democrática é explicação fundamental para a produção do Livro de Defesa Nacional – os chamados "*libros blancos*". O primeiro foi criado em 1997, e pode ser considerado "um verdadeiro artefato político da transição, pois fez com que se confrontassem as posturas civis e as ideias hegemônicas dos militares" (Gutiérrez, 2007, p.90).

Aspecto distintivo da realidade chilena com relação aos seus vizinhos do Cone Sul foi sua capacidade de manutenção e desenvolvimento do setor de defesa, em especial no âmbito material. A Lei de Reserva do Cobre, associada aos ganhos econômicos e à existência de alguns contenciosos, jamais gerou questionamentos a respeito da necessidade ou não de ter Forças Armadas e, apesar das crescentes desigualdades sociais, o orçamento militar proporcionou ascensão da capacidade militar do país (DEF, nov. 2007).

Aos fatores mencionados pode-se creditar a justificativa para o envolvimento da sociedade civil nos temas da defesa. De fato, desde 1990, a sociedade chilena deixa de perceber o tema como uma questão militar, notando que decisões nesse âmbito interferem nos interesses de cada cidadão. Dois outros fatores incidiram positivamente no aumento da visibilidade da defesa: as mudanças no serviço militar obrigatório e a entrada das mulheres na carreira militar.

Atualizando o tema, um novo *Libro Blanco* é editado em 2002, que indica a intenção de transparência do setor para a sociedade civil, que ganha uma nova oportunidade de conhecer e interferir nas questões de defesa por meio do diálogo entre atores militares, acadêmicos, políticos e econômicos. Uma vez mais, a despeito das tentativas de controle da elite autoritária sobre a transição, os chilenos mostraram sua capacidade de alimentar a democracia.

Legalmente, a segurança nacional é parte das funções das Forças Armadas, mas elas só atuam internamente em duas situações específicas: na garantia da segurança durante processos eleitorais e no apoio às forças de segurança pública. Sua missão precípua é atuar contra ameaças externas. Os militares da ativa não podem assumir funções de ministro e nenhum militar reformado assumiu o Ministério da Defesa nos últimos anos, que foi ocupado, inclusive, por duas mulheres.

Pode-se dizer que falta realizar algumas reformas, como revisar a Lei do Cobre – o que proporcionará maior controle monetário sobre as FFAA e, consequentemente, a modernização da economia da defesa –, impulsionar a cooperação regional – o que auxiliará a responder às pendências com os países do norte –, reorganizar o Ministério da Defesa – o que levará ao maior controle parlamentar das questões de defesa e modernização militar – e, não menos importante, reformar a carreira militar – o que redundará em maior profissionalização castrense, mantendo os gastos e ampliando as capacidades das Forças Armadas (Gutiérrez, 2007, p.111-112).

No Paraguai, Nicanor Duarte Frutos é o quinto presidente a assumir o poder depois da queda de Alfredo Stroessner, em 1989. Porém, os passos dados ao longo desses quase vinte anos não foram suficientes para organizar seu setor de defesa ou suas Forças Armadas. Ao longo desse período, fundou-se um novo governo, consubstanciado especialmente na nova Carta Constitucional de 1992. Porém, não se pode dizer que a democracia, mesmo na acepção minimalista aqui abraçada, como um conjunto de regras que promove a certeza quanto ao processo e a incerteza quanto aos resultados, foi edificada. Ao contrário, como exemplificado em vários momentos, o país necessita apoiar-se em seus vizinhos para que as regras do jogo, fundamento do regime democrático, sejam respeitadas. É provável que sem as pressões externas uma nova ditadura tivesse se organizado no país.

As instituições continuam débeis, o que indica que diante de um Estado por construir, não espanta que a defesa e, consequentemente, o tema militar, seja um "não assunto"[18] da agenda política paraguaia. O mesmo Partido Colorado, que reorganizou as Forças Armadas (1947) e cimentou a coalizão de poder que deu sustentação aos 35 anos da ditadura Stroessner (1954-1989), lidera o processo de transição e impede o surgimento de alternativas à organização tradicional do poder.[19] Pior, diferentemente de seus vizinhos, nos quais se logrou uma atomização dos atores, em especial

[18] A expressão é usada por Julián Guyer González (2007), para tratar da "questão militar" no período transicional uruguaio.

[19] Para se ter uma ideia, nas eleições legislativas de 2003, dos 14 partidos inscritos, apenas seis elegeram senadores – dois deles com percentual menor do que o atingido pelos votos em branco: 2,5% – e cinco elegeram deputados. O Partido Colorado (atualmente Associação Nacional Republicana, ANR) obteve 32,93% e o Partido Liberal, 24,27% no Senado; o mesmo sucedendo na Câmara dos Deputados, com 37% e 21%, respectivamente. Nos governos locais, a hegemonia da ANR é patente, tendo eleito 49,46% dos intendentes, enquanto o PL ficou com 33,88%.

de partidos políticos de oposição, nesse país "...tivemos e continuaremos a ter dificuldades em superar o esquema bipartidário e uma terceira força não consegue abrir caminho e nem capitalizar o descontentamento e os erros dos seus adversários" (Pojoaju, 2005, p.2).

Concentrando a atenção sobre o tema das Forças Armadas, novamente o Paraguai representa um caso único no Cone Sul, pois enquanto nos quatro outros países as Forças Armadas eram retiradas do poder, a transição paraguaia começou por iniciativa militar, com o golpe comandado pelo general Andrés Rodríguez, em 3 de fevereiro de 1989, que colocou fim à ditadura de Stroessner. O general Rodríguez, eleito pouco depois com 74% dos votos, permaneceu no poder até 1992 e, portanto, liderou a constituinte. Entretanto, não seria esse o militar mais famoso do processo que então dava seus primeiros passos. Esse posto ficaria com o general Lino Oviedo, como será comentado mais à frente.

Pelas novas regras, as funções das Forças Armadas concentram-se na defesa, entendida basicamente como manutenção da integridade territorial, da organização política e das autoridades legítimas do Estado. Por isso, restringe-se ao âmbito externo. Porém, a Constituição permite que o presidente, diante de uma grave crise, excepcionalmente e por meio de decreto específico, utilize-as para resolver problemas de segurança interna. Em contrapartida, os militares da ativa não podem ocupar cargos públicos, o que inclui o Ministério da Defesa (Donadio, 2005).

Se a transição paraguaia foi e é diferente das então conhecidas, há grande semelhança nas razões dessa transição. Tomando as causas mais visíveis da queda da ditadura, percebe-se que são semelhantes às que levaram à transição de outros regimes burocrático-autoritários: crise sucessória, concentração de renda, recessão econômica, endividamento externo, esgotamento das políticas clientelistas etc. Como foi uma transição controlada, seus primeiros anos foram mais estáveis, crescendo a incerteza própria dos regimes democráticos com seu avanço, incerteza muitas vezes confundida com instabilidade.

Se até 1989 as Forças Armadas estavam imunes ao poder, porque cooptadas pelo Partido Colorado e controladas pelo ditador, a partir daquele momento quebrou-se a relação que sustentava a relativa tranquilidade da elite no poder, culminando na divisão interna do Partido Colorado, tendo à frente de uma dessas facções o general Lino Oviedo, fiel da balança na eleição de Wasmosy (1992-1998) e líder do golpe militar fracassado de 1996. Preso, não se afastou da política e conseguiu eleger um títere, Raul Cubas Grau, em 1998. Empossado, o novo presidente indulta Oviedo e enfrenta seu próprio vice, Luis Argaña, que incita o Parlamento a promover o impedimento do presidente. Sete meses depois, Argaña é assassinado, causando protestos e levando à saída de Cubas. Um novo golpe é tentado, mas fracassa e, com isso, as Forças Armadas, agora com seus membros proibidos de filiação partidária, perdem sua capacidade de barganha no Partido Colorado.

Interessante observar que é justamente nesses anos que se vive o que foi chamado por Facetti (2007) de "primavera do debate sobre defesa", quando as sociedades civil e política passaram a discutir o tema e mostrar a necessidade de reforma das Forças Armadas. Esse debate criou uma massa crítica capaz de dar ao país um corpo legal e político que democratizasse o tema. Entretanto, em 2000, o debate se perde e o tema da defesa volta a ser preocupação apenas dos militares.

Com o fim do século XX, o Paraguai fecha um ciclo importante de sua vida política e, apesar das grandes dificuldades, começa a construir uma burocracia que permite a edificação do Estado e a superação definitiva da sua política tradicional. Suas Forças Armadas, que precisam ser reconstruídas como uma verdadeira burocracia e não como forças patrimoniais do pequeno número dos "donos do poder", voltam-se para si próprias, como outras corporações, cada uma preocupada com sua própria reforma e, por isso, com vida independente e sem interferência externa. Em outras palavras, essas mudanças, que objetivam institucionalizar a corporação, são necessárias e urgentes, mas são "não assunto" da pauta política, incluindo a dos representantes dos cidadãos.

Classificamos o Uruguai como um caso de transição controlada, mas em relação ao Chile foi muito mais condicionada por acordos políticos entre as forças que re-emergiram imediatamente após os primeiros sinais de superação do regime AB do que pelas Forças Armadas. O que garantiu tal desenho foi a estabilidade institucional do país: mesmo durante os anos autoritários (1973-1985) não se promoveram grandes mudanças, tendo um exemplo na legislação referente à defesa e Forças Armadas (González, 2007, p.116).

O fato de as Forças Armadas pouco participarem do processo político, tendo sido em 1973 a primeira vez que elas se converteram em fator decisivo para a consolidação do regime – cuja inauguração foi promovida pelo presidente eleito Juan Bordaberry –, é essencial para explicar a forma da transição. Da mesma forma, no Chile buscou-se legitimar o regime autoritário por meio de plebiscito (1980), mas ele fracassou. O início da transição data de cinco anos depois, quando as Forças Armadas no governo permitem que os partidos disputem eleições, mantendo a proibição para a Frente Ampla – encaradas por elas como "inimigo interno". Tanto os primeiros quanto a Frente Ampla saem do pleito vitoriosos, pois são consagrados pelas urnas, respectivamente, os reconhecidamente antiautoritários e o voto branco (González, 2007, p.121).

Assim como os brasileiros, os uruguaios não revisaram seu passado, particularmente na violação dos direitos humanos. Para proteger a instituição castrense, foi aprovada, em 1986, a Lei de Validade da Pretensão Punitiva do Estado, confirmada por meio de *referendum* popular três anos depois. A vigência dessa lei pode ser parcialmente responsabilizada pelas dificuldades em promover uma reforma militar. Contudo, a vitória da Frente Ampla elegendo o presidente Tabaré Vázquez e a conquista de maioria parlamentar e de oito entre os 19 departamentos/estados do país permitem ao governo cumprir seu programa, no qual se inclui a revisão da Lei de Validade, entre outras relativas à defesa e Forças Armadas.

Muito diferente do Chile, no qual o próprio enterro de Pinochet constituiu-se em momento de mobilização de apoio ao ex-ditador, no Uruguai nenhum grupo assumiu a defesa do regime autoritário explicitamente. É por isso que se pode falar em "restauração" do regime anterior nesse caso, mas não no primeiro. O ressurgimento dos partidos políticos, quase intactos, nas eleições de 1984, é exemplo nessa direção. Consequentemente, defesa e Forças Armadas continuam a ser "não assuntos", pois

> [...] ao longo da história de sua vida institucional contemporânea, o Uruguai evitou, quase sistematicamente, debater publicamente os temas de defesa e política militar [...]. Na base de tais definições, por outro lado, está a problemática da subordinação militar às autoridades políticas legítimas [...]. (González, 2007, p.130)

Pode-se dizer que essa omissão influiu sobremaneira na definição das funções das Forças Armadas. É por isso que, como no Brasil, elas são responsáveis pela segurança interna e por atos alheios à sua formação, chamados de "conveniência pública" – o que chamamos de funções subsidiárias –, desde que ordenadas pelo presidente da República. Com relação aos cargos públicos, é vedado aos militares assumir ministérios se na ativa; e o Ministério da Defesa uruguaio tem sido sistematicamente ocupado por civis, e teve à sua frente uma mulher, Azucena Berruti (2005-2008).

Justamente por essa tradição de tratar a defesa e as questões militares como "não assunto" é que a iniciativa do governo Tabaré Vázquez de provocar a discussão com a finalidade de traçar as bases de um Livro Branco, iniciada em 2005, causa um positivo estranhamento. Contando com o apoio do PNUD, o debate buscou atingir o cidadão comum, dando-lhe a oportunidade de opinar utilizando a página web do Ministério da Defesa.[20] A primeira fase do projeto finalizou-se e está subsidiando a edificação da Lei de Defesa. A ela devem se seguir duas outras, objetivando, respectivamente, subsidiar a feitura de uma Lei Orgânica das Forças Armadas e uma Lei de Inteligência (Bésio, 2007).

O processo de reconstrução da democracia na Argentina, conforme um especialista, só por licença linguística se pode nomear de "transição". Na verdade, com os fracassos econômicos e da Guerra das Malvinas, houve uma "debandada" dos militares dos postos de decisão do país (Saint-Pierre, 1995). Com isso, as Forças Armadas não poderiam ter controle, ainda que mínimo, sobre a reconstrução das instituições democráticas.

Por outro lado, a elite civil não aproveitou os sinais que apontavam para a edificação de um governo de conciliação, antes da experiência das Malvinas, que pudesse conduzir a um processo negociado de retorno à democracia.

---

20 Disponível em: http://www.mdn.gub.uy/pages/debmes1.asp.

Com a derrota nas Malvinas, o pouco apoio ao governo se deteriorou, levando à quase completa reprovação dos militares pela sociedade civil e a graves dissensões internas às próprias Forças. Mas não houve uma derrota completa destas, o que permitiu que mantivessem o controle.

Outro fator condicionante é, conforme afirmado, que as transições dos regimes AB aconteceram paralelamente ao fim da Guerra Fria, o que gerou a "crise de identidade" das Forças Armadas pela perda das hipóteses de guerra que balizavam o preparo castrense na região, inclusive na Argentina, mesmo considerando que o país tinha alguns contenciosos (com o Chile, por exemplo) naquele período.

Apesar de iniciar-se sem um plano definido, com a burocracia destroçada pela divisão entre as Forças promovida pelos sete anos do regime AB, a transição argentina foi marcada pelo relativo sucesso na edificação de instituições democráticas que reorganizaram as relações entre civis e militares, paulatinamente estabelecendo a completa subordinação dos segundos relativamente aos primeiros. Assim, quando a primeira mulher assumiu o Ministério da Defesa, no governo Néstor Kirchner (2003-2007), pode-se dizer que quase todos os temas relacionados com Defesa e Forças Armadas estavam equacionados, o que significa que o país está muito à frente de seus vizinhos nessa matéria.

A despeito de ter vivido algumas revoltas originadas nos quartéis, os movimentos "cara pintada", desde o primeiro momento, com Raul Alfonsín (1983-1989), a Argentina passou a redefinir as relações entre civis e militares. Foram tomadas medidas em três campos independentes, de modo simultâneo: o julgamento do passado, a reforma das Forças Armadas e da Defesa (López, 2007).

No referente aos julgamentos, apenas os juizados de primeira instância permaneceram como Justiça Militar, que abandonou o processo aberto contra os membros das juntas que governaram durante o AB. Porém, as demais instâncias, agora de Justiça Civil, pronunciaram-se pela condenação, confirmada em dezembro de 1985. Em razão dos aquartelamentos, o governo cedeu e no final de 1987 promulgou a Lei de Obediência Devida, que impediu que se revisasse todo o passado, frustrando expectativas antes criadas (López, 2007). A pá de cal definitiva foi jogada por Carlos Menem (1989-1999) que, mesmo sem respaldo legal, indultou vários militares ainda no primeiro ano de seu governo. Porém, Kirchner, com posição firme diante da obrigação de subordinar os militares pelo exercício da autoridade, revogou as leis e os indultos, permitindo a abertura de novos processos e, portanto, a revisão do passado.

No âmbito da reforma das Forças Armadas, já em 1983 o governo radical promulgou leis e instruiu a burocracia de forma a desmilitarizar o Estado e reestruturar o Ministério da Defesa, concentrando o poder de comando nas mãos do presidente da República e centralizando as decisões relativas ao setor militar no Ministério, que foi aparelhado por funcionários civis (Winand; Saint-Pierre, 2007). Menem, nesse aspecto, apenas aproveitou-se da herança de seu antecessor combinada com a habilidade em estabilizar os meios castrenses, o que lhe permitiu construir uma política militar condenada naquele momento, mas hoje avaliada como "antevisão", pois soube perceber as mudanças internacionais que exigiam novas missões para as Forças Armadas (López, 2007, p.31-32).

Na área da defesa, os descompassos foram maiores, pois o governo não agiu com a mobilidade mostrada nos dois temas anteriores, até porque a Lei de Defesa é o ponto culminante das reformas e, portanto, as outras duas deveriam precedê-la. Por outro lado, cada governo contribuiu para o fortalecimento da área. Quem tomou a iniciativa nesse aspecto foi o legislativo, mas de forma tão errática que apenas em dezembro de 1987 a lei foi aprovada definitivamente.

A Lei de Defesa argentina é a mais completa e condizente com a realidade relativamente aos países aqui enfocados, estabelecendo de forma definitiva a diferença entre segurança e defesa, nesse caso restringindo as missões castrenses às agressões externas. Foi também nesse período que se fez a Lei de Segurança Interna, sancionada em 1992. No governo Kirchner promoveu-se, já no âmbito do Ministério, a reforma militar com base em uma nova doutrina, muito distante da que formou gerações de soldados.

É verdade que o processo de reconstrução da democracia na Argentina foi marcado por idas e vindas. Porém, embora a defesa não seja o tema mais central do debate, ela é tratada como uma política pública e, mais importante, cada uma das ações realizadas, além de reforçar o controle civil,

> [...] foi construindo neste período uma *cultura de defesa* que encontra na educação um fator-chave. A despeito da oferta de cursos de especialização [em defesa] para civis não ser muito grande, cada vez mais civis (e estes cada vez mais jovens) inscrevem-se nos cursos oferecidos pela Escola de Defesa Nacional. Essa tendência poderá redundar na oferta de cursos nessa área no âmbito das universidades. A educação também cria oportunidades de interação civil-militar, e os institutos de formação castrense já abriram suas portas à sociedade. (Tibiletti, 2007, p.105)

Um tema correlato que mereceria ser discutido é a percepção das ameaças por parte dos países. Conforme apresenta Segal (1999b), existe uma correlação direta entre o aumento das ameaças e o ingresso das mulheres nas Forças Armadas. É por isso que em períodos de guerra nota-se o incremento do recrutamento feminino, e sua diminuição (e maiores obstáculos) nos momentos de baixa percepção de ameaças. Evidentemente, esse não é um fator isolado e, como aqui discutido, não é o mais importante para nossas sociedades. Ainda assim, lembrá-lo é importante para conduzir pesquisas futuras.

INGRESSO FEMININO NAS FORÇAS ARMADAS E PARTICIPAÇÃO DA MILITAR EM MISSÕES DE PAZ

Desde a Conferência das Nações Unidas sobre as Mulheres, realizada em Nairóbi em 1985, a ONU passou a trabalhar pela igualdade dos direitos entre mulheres e homens e a impulsionar a adoção da perspectiva de gênero em suas ações, objetivando respeitar definitivamente sua Carta de fundação, que prevê a igualdade humana. Entretanto, foi preciso superar a Guerra Fria para que a ONU compreendesse que a igualdade de gênero ia além das declarações e começasse a incentivar a incorporação das mulheres em processos de mediação de conflitos (Izzo, 2007).

É provável que a mudança de comportamento da ONU em relação à participação das mulheres em processos de paz decorra essencialmente de três fatores. Em primeiro lugar, é preciso considerar o aumento das intervenções da ONU no mundo: desde sua criação até o fim da Guerra Fria (1989), foram 18 operações, número que subiu para 44 desde então até o presente (1990-2007).[21] Outro fator de extrema importância foi a mudança no caráter das intervenções: já não se trata apenas de mediar conflitos, mas de reconstruir países; se antes a ONU promovia *peacekeeping operations*, hoje também realiza *peacebuilding operations*. O terceiro fator decorre da evolução do papel da mulher na sociedade: a ONU acompanhou as transformações no comportamento das mulheres desde o final dos anos 60, o que implica maiores direitos e responsabilidades. Nesse aspecto, as diferentes organizações que atuam nas regiões de conflitos foram fundamentais, pois acompanharam, na prática e cotidianamente, o desempenho positivo que as mulheres exercem em situações-limite (ONU-UNIFEM, 2003).

Foi em 1995, na IV Conferência Mundial sobre as Mulheres, que se admitiu explicitamente a importância da inclusão feminina nos processos de construção da paz. Segundo o texto final da reunião, intitulada "Declaração de Pequim", a ONU se convenceu que "a paz local, nacional, regional e global é alcançável e está necessariamente relacionada com os avanços das mulheres, que constituem uma força fundamental para a liderança, a solução de conflitos e a promoção de uma paz duradoura em todos os níveis".[22]

Só depois de cinco anos, porém, é que essa perspectiva foi definitivamente incorporada, conforme decisão do Conselho de Segurança expressa nas Resoluções 1.325 e 1.327, ambas de 2000. Na primeira, pode-se ler:

> *Reafirmando* o importante papel das mulheres na prevenção e solução dos conflitos, bem como na construção da paz, e enfatizando a importância de sua participação igualitária e pleno envolvimento em todos os esforços para a manutenção e promoção da paz e da segurança, vemos a necessidade de implementar a presença das mulheres como decisoras (*their role in decision-making*) com relação à prevenção e solução de conflitos. (ONU-CS, 2000a)[23]

---

[21] Dados da ONU, disponíveis em: http://www.un.org/Depts/dpko/list/list.pdf. Acesso em: 07 jan. 2008.

[22] Disponível em: http://www.dhnet.org.br/direitos/sip/onu/doc/pequim95.htm. Acesso em: 15 abr. 2004.

[23] Disponível em: http://www.un.org/Docs/scres/2000/sc2000.htm. Ênfase no original. Acesso em: 25 jan. 2008.

Poucos meses depois, a Resolução 1.327 volta a enfatizar:

> *Reafirmamos* o importante papel assumido pelas mulheres na prevenção e solução dos conflitos, bem como na construção da paz (*peacebuilding*) pós-conflito, e *endossamos veementemente* a urgência em se adotar uma perspectiva de gênero nas operações de manutenção da paz (*peacekeeping operations*). (ONU-CS, 2000b)

Apesar das declarações, a presença das mulheres nas atuais missões de paz das Nações Unidas não passa de 3%, e a única missão que recebeu um contingente 100% feminino foi a da Libéria (UNOMIL), para a qual foram enviadas, em janeiro de 2007, aproximadamente 150 recrutas indianas para treinar a Polícia Nacional. A UNOMIL conta com cerca de 15 mil capacetes azuis (ONU-CS, 2007b).

Uma ação louvável foi a promoção, pela OEA, do Curso de Capacitação sobre Gênero, Conflito e Construção da Paz. Esse curso objetivava "promover a inclusão da mulher nos processos de resolução de conflitos e construção da paz nas Américas, e integrar uma perspectiva de gênero em seu desenho e implementação". Financiado pelo governo chinês e realizado em 2005, capacitou vinte mulheres e dez homens na região andina (primeira etapa) e 21 mulheres e nove homens na região centro-americana (segunda etapa). A OEA, ao tomar essa iniciativa, explicita seu apoio à "implementação da Resolução 1.325 do Conselho de Segurança Permanente da ONU, aprovada em 2000, que busca a participação das mulheres em processos de paz e resolução de conflitos" (OEA, 2007, p.6).

Os alunos do curso – representantes de governos, da sociedade civil, das áreas de segurança e acadêmica –, além de elaborarem um dossiê com medidas para as regiões mencionadas, criaram a rede de troca de experiência "*genero y paz americas*" e atingiram um "efeito multiplicador": na Colômbia, o Ministério das Relações Exteriores promoveu um curso semelhante em duas oportunidades ao longo de 2006. Também foi creditada a essa iniciativa a incorporação de uma especialista em gênero à equipe da Missão de Apoio ao Processo de Paz na Colômbia (MAPP) (OEA, 2007, p.11-12).

É importante salientar que reconhecer a importância da mulher na solução de conflitos e, ainda, superando a visão de tomar a mulher sempre como vítima, negando sua indelével presença para a construção da paz, representa um notável avanço. Nas Américas, ainda que várias lideranças femininas tenham se destacado nos processos de paz, é quase nula a presença da mulher como militar e ainda menor o é nas operações dos capacetes azuis.

No Brasil, país que participa das missões de paz desde antes da formação da ONU (Fontoura, 2005, p.211),[24] há pouco ou mesmo nenhum interesse

[24] A primeira participação brasileira em iniciativas de manutenção da paz foi em 1933-1934, quando um oficial da marinha foi incorporado à Comissão da Liga das Nações que administrou a região de Letícia.

nessa discussão, isto é, mesmo quando o assunto tem por finalidade o papel que cabe às Forças Armadas, o tema das missões da ONU sequer é tocado, enquanto a relação entre gênero e paz nem é colocado. Para se ter uma ideia, o semanário *Veja*, revista de grande circulação nacional, teve como tema central de sua edição de 28.11.2007 uma reportagem sobre as Forças Armadas brasileiras. Nas doze páginas dedicadas ao debate, não são citados nem a palavra paz e nem algo que indique a presença feminina nesse assunto.

Hoje, na Argentina, ao contrário, a presença feminina nas Forças é parte das políticas levadas a cabo pelo Ministério da Defesa. Conforme mencionado, a forma de reconstrução da democracia no país foi fundamental para a implementação de políticas castrenses e, talvez por ter à frente uma mulher (impensável no caso brasileiro), o tema tenha sido central ao debate da reforma militar que se processou no último governo (2003-2008). No entanto, isso não implica superar os preconceitos em relação à presença feminina no interior das Forças.

É próprio da sociedade contemporânea atribuir valor positivo às diferenças individuais, o que inclui as funções profissionais. Assim, quanto maiores as diferenças individuais, menores serão as diferenças de gênero, pois as tarefas serão atribuídas às habilidades e não às diferenças "naturais" entre homens e mulheres (Segal, 1999b, p.34-36). Pode-se notar também que em nossas sociedades está se erigindo uma cultura de igualdade entre os sexos, cultura que foi impulsionada pelos processos de democratização. Como consequência, as Forças Armadas se abrem para as mulheres. A Tabela 3, a seguir, apresenta dados que confirmam essa percepção.

Tabela 3 - Ano de incorporação feminina às Forças Armadas (serviços e quadros)

Força\País	Argentina	Brasil	Chile	Paraguai	Uruguai
Armada	1981	1980[1]	—	—	1998
Exército	1982	1992	1974	1973[2]	1996
Força Aérea	1980	1982	1974	—	1994

[1] Nessa data se permitiu a entrada das mulheres no Corpo Auxiliar. Foi somente em 1998 que as mulheres puderam entrar de fato e de direito na marinha, quando passam a ser tratadas pelo Estatuto Militar.

[2] Semelhante ao caso brasileiro, as mulheres tinham acesso ao Quadro de Serviço (médicas, veterinárias, advogadas etc.). A incorporação de fato às Forças aconteceu em 2003.

Fonte: *Atlas comparativo de la defensa en América Latina* – Edición 2005, p.84-5.

Pela Tabela 3, verifica-se que nos países do Cone Sul o recrutamento feminino, em linhas gerais, aconteceu paralelamente às reuniões mundiais sobre igualdade de gênero. A primeira delas teve lugar no México, em 1975. Porém, como mencionado, é entre meados dos 1980 e 1990 que ganham maior ressonância. Além disso, nos casos dos países do Cone Sul, o tema foi influenciado positivamente pela democratização que se processava no mesmo período.

Os dados da Tabela 3 confirmam também que a entrada feminina na caserna acontece por meio de funções identificadas como apropriadas para as mulheres pela sociedade, ou seja, são os quadros de saúde, administração ou a Arma de Intendência que se abrem para a mulher. Como pode ser visto na Tabela 4, a seguir, geralmente há um intervalo de tempo para que patentes mais altas sejam disponibilizadas para ambos os sexos e são raros os casos nos quais a mulher pode fazer carreira em armas de combate.

Tabela 4 - Incorporação feminina às Forças Armadas (comando)

Força\País	Argentina	Brasil	Chile	Paraguai	Uruguai
Armada	2001	1998	—	2003	2000
Exército	1997	—	1995	2003	1998
Força Aérea	2001	2001	2000	2003	1997

Fonte: *Atlas comparativo de la defensa en América Latina* – Edición 2007, p.99.

Entre os cinco países, o único que não tem nenhuma restrição para as mulheres nas Forças Armadas é o Uruguai. Nos demais, são impedidas de assumir funções em submarinos e em forças especiais. Segundo dados de 2004, apenas a Argentina proibia às mulheres assumir cargos em funções de combate em todas as Forças. Brasil, Chile e Paraguai permitem o acesso a armas de combate na Força Aérea.

A incorporação das mulheres às Forças Armadas é um processo que ainda está em curso, pois há países que sequer promoveram uma reforma militar – o Brasil, por exemplo. Nesse aspecto, as Forças Armadas argentinas apresentam-se mais bem estruturadas com relação aos seus vizinhos e tudo indica ser a que possui o maior contingente feminino. Conforme pronunciamento da ministra da Defesa, Dra. Nilda Garré,[25] cerca de um terço do total das Forças é ocupado por mulheres.

No Brasil, o primeiro contingente em armas de combate diplomou-se em 2006. Foram cinco mulheres concluintes da Academia da Força Aérea (AFA), que hoje são aviadoras e, portanto, podem chegar ao comando da Força em alguns lustros. No sentido contrário, lembramos o projeto-piloto implantado pelo Exército em 1998, na Amazônia. Nele, as mulheres atuaram como atiradoras, por meio do Serviço Militar Feminino Voluntário, que parecia ser uma experiência para futura integração das mulheres às armas de combate. Entretanto, tal projeto foi desativado em 2002, sem que resultasse na incorporação das mulheres no trabalho de selva (Grupo Abril, 1998).

[25] Discurso da ministra da Defesa, Dra. Nilda Garré, em 07.03.2006 no ciclo de conferências "Las mujeres y sus luchas em la historia Argentina". Disponível em: http://www.mindef.gov.ar/discursos_garre.asp¿Id=714. Acesso em: 20 fev. 2006.

O caso chileno é conhecido pela sistemática modernização de suas Forças. Tendo verba disponível (Lei Secreta do Cobre), gerada pela alta internacional dos preços do cobre, e escassos controles governamentais sobre o Ministério da Defesa, o país hoje ocupa o terceiro lugar em capacidade militar na região, com a quase totalidade dos equipamentos adquiridos para entrar em operação até o final de 2008 (Calle, 2007, p.34). Na questão de gênero, no entanto, não se repete o mesmo e o comportamento é semelhante ao brasileiro: apenas a Força Aérea permite que mulheres exerçam funções de combate. Dois aspectos chamam a atenção para o Chile. Um foi a criação de um serviço militar voluntário para mulheres, que pode contribuir para a organização e o preparo de tropas femininas. O segundo foi a grande participação do legislativo no processo de incorporação das mulheres às Forças Armadas.

O Paraguai, apesar das sucessivas crises econômicas, vem mantendo uma mesma linha de promoção de reformas na área de Defesa. A incorporação das mulheres aos cargos de comando, promovida em 2003, é parte desse processo ainda em curso e que deve resultar numa profunda mudança nas Forças Armadas. Recordamos que as Forças Armadas desse pequeno país foram as de maior prestígio na região até o último quarto da ditadura, a partir de então entrando em um período de crise de identidade que só foi combatida a partir de 1989 (Facetti, 2007).

O Uruguai é o país mais moderno com relação à promoção da igualdade de gênero. Assim, podemos repetir que "...mais do que incorporar mulheres às Forças, o que se promove [no país] é uma integração entre homens e mulheres à vida militar..." (Mathias, 2007, p.91). Nesse contexto, destaca-se a participação de suas Forças Armadas nas missões de paz da ONU, participação já tradicional e que incorpora também as mulheres.

Dados do *Conflict Barometer* apontam que, no final de 2006, eram 76.726 os capacetes azuis, de 110 países diferentes, atuando em missões de paz, dos quais 66.086 eram combatentes. Os países asiáticos são os que mais fornecem soldados para tais missões (10.184 apenas do Paquistão), mas na MINUSTAH, única em operação na América, a maioria dos membros são latino-americanos. O número de mulheres, entretanto, é bastante baixo.

Segundo a própria ONU (ONU-CS, 2007a), das 18 missões em funcionamento, onze contam com assessoria em gênero; destas, são coordenadoras em sete.Na Tabela 5 mostramos como o Cone Sul contribui nessas missões.

Tabela 5 - Contingente e número de mulheres em missões de paz

País / Missão	Argentina		Brasil[2]		Chile[5]		Paraguai		Uruguai[6]	
	Pessoal total	Mulheres	Pessoal total	Mulheres	Pessoal total	Mulheres	Pessoal total	Mulheres	Pessoal total	Mulheres
MINURSO	01		03	0	—	—	—	—	07	0
MINUSTAH	566		1200	06[3]	499	02[3]	31	0	1159	54
UNMEE	[1]		07	0	—	—	3	0	40	1
UNMIK	10	0	02[4]	0	01	0	—	—	—	—
UNMIL	08		03	0	—	—	4	0	01	0
UNMIN			07	0	—	—	5	0	01	0
UNMIS	11		24	0	—	—	10	0	02	0
UNMIT			04	02[4]	—	—			06	0
UNOCI	04		07	0	—	—	10	0	04	0
UNFICYP	297				33		14	1[3]		

[1] Quando deixamos a célula em branco, significa que não há dados disponíveis e não que o país não participe da missão. Quando não há participação, colocamos traço (–).

[2] Os dados brutos sobre o Brasil foram fornecidos por Eduardo Ishida.

[3] Funções de apoio.

[4] Policiais.

[5] Os dados listados não implicam a omissão do Chile em operações de paz, mas sim que as missões das quais ele participa não foram aqui consideradas. Desconsiderando a MINUSTAH, esse país está presente em seis missões, com um contingente de 58 pessoas, entre militares e policiais, dos quais 0,5% são mulheres.

[6] Os dados brutos sobre o Uruguai foram fornecidos por Julian Gonzáles Guyer. A missão que conta com o maior contingente é a MONUC, não considerada na tabela. Nela, o Uruguai tem 1.383 pessoas, das quais 71 são mulheres, todas atuando em funções de apoio. Das 54 mulheres na MINUSTAH, dez são combatentes. Nos totais, estão considerados membros das polícias e outros funcionários.

Fonte: Dados brutos consultados nos sites oficiais dos Ministérios da Defesa dos países, completado com dados de Donadio (ed.), 2005 e DEF, ano 3, n.º 28, dez., 2007, p.63.

Comprovando a análise anterior, pode-se afirmar que o Uruguai possui uma política dirigida para a igualdade de gênero nos meios militares. O percentual de mulheres nas missões de paz nas quais o país participa é maior do que o de muitos países desenvolvidos. Repetindo o que já dissemos, enquanto menos de 3% das forças de paz no mundo são compostas por mulheres (ONU-CS, 2007b), nas forças uruguaias o percentual está em torno de 5%. Tomando apenas as combatentes, elas chegam a quase 1% do pessoal da MINUSTAH.

Se não bastasse a avaliação feita, comparando-se os dados do Uruguai com os apresentados pelos países da OTAN, nota-se que ele é hoje o principal país da região a responder positivamente aos reclamos da ONU e das organizações internacionais pela equidade de gênero em situações de conflito e reconstrução da paz. A Tabela 6 exemplifica essa afirmação:

Tabela 6 - Proporção de mulheres com relação às FFAA de alguns países da OTAN

País	Incorporação	Porcentagem de mulheres nas FFAA do país 2005	Porcentagem de mulheres nas FFAA do país 2006
Alemanha	2000	6	7,5
Canadá	1951	12,8	17,3
Dinamarca	1946	5,3	5,4
Espanha	1988	13,47	12
EUA	1970	10,49	—
França	1951	13,28	14
Itália	2000	1,6	2,6
Noruega	1985	7	7,1
Polônia	1999	0,52	1
Portugal	1988	12	13
Reino Unido	1992	9,1	9,3
Turquia	1955	3,1	—

Fonte: Dados brutos: NATO, 2007, completado com D'Araújo, 2004, p.448.

Não se trata aqui de analisar a presença das mulheres nas forças da OTAN, mas apenas trazer novos elementos, que reforçam quão positiva é a política militar uruguaia. Os dados mostram que a presença das militares uruguaias nas operações de paz está na média da apresentada pelos próprios países da OTAN e na tabela anterior, por exemplo, da Itália, onde a incorporação feminina às Forças Armadas aconteceu no mesmo momento que no Uruguai.

Voltando à Tabela 5, vê-se que os números apresentados pelo Brasil são irrisórios, considerando a importância do país na MINUSTAH, que é a única missão a incorporar militares femininas – nos dois outros casos são policiais. Como o país pode pretender uma vaga no Conselho de Segurança se uma das principais políticas da ONU está na igualdade de gênero, e as mulheres constituem 0,5% de suas forças de paz no Haiti? Em razão da demora em incorporar mulheres nas armas combatentes, o país não poderia enviar oficiais femininas para cumprir tarefas nesse campo. Porém, isso não justifica o baixo empenho do país em funções de apoio.

Por outro lado, o pequeno número das brasileiras em missões de paz apenas reflete como a sociedade toma o tema. Como já dissemos, tanto a presença feminina nas Forças Armadas quanto a participação militar nas missões de paz são "não assuntos" no país. A própria função constitucional atribuída às Forças Armadas contribui para isso: responsáveis pela lei e pela ordem e convivendo com uma burocracia corrupta ou inepta, não é de se espantar que até mesmo parte da *intelligentzia* nacional queira que os militares, independentemente do sexo, atuem em atividades que não lhes são próprias.

No Brasil, um exemplo paradigmático da falta de compreensão com relação às Forças Armadas está em uma proposta de emenda à Constituição apresentada pelo senador Expedito Júnior, eleito por um pequeno partido de direita (PR) de Rondônia. O projeto em tramitação prevê que as Forças Armadas desenvolvam ações de assistência social junto à população desamparada que vive nas ruas das grandes cidades, objetivando ensinar-lhe ofícios para que possam ser "resgatados" para a cidadania. Segundo o senador, considerando a infraestrutura de escolas e quartéis militares e "a reconhecida seriedade, competência e forma de organização com que as Forças Armadas" cumprem as missões a elas confiadas, essa é a melhor opção para resolver um problema crônico, e mais: "o governo não vai gastar nenhum real utilizando a mão de obra desses professores e médicos militares" (*Agência Senado*, 27.09.2007).

Não é sem razão, portanto, que o desempenho do país em operações de paz é pífio. A despeito do prestígio e, principalmente, do treinamento que tais missões proporcionam aos militares, há uma permanente "crise de identidade" a tirar o sono dos comandantes, pois tais missões, que constituem o centro da profissão militar, são avaliadas como "luxo" pelos representantes da nação. Conforme expressou o coronel reformado Geraldo Cavagnari, "a mais séria crise da história das Forças Armadas está em curso desde 1995 e é causada pela falta de prioridade e pelo desconhecimento do que as Forças Armadas representam para o Estado" (Grupo Abril, 2007, p.136).

Tomando as falas populares, uma explicação razoável para a abertura dos quartéis às brasileiras (veja Tabela 3) está justamente na queda dos ganhos profissionais, seja em *status* ou soldo, combinada com o crescente prestígio das Forças Armadas quando empregadas em ações de garantia da lei e da ordem. Ao mesmo tempo, a incorporação das mulheres foi feita ao final da transição do regime AB, sinalizando uma "feminilização" das Forças, isto é, tanto para o público interno quanto para o externo, a presença feminina nos quartéis funcionaria como uma barreira para os abusos cometidos por seus pares ao longo do autoritarismo e humanizaria o ambiente, pois mulheres são "maternais, meigas e frágeis" por definição.[26]

Apesar do baixo contingente do país em missões de paz, o Paraguai (Tabela 5) merece alguns comentários. Em primeiro lugar, o recrutamento de mulheres começou em 2003, tendo-as engajado em operações de paz em menos de cinco anos. Em segundo, mas não menos importante, considerando a participação do país na UNFICYP, a participação feminina representa 7,1%, igual à apresentada pela Noruega no caso da OTAN; mesmo tomando a participação total nas missões de paz, a taxa é significativa: 1,3%, muito maior que a do Brasil (Tabela 5) e semelhante à da Itália (Tabela 6). Considerando que o Paraguai é o único do Cone Sul que apresenta IDH médio, ocupando o 95º lugar no *ranking* da ONU (ONU-PNUD, 2007),[27] os dados ganham maior significância.

Não vamos comentar os dados de Argentina e Chile relativos à participação em missões, pois acreditamos que os dados arrolados estão defasados em comparação aos outros três países, o que causaria distorções desnecessárias. Sua presença na tabela se justifica por entendermos que ela mostra que os dois países não são omissos na matéria. Ao contrário, sabemos que são importantes na estabilização de conflitos e na cooperação regional.

Ser incorporada às Forças Armadas e atuar ombro a ombro com seus companheiros homens em missões de paz não significa que a mulher seja aceita como um igual no meio militar, e nem que tenha a mesma percepção do homem sobre sua participação nesse âmbito. Embora não existam muitos estudos a respeito, as pesquisas indicam que ainda persistem preconceitos – como o mencionado para justificar o ingresso na caserna pelas mulheres brasileiras –, ações divergentes e também uma resistência maior do próprio meio militar com relação ao civil em aceitar mulheres militares.

Em estudo exploratório feito no *Colegio Militar de la Nación*, na Argentina, Badaró (2007) sustenta que a mulher representa, a um só tempo, "barômetro moral" e "agente contaminante" para a instituição militar. No primeiro caso, lembram aos homens as fronteiras do seu comportamento. No segundo, como "agente contaminante" (*las cucarachas*), é preciso isolá-las, pois "ameaçam os contornos simbólicos e morais da identidade militar".

Castelão (1999) chega às mesmas conclusões baseando-se em pesquisa que realizou em 1995, na Academia Militar de Lisboa (Portugal). Nas suas palavras: "[...] a presença das mulheres introduz novos códigos e valores suscetíveis

---

[26] Uma análise semelhante é apresentada por Nummer (2005), nesse caso para a polícia militar. Nossa experiência mostra que a analogia é válida. No I Encontro da ABED, em setembro de 2007, na mesa sobre "Mulheres e Forças Armadas", essa foi uma hipótese aguerridamente discutida.

[27] O Índice de Desenvolvimento Humano (IDH) dos países do Cone Sul é avaliado em elevado: Argentina = 0,869 e classificada em 38º lugar; Brasil = 0,8 em 70º (o último entre os elevados); Chile = 0,867 em 40º; Paraguai = 0,755 em 95º; Uruguai = 0,852 em 46º.

de ameaçar a identidade militar, por isso os cadetes rejeitam e agridem as mulheres, uma atitude ancorada em representações sociais preexistentes [...]" (p.131). Interessante observar que o intervalo de tempo entre a incorporação das mulheres e a investigação de campo nas escolas militares são bastante semelhantes – pouco menos de dez anos – e, em ambos os casos, as mulheres eram (e ainda são) minoria com relação aos homens.

Embora seja de extrema importância conhecer as diferenças (se existem) entre o comportamento de homens e mulheres na caserna (em atividades de treinamento) e em situações em que devem atuar como militares (em funções de defesa), mormente em se tratando do envolvimento deles em missões de paz, não temos como realizar uma pesquisa de campo, essencial para avaliar a permanência ou não do estranhamento entre homens e mulheres militares e para indicar se a hipótese tradicional "quanto maior a paridade numérica menor o preconceito" se confirma. Assim, mais uma vez deixamos um tema para futuras investigações.

NOTAS FINAIS

Adotando uma perspectiva de gênero, isto é, considerando que os papéis sexuais são socialmente construídos e o são de forma relacional – não existe mulher *ou* homem, mas sim masculino *e* feminino, homem *e* mulher –, buscamos compreender qual a posição da mulher no interior das Forças Armadas quando atuam em missões de paz. Analisar papéis no interior de instituições fechadas implica pressupor que são impostas novas identidades (a construção do *ethos* militar) aos atores que nela entram, revisando os papéis sexuais antes referidos.

A partir desse referencial, perseguimos dois objetivos. Um, teórico-analítico, foi discutir como a sociedade civil aceita e às vezes promove a entrada das mulheres nas Forças Armadas, bem como sua atuação ao lado dos homens em missões de paz. Outro, político, diz respeito a fornecer, com base na discussão da realidade das militares na América Latina, subsídios que conduzam para a igualdade de gênero em situações de conflito, facilitando sua superação ou solução.

Tomando o primeiro objetivo, colocamo-nos três perguntas: qual identidade de gênero facilita a incorporação feminina às Forças Armadas e às missões de paz? Qual o contexto de inserção das mulheres nas Forças Armadas e nas missões de paz? A importância dada ao tema da defesa está diretamente relacionada à participação das mulheres nas Forças Armadas e nas missões de paz?

Ao longo deste texto procuramos responder a essas perguntas para os países do Cone Sul (Argentina, Brasil, Chile, Paraguai e Uruguai), e chegamos ao seguinte diagnóstico:

1) a entrada da mulher nas Forças Armadas, instituição sempre definida como masculina, deve ser precedida pela modernização da sociedade, isto é, o engajamento militar feminino é facilitado se o meio no qual isso acontece aceitar mudanças no comportamento social dos indivíduos. Portanto, são sociedades urbanas, nas quais as mulheres têm acesso à educação (ensino formal extensivo), ao trabalho e são encaradas como indivíduos emancipados, as que promovem e enfrentam menor resistência nessa ação – a inserção feminina nas Forças Armadas – e aceitam sua participação no enfrentamento de conflitos;
2) como consequência do anterior, a mulher deve ser antes vista como indivíduo capaz de tomar decisões para que possa assumir as armas como profissão. Essa identidade de gênero não implica que no próprio meio militar a mulher não venha a enfrentar resistências;
3) quanto mais se discute, mais se promove e se reconhece a defesa como uma temática pública, mais se conhece tudo o que a ela está relacionado, o que leva a compreender melhor o que são, para que servem e como devem atuar as Forças Armadas. Os elementos utilizados neste texto para a análise não permitem dizer que há uma correlação direta entre importância da defesa e introdução das mulheres em funções militares. Por outro lado, notamos uma superposição entre percepção das ameaças e engajamento feminino. Porém, como tal não era o objetivo do trabalho, não foi aprofundado.

Essas respostas gerais indicam o diagnóstico que apresentamos a seguir. Nos cinco países, a despeito da incorporação às Forças Armadas e do significativo aumento da presença feminina nos quartéis, as mulheres continuam como minoria e permanece a falta de identificação entre mulher e militar, pois o padrão social ainda tem no homem o típico militar. Assim, no meio castrense, quando uma mulher faz um bom trabalho, o mérito é individual, ao contrário dos homens, sempre avaliados pelo e no grupo. Já quando erra, o erro é avaliado como inerente ao gênero feminino, como se ela não tivesse passado pelo processo de ressocialização por que seus companheiros homens passaram (Carreiras, 2006, p.48).

Os cinco países do Cone Sul estão cientes da importância da participação da mulher em todos os campos sociais. Por isso, todos estão envolvidos na promoção da igualdade de gênero. No âmbito militar, os cinco países reconhecem que "os processos de paz são menos efetivos com a exclusão das mulheres" (ONU-CS, 2000b) e, por isso, contribuem efetivamente e a passos largos para o estabelecimento da igualdade de gênero nas Forças Armadas e nas missões de paz. As diferenças existentes são de grau e não de princípios.

No intuito de facilitar a visualização do grau alcançado pelos países enfocados em relação à igualdade de gênero no meio militar, propomos uma classificação provisória representada na Figura 2. É importante salientar que, ao desenhá-la, desconsideramos o comportamento relacional entre homens e mulheres no interior das Forças Armadas e reforçamos que os dados disponíveis são insuficientes para uma análise detalhada.

Figura 2 – Graus de igualdade de gênero

O mais interessante dessa representação que, de certa forma, contrapõe-se ao que vale para os demais países, é o comportamento do Paraguai com relação à promoção da igualdade de gênero no âmbito das Forças Armadas. Como o dado que temos para avaliar o fenômeno é a participação em missões de paz, mesmo sendo mínima a contribuição do país, ela é relevante diante dos seus vizinhos. Em contrapartida, o Uruguai aponta que os elementos tomados para discutir o tema estão corretos, confirmando outras análises sobre a questão. De fato, em relação aos países do Cone Sul, o Uruguai aparece como o de melhor desempenho referente à promoção da igualdade de gênero no âmbito da defesa e das Forças Armadas.

Em consonância com o estudo, parece-nos que o melhor para atingir o segundo objetivo da investigação não é indicar caminhos para a ação, mas incentivar mais pesquisas, em especial as dedicadas à compreensão das diferenças de gênero no interior das Forças Armadas e em missões de paz.

MULHER, FORÇAS ARMADAS E MISSÕES DE PAZ NA REGIÃO ANDINA[1]

Loreta Tellería Escobar[2]

INTRODUÇÃO

Com base no estímulo que o Conselho de Segurança das Nações Unidas deu à participação das mulheres em todos os campos de ação, de conservação e construção da paz e da crescente participação feminina nas operações de manutenção de paz no mundo, considerou-se importante analisar a situação das mulheres militares na região andina, com o objetivo de apresentar um panorama o mais próximo possível de sua situação nesse âmbito.

Em um primeiro momento, o trabalho esboça o atual cenário mundial da participação das mulheres nas Forças Armadas, suas causas e características, tomando como objeto de estudo os países da OTAN, com o propósito de ter um parâmetro de comparação objetivo. A seguir, as características e as complexidades da região andina são descritas dos pontos de vista político e social, especialmente de igualdade de gênero, para, em seguida, explorar de maneira específica a situação das mulheres nas Forças Armadas. Nesse último ponto, faz-se um debate entre incorporação ou inclusão com base na observação de variáveis, como: existência de marcos normativos, políticas institucionais no tema do ingresso, ascensão e promoção de aptidões, bem como a construção de uma opinião pública a respeito.

Apesar das poucas fontes de informação acessíveis, tentou-se fazer uma primeira comparação, em porcentagens, da participação militar feminina

---

1 O presente artigo foi realizado como parte do projeto da RESDAL: *La mujer en las Fuerzas Armadas y Policia: una aproximación de gênero a las operaciones de paz*, financiado pelo Global Peace and Security Fund do Departamento de Assuntos Exteriores e Comércio do Canadá (GPSF-DFAIT). Foi apresentado no Seminário Internacional "A mulher nas Forças Armadas da América Latina e Caribe: uma aproximação de gênero às missões de paz". Guatemala, 11 e 12 de março de 2008. Tradução: Adriana Suzart de Pádua.

2 Cientista política e mestre em estudos sociais e políticos latino-americanos. Diretora do Observatório de Democracia e Segurança. La Paz-Bolívia.

na região. No entanto, é necessário refletir que em qualquer estudo sobre o assunto, além de números, devem ser incorporados instrumentos qualitativos que reflitam expectativas, desejos e obstáculos das mulheres nos países andinos ao ingressar na vida militar.

Como ponto seguinte, aborda-se a participação das mulheres nas operações de manutenção de paz em países como Bolívia, Peru e Equador, os quais apresentam porcentagens mínimas de participação em um cenário de cooperação predominantemente masculino, apesar dos mandatos expedidos pelas Nações Unidas.

Para finalizar, as conclusões orientam-se no sentido de impulsionar um verdadeiro processo de inclusão feminina nas Forças Armadas e nas missões de paz, com base no desenho de uma política pública que incorpore aspectos ausentes até o momento, como vontade política, capacidade de gestão institucional, transparência e, sobretudo, ampla participação dos setores envolvidos.

MULHER E FORÇAS ARMADAS

Durante os últimos anos, os processos de modernização institucional têm sido acompanhados da geração de políticas públicas elaboradas com ampla participação social. No campo das Forças Armadas, se as políticas públicas mantêm características peculiares,[3] o tema da igualdade de gênero corresponde a um processo de modernização institucional, que só na melhor das hipóteses é produto da democratização do setor da defesa.

Atualmente, existe uma correspondência direta entre a modernização das Forças Armadas e a inclusão do debate sobre igualdade de gênero. Uma das análises mais importantes sobre o tema foi realizada por Charles C. Moskos e seu conceito de Forças Armadas pós-modernas. Moskos (2000) indica que, após a Guerra Fria, ocorreu uma evolução importante do tradicional modelo de "exército moderno" para o "exército pós-moderno". O primeiro está vinculado ao Estado-nação, com proeminência de interesses geopolíticos, uma cultura corporativa baseada na ordem e na obediência e um sistema de recrutamento fortemente estabelecido (serviço militar obrigatório); o segundo é identificado como um exército de pautas flexíveis, recrutamento voluntário (em alguns casos, multinacional), formador de recursos humanos

---

[3] De acordo com Martínez Nogueira (2004), as políticas públicas caracterizam-se por ser "sucessões de eventos com múltiplas deliberações, negociações em distintos níveis e em diferentes âmbitos e com consequências efetivas incertas". O autor questiona a capacidade das Forças Armadas para trabalhar com esse tipo de política, considerando a sua necessidade de certeza e missões claras e inequívocas que a cultura militar exige para todas as suas formas de atuar.

profissionais, com objetivos variados e de maior inclusão social.[4] Nessa perspectiva, a presença das mulheres na esfera militar é considerada um dos principais indicadores para se falar da organização militar pós-moderna depois da Guerra Fria (Hombrados et. al., 2007).

A incorporação das mulheres nas Forças Armadas gera pontos de vista contrários. Se, por um lado, esse processo ocorre tanto na esfera nacional como internacional, caracterizado por novas dinâmicas e estruturas entre os países, por outro, o setor militar se justifica com a concepção de defesa e soberania, o que de alguma forma complica o debate da incorporação das mulheres, considerando o papel tradicionalmente atribuído aos sexos. Esse é o argumento utilizado por Van Creveld (2000), que estabelece que:

> a feminilização das Forças Armadas ocidentais não é uma prova do progresso da emancipação da mulher, mas sim sintoma da decadência dessas Forças. Da mesma forma, quanto menores e menos importantes são as guerras enfrentadas por qualquer força armada, mais mulheres estas têm; quanto mais mulheres têm, menos provável que se empreendam grandes guerras.

Somente a possibilidade de que os países enfrentem menos guerras justifica reforçar as políticas de incorporação das mulheres nas Forças Armadas. No entanto, a realidade é mais complexa e implica uma série de adequações. Atualmente, para fazer a guerra já não são tão importantes, como no passado, as condições físicas e psicossociais dos combatentes. Some-se a isso a dimensão humanitária dos exércitos e estar-se-á diante de novas instituições, com novas necessidades, entr as quais estaria presente a inclusão social e de gênero.

A maioria dos estudiosos concorda que a incorporação da mulher nos exércitos constitui-se em uma característica de modernização das Forças Armadas; no entanto, as causas da incorporação respondem a uma diversidade de razões, que não necessariamente refletem um processo de modernização institucional. As principais são:

- Primeira: causas que respondem a interesses claramente militares, produto das necessidades de modernização e reestruturação dos âmbitos castrenses, como são as reformas de educação, treinamento,

[4] Os principais exemplos desse tipo de exército concentram-se nos países da OTAN. São exércitos que respondem a Ministérios da Defesa institucionalizados, plena e exclusivamente profissionais, com capacidade tecnológica significativa, com crescente presença em diferentes partes do mundo, sob um esquema de segurança cooperativa e humana, e onde se tem dado passos importantes para a incorporação da mulher, que inclui mudanças relevantes em número, treinamento e igualdade de condições com seus companheiros do sexo masculino.

equipamento e objetivos, nas quais se abre o debate de mudanças institucionais a favor da integração de gênero.[5]

- Segunda: causas estritamente instrumentais, que não são produto de uma reforma institucional integral, mas que apenas respondem a fatores isolados. A esse respeito, Mady Segal (1995) argumenta que os principais fatores que têm propiciado o ingresso das mulheres nas Forças Armadas são os vinculados à estrutura organizativa da instituição militar e a suas políticas de acesso. De acordo com a realidade dos países europeus, a eliminação do serviço militar obrigatório resultou em déficit de pessoal, o que "foi a questão determinante para explicar a presença da mulher nas instituições militares".
- Terceira: visão multicausal, que reflete um enfoque mais amplo. Parte-se da ideia de que a incorporação das mulheres às Forças Armadas responde a várias causas, sendo uma das principais o contexto democrático e as exigências e ajustes que isso implica para as instituições do Estado. Dessa perspectiva, o debate da igualdade de gênero não surgiria nos quartéis, mas seria parte do debate público, o que, somado a fatores estritamente militares, convergiria em uma tendência de integração das mulheres às Forças Armadas.[6]

Apenas os estudos empíricos podem determinar as verdadeiras razões que propiciam o ingresso das mulheres nos quartéis, o que sem dúvida representaria um leque muito amplo de alternativas, em todos os países que iniciaram esse processo. No caso da Espanha, que atualmente é um dos países com maiores avanços no tema, o processo é caracterizado por uma análise detalhada de vários fatores, tais como mudanças ocorridas em um período relativamente curto sem forte demanda social pela igualdade em âmbito militar, com pouco debate público a respeito e em um contexto de transformação do cenário estratégico internacional e de homogeneização para um modelo de Forças Armadas profissionais, que, na maioria dos países da Aliança Atlântica, está implantado ou em fase de implantação (Hombrados et. al., 2007).

Guardadas as devidas proporções, o caso espanhol não difere da maioria dos países da OTAN e, em certa medida, dos países da América Latina. Em todos os casos, devido à ausência de debate público, tem-se deixado de discutir

---

[5] Sebastián Briones Razeto (2007), de FLACSO – Chile, aponta duas variáveis relevantes nas Forças Armadas para promover uma mudança a favor da igualdade de gênero. Ambas pertencem ao sistema militar e são: necessidade relativa às mudanças demográficas ou do serviço militar e políticas claras a favor da integração de gênero.

[6] Suzeley Kalil (2005), com um enfoque mais amplo, reconhece três principais fatores que levam à integração das mulheres às Forças Armadas. Primeiro, a democracia, que cada vez mais exige igualdade de oportunidades para os cidadãos. Segundo, a mudança de concepção das novas guerras, avanços tecnológicos e administrativos. E terceiro, o fator psicossocial, consequência da percepção dos agentes sobre a função dos militares, onde se inclui o prestígio da profissão militar e a legitimidade castrense.

questões fundamentais sobre a incorporação da mulher nas Forças Armadas, debate que se vê refletido nas seguintes perguntas: qual é a contribuição institucional das mulheres para as Forças Armadas? Como a incorporação de mulheres nas Forças Armadas apoia a igualdade de gênero?

No plano normativo e prático, vários avanços foram feitos para propiciar a incorporação das mulheres no tema de segurança e Forças Armadas, sendo um referencial importante o destaque que tem assumido em eventos-chave, como conferências, acordos regionais e organismos multilaterais.

No campo normativo, o crescente avanço sobre o tema pode ser notado em diferentes eventos internacionais realizados a partir da segunda metade do século XX. É o caso da Convenção sobre a eliminação de todas as formas de discriminação contra a mulher, em 1979, e a Cúpula de Pequim que, em 1995, destacou a relação entre manutenção e construção da paz em todos os níveis, com a ativa participação da mulher. No caso das Nações Unidas, tem havido uma contribuição fundamental, particularmente relacionada com as operações de manutenção da paz. Os principais documentos sobre o tema são os seguintes (Rein, 2006):[7]

- Declaração de Windhoek, de maio de 2000, A/55/138-S/2000/693, em que se reconhece que as operações de paz das Nações Unidas têm evoluído da manutenção da paz para operações multidimensionais de apoio à paz, esforço do qual as mulheres têm sido excluídas, assim como a dimensão de gênero. Além disso, determina que os princípios da igualdade devem estar presentes nas operações de manutenção da paz, assegurando a participação de homens e mulheres como integrantes e beneficiários em pé de igualdade em todos os aspectos relacionados com o processo de paz: manutenção, reconciliação e consolidação da paz, em prol de uma estabilidade política em que homens e mulheres participem igualmente no desenvolvimento político, econômico e social de seus países.
- Plano de Ação da Namíbia, de maio de 2000, A/55/138-S/2000/693, que determina que homens e mulheres devem ter igual acesso às zonas de conflito e participar em igualdade de condições em todos os níveis e etapas do processo. As mulheres devem participar nas negociações para o cessar-fogo e dos acordos de paz. Na zona da missão, devem ser dados cursos sobre gênero que incluam um código de conduta, aspectos culturais, históricos e normas sociais do país receptor. Por último, estabelece que todos os meios possíveis devem ser empregados para gerar uma opinião pública consciente sobre a importância da incorporação da perspectiva de gênero nas operações de apoio à paz.

[7] Disponível em: http://goliath.ecnext.com/coms2/summary_0199-6493985_ITM.

- Resolução 1.325, de outubro de 2000, permite vislumbrar as possibilidades que existem para as mulheres nas operações de paz. Em primeiro lugar, maior participação nos postos de tomada de decisões, em instituições e mecanismos nacionais, regionais e internacionais para a prevenção, gestão e solução dos conflitos. Segundo, maior participação nos níveis de adoção de decisões em matéria de solução de conflitos e processos de paz ou em missões de reconhecimento em nome do Secretário Geral. Em termos gerais, incorporação nas operações de paz como observadores militares, polícia civil e pessoal dedicado aos direitos humanos e tarefas humanitárias, assim como na adoção de medidas de manutenção e consolidação da paz.

A partir da Resolução 1.325 do Conselho de Segurança da ONU, aconteceram importantes avanços no âmbito da capacitação em temas de gênero. O primeiro relatório do período 2005-2007 sobre a Resolução mostra os seguintes avanços em operações de manutenção de paz: formulação de políticas e instrumentos operacionais; incorporação de pessoal especializado de 18 missões de manutenção de paz, 11 com assessores de gênero de dedicação exclusiva,[8] sete com coordenadores em matéria de gênero. Apesar dos avanços, nas recomendações finais propôs-se no futuro realizar ações mais específicas na participação de mulheres em processos de tomada de decisões.

Do ponto de vista prático, os países que mais prontamente incorporaram as mulheres nas Forças Armadas correspondem aos países desenvolvidos, como podemos observar na Tabela 1.

Tabela 1 - O processo de admissão das mulheres nas FFAA dos países da OTAN

País	Ano de admissão legal	Para alguns postos	Todos os postos
EUA	1948	1973	1993
Canadá	1951	1968	1989
França	1972	1973	1985
Reino Unido	1949	1991	1992
República Checa	1980	1980	1984
Países Baixos	1979	1979	1981
Bélgica	1975	1977	1981

(continua)

[8] Os assessores em questões relacionadas a gênero promovem, facilitam e supervisionam a inclusão das perspectivas de gênero nas operações de manutenção de paz. Difundem capacitação em sensibilização sobre gênero ao pessoal civil das Nações Unidas, bem como ao pessoal militar e de polícia como parte do curso de orientação das missões. Colaboram com todos os componentes das missões para assegurar que as questões e os interesses relacionados com gênero sejam abordados nas atividades de suas unidades.

(continuação)

País	Ano de admissão legal	Para alguns postos	Todos os postos
Portugal	1992	—	—
Hungria	1996	1996	1996
Espanha	1988	1988	1998
Alemanha	1975	1975	—
Itália	1999	2000	—

Fonte: Committee on Women in the Nato Forces, *Year-in-Review 2001*, OTAN, Bruxelas, 2001.

De acordo com os dados, existe uma grande variação quanto à incorporação das mulheres nas Forças Armadas nos países da OTAN. Alguns deles abrem suas portas no período logo após a Segunda Guerra Mundial, como é o caso dos Estados Unidos (1948), Canadá (1951) e Reino Unido (1949). Os demais iniciam a inclusão entre os anos 70, 80 e alguns poucos nos anos 90. No entanto, apesar de existir uma abertura variável às mulheres em todos eles, a grande maioria anulou as restrições para que as mulheres ascendessem a alguns postos somente nas décadas de 1980 e 1990.

Tabela 2 - A presença das mulheres em países da OTAN (selecionados), 2001-2006

País	2001	%	2003	%	2004	%	2005	%	2006	%
Alemanha	5.263	2,8	8.392	4,4	10.030	5,2	11.300	6,0	12.350	6,5
Canadá	6.558	11,4	6.992	11,7	7.420	12,3	7.785	12,6	7.945	12,8
Espanha	6.462	5,8	11.905	10,0	12.444	10,5	12.641	10,7	15.722	13,5
EUA	198.452	14,0	370.786	15,0	372.230	15,0	333.916	15,5	277.622	10.5
R. Unido	16.623	8,1	17.870	8,6	18.336	8,8	18.270	9,0	17.820	9,1
França	27.516	8,5	38.441	11,2	44.829	12,8	47.617	13,0	48.816	13,3
Portugal	2.875	6,6	2.894	8,4	2.988	8,4	3.816	10,3	4.399	12,0

Fonte: Committee on Women in the Nato Forces, *Yearly National Reports*.

Em um exercício de comparação da presença das mulheres nas Forças Armadas nos países da OTAN, podemos observar que a Espanha, no ano de 2006, era o país que tinha maior porcentagem de participação feminina em suas Forças Armadas, com 13,5%, seguido pela França, com 13,3% e pelo Canadá, com 12,8%. Entretanto, é preciso mencionar que em nenhum deles existe uma presença irrestrita de opções para as mulheres dentro da vida militar, o que se tem chamado de uma aguda infrarrepresentação feminina, que apresenta alguns traços comuns entre os países.

- A presença feminina sobre o total de Forças é limitada, mas ainda assim há uma evolução crescente, exceto nos Estados Unidos.

- Existe uma especial representação de mulheres nas estruturas de pessoal complementar, isto é, nos Corpos Comuns das Forças Armadas, frente aos postos de combate.
- Os níveis hierárquicos superiores sofrem de uma profunda infrarrepresentação feminina.

Apesar de as porcentagens de participação feminina nas Forças Armadas não chegarem, no melhor dos casos, a 15%, pode-se avaliar essa participação, de um ponto de vista positivo, a partir de duas variáveis observáveis no processo de inclusão adotado por alguns países: valorização das qualidades femininas e adequação do marco institucional.

Valorização de qualidades femininas

A necessidade de pessoal nas Forças Armadas, somada aos processos de modernização institucional e à iminência de um contexto internacional que demande novas estratégias de defesa, requer recursos humanos que possuam determinadas qualidades. No caso das mulheres, vários exércitos (entre eles os do Canadá e Espanha) têm reconhecido suas diferentes habilidades e destreza e têm adotado uma valorização positiva do enfoque de gênero. As qualidades do pessoal feminino que mais são valorizadas são:[9] elevado nível de organização; sensibilidade social; distanciamento de estruturas hierárquicas e protocolares; inspiração de confiança diante de pessoas do mesmo sexo; flexibilidade; capacidade intuitiva.

Essas qualidades têm sido reconhecidas principalmente no marco das operações de manutenção de paz, tal é o caso do desempenho feminino no Timor Oriental, Bósnia, Kosovo, Serra Leoa e Congo. Ali figuram elementos, como a incorporação de perspectivas de gênero no processo de desarme, de desmobilização e reintegração de refugiados e pessoas deslocadas, incluindo ex-combatentes, e de facilitação da participação das mulheres nas reformas eleitorais e da administração civil, assim como em temas sociais e de saúde, como a luta contra a expansão do vírus da AIDS. Ou seja, reconhece-se que as mulheres não necessitam ser protegidas, mas que podem ser também combatentes, prisioneiras, diplomatas ou negociadoras.

Tendo em vista que as contradições entre um operador de paz e um soldado tradicional são muito grandes e profundas, a incorporação de novas habilidades é imprescindível para adaptar-se aos novos requisitos. É precisamente o reconhecimento dessa realidade por parte das Forças Armadas que tem impulsionado, em vários países, a incorporação de mulheres em suas fileiras.

---

9 Somam-se a essas qualidades as capacidades intelectuais e profissionais homogêneas entre os sexos.

Adequação do marco institucional

Paralelamente ao reconhecimento das qualidades femininas e à necessidade de um enfoque de gênero, vários Ministérios de Defesa têm propiciado um processo de reconfiguração de seus marcos institucionais sobre o tema. Alguns têm optado pela criação de centros que incentivem, apoiem e controlem a incorporação das mulheres dentro das Forças Armadas e que funcionem dentro da própria instituição, sob um esquema multidisciplinar, como é, por exemplo, o caso do Observatório da Mulher criado na Espanha.

Também têm-se adotado medidas que facilitam a incorporação, permanência e integração das mulheres nas Forças Armadas, sem que isso signifique a desvirtuação dos processos de promoção e profissionalização. Todos os processos de incorporação que tiveram sucesso incluíram marcos normativos tendentes a eliminar a discriminação de gênero, adaptados às circunstâncias e particularidades dos países correspondentes. Têm-se estabelecido claros regimes disciplinares para adequar o marco conceitual relacionado com a perseguição e violência de caráter sexual. Finalmente, tem-se conferido mais qualidade à construção de infraestrutura e espaço adequado para uma melhor incorporação das mulheres, juntamente com políticas claras de promoção e destinos.

CARACTERÍSTICAS E COMPLICAÇÕES DA REGIÃO ANDINA: CRISES POLÍTICO-SOCIAIS E IGUALDADE DE GÊNERO

A região andina é uma das regiões de maior complexidade social e política no continente. Isso pode ser explicado a partir de razões históricas, políticas e institucionais, que influem direta ou indiretamente no processo de democratização e modernização das instituições estatais, entre elas as que se ocupam da segurança e defesa do Estado, como são as Forças Armadas. Soma-se a isso um contexto no qual as mulheres não têm conseguido uma verdadeira igualdade de oportunidades nos âmbitos do desenvolvimento político e social, levando-se em conta um cenário em que a inclusão plena das mulheres nas Forças Armadas segue sendo um tema complexo e delicado.

Uma das particularidades da região andina é ser marcada por contínuos processos de instabilidade política e social. Durante a vida republicana, como durante os últimos dez anos, a região esteve caracterizada por crises políticas que deram lugar a contínuas falências institucionais marcadas pelo uso da violência e, em alguns casos, como o colombiano, de conflitos internos de caráter armado, com peculiares características. No âmbito político, o século XX foi um século agitado para os países da região andina no que diz respeito a golpes de Estado e governos militares (a exceção é a Colômbia, que apresenta características distintas).

Tabela 3 - Períodos sob governos militares. Região andina

País	Períodos sob governos de militares no século XX	Total de anos diferentes sob governos militares no século XX
Bolívia	1930-1932,1936-1946,1951-1952, 1964-1966, 1969-1980, 1980-1982	33
Colômbia	1953-1957	5
Equador	1911, 1935, 1937-1938, 1947, 1963-1966, 1972-1979, 2000	18
Peru	1914-1915, 1930-1939, 1948-1956, 1962-1963, 1968-1980	36
Venezuela	1935-1959	25

Fonte: Relatório do setor de segurança na América Latina e Caribe FLASCO-Chile, 2007.

Como se pode ver na Tabela 3, países como a Bolívia, Peru, Venezuela e Equador sofreram entre 18 e 36 anos de governos militares não-democráticos durante o século XX, o que implica um processo de falência institucional que em grande medida pode explicar os vícios da crise e conflitos sociais e políticos uma vez conquistada a democracia.

Essa tendência se repete a partir da segunda metade da década de 1990, quando novamente países como Bolívia, Peru, Equador e Venezuela apresentam crises político-institucionais importantes, como se observa na Tabela 4.

Tabela 4 - Crises político-institucionais na América Latina (1995-2005). Destituição e renúncias de presidentes

País	Anos de destituição e renúncia de presidentes
Bolívia	2003, 2005
Equador	1997, 2000, 2005
Peru	2000
Venezuela	2002

Fonte: Rojas Aravena, 2005.

A crise dos partidos políticos, juntamente com o crescimento da pobreza e da desigualdade em um contexto social caracterizado pela violência urbana e a exclusão, deram lugar a graves revoltas sociais que terminaram, em países como Bolívia, Equador e em menor medida Peru, com a saída de presidentes constitucionalmente eleitos e, consequentemente, a realização antecipada de eleições. Países como Venezuela, garantidos economicamente pelo excedente do petróleo, ainda vivem em constantes tensões internas, produto de dívidas sociais e políticas não resolvidas. O mesmo acontece com Bolívia e Equador, cujos problemas de exclusão social e pobreza promovem graves crises de conflito. O caso colombiano é um caso particular, que não responde às constantes crises institucionais de seus países vizinhos, mas que conta com um problema de grande envergadura por ter um conflito armado dentro de seu território, o que lhe confere o caráter violento e fator de risco regional.

Somam-se a isso as distintas tendências políticas e econômicas entre os países. Por um lado, Colômbia e Peru, cujos governos mantêm relações estratégicas com os Estados Unidos dentro de um marco de livre comércio e democracia liberal; por outro, países como Equador, Venezuela e Bolívia que mostram tendências contra as políticas neoliberais propostas pelos Estados Unidos e propõem mudanças de caráter social. Paralelamente, é importante mencionar os contínuos atritos entre os governos de Colômbia-Venezuela e Colômbia-Equador nos temas de fumigação das plantações de coca, os desalojados pelos conflitos internos e os sequestrados, o que faz que a relação se torne mais complexa. Se a isso forem acrescentados os problemas comuns de pobreza, exclusão, narcotráfico,[10] insegurança pública, tráfico de armas e desastres naturais, temos uma região com importantes problemas de caráter não apenas político, mas também social e econômico (Latinobarómetro, 2007).

Igualdade de gênero

Sobre o tema igualdade de gênero, se a situação da mulher latino-americana progrediu nos últimos dez anos, ainda há muito que fazer. Isso é o que afirma o estudo "¿Han avanzado las mujeres? Índice de compromiso cumplido latinoamericano", publicado pela FLASCO Chile e UNIFEM em 2003.

O estudo "Si Latinoamérica mantendría el mismo ritmo de avance 1995-2003, recién en la segunda mitad del siglo XXI se podría lograr la equidad de género" avalia os avanços em três áreas: participação e acesso ao poder, autonomia econômica e pobreza, e saúde da mulher e direitos sexuais e reprodutivos.

Nos 28 países avaliados, em 2003 alcançou-se 66,4% da meta de igualdade de gênero. Um exame país por país, entre os que contam com a infor-

---

[10] Colômbia, Peru e Bolívia são considerados os três principais países produtores de pasta de coca no mundo.

mação necessária, indica o Chile como o país que teria a melhor situação, tendo alcançado a situação desejada de 75,2%. Isso é semelhante à situação da Argentina em seu único ano de avaliação (2000) que, juntamente com o Uruguai, revelavam ganhos significativos na redução de problemas, como educação e salários. Paraguai e Venezuela, com aproximadamente um terço da meta a ser cumprida, apresentavam situações desiguais. No Paraguai, destacaram-se os problemas de atenção ao parto e à pobreza, enquanto a Venezuela, com avanços constantes, deveria fazer frente às dificuldades políticas internas e às flutuações da economia.

Bolívia, Equador e Peru, entre os países com níveis de baixo alcance, tinham deficiências de seus serviços de saúde para as mulheres, especialmente nas áreas rurais e indígenas, além de condições gerais de pobreza. Nesses países, a instabilidade política interna representava uma séria barreira para manter os avanços desejados pelas mulheres.

No tema de participação e acesso ao poder, o estudo indicava que a situação na América Latina se distanciava muito da igualdade sociopolítica entre mulheres e homens, expressa na paridade da divisão do poder entre os gêneros. A paridade esperada – 50% de representação feminina – alcançava em 2003 apenas 24,4%, levando-se em conta os cargos de Ministras de Estado ou Secretárias Ministeriais nacionais e federais, parlamentares e cargos de diretoria no poder local. No poder legislativo, a melhoria foi evidente naqueles países que contavam com uma lei de cotas em vigor, subindo a participação de 11 para 18% em média.

A respeito da autonomia econômica e pobreza,[11] de 1995 a 2003, o estudo afirmava que houve avanço em 4,4% na situação das mulheres na região andina, o que situa o índice em 76,3% do alcance da meta esperada de igualdade. Apesar de seu crescente e maciço acesso ao mercado de trabalho (um pouco menos da metade da população feminina em idade de trabalhar participava no mercado de trabalho), as mulheres da região não haviam alcançado o nível dos homens quanto aos salários, alcançando no melhor dos casos 87% do salário dos homens e, no pior, 57%.

Finalmente, no tema de saúde da mulher e direitos sexuais e reprodutivos, uma tendência generalizada na região é que não havia informações específicas para cada sexo; quando havia, era de difícil acesso, e uma escassa sistematização. Considerando os ritmos de avanços anuais, o primeiro país (dos que se tem informação) em alcançar a meta seria o Paraguai, em sete anos. Venezuela e Equador demorariam mais de sessenta anos para chegar à meta.

Em resumo, o estudo em 2003 indicava que ocorreram avanços na situação das mulheres nos dez anos que transcorreram desde a Conferência

[11] A autonomia econômica e a pobreza referem-se às oportunidades de acesso das mulheres à educação e à formação para o trabalho, a recursos produtivos, ao emprego em condições adequadas e salários suficientes para levar uma vida digna.

de Pequim. Os avanços apresentaram-se naqueles temas sobre os quais existiam amplos consensos e não houve debate público. Já naqueles temas questionados pelos setores influentes (pelas Igrejas, por exemplo) nada aconteceu, especialmente na área dos direitos sexuais e reprodutivos e na incorporação de mulheres nas esferas de poder.

Após quatro anos dessa avaliação, a região andina está muito distante do idealmente desejado no tema de igualdade de gênero, embora tenha alcançado avanços importantes, como se pode observar na seguinte tabela comparativa:

Tabela 5 - Participação porcentual de mulheres no âmbito político e instituições de gênero, 2007

País	**Bolívia**	**Colômbia**	**Equador**	**Peru**	**Venezuela**
Voto Feminino	1954	1954	1929	1955	1945
Lei de quotas	1997: 30% Lista fechada	1999: 30% Lista fechada	1997: 30%* Lista aberta	1997-2001: 25% Lista aberta	1998: 30% Lista aberta
Poder Executivo Ministros	4 ministras em 16 postos (25%)	3 ministras em 13 postos (23%)	8 ministras em 24 postos (33%)	4 ministras em 16 postos (25%)	6 ministras em 27 postos (22%)
Poder Legislativo	Deputados: 17% Senadores: 0%	Representantes 11% Senadores 11%	Congressistas 29%	Represen-tantes 27.5%	Represen-tantes: 20%
Assembleia constituinte	34,5%		33%		
Instituições relacionadas	Vice-ministério de assuntos de gênero, gerações e família + Associação de Conselheiras da Bolívia	Conselho presidencial para a igualdade de gênero + Conse-lhos comunitá-rios da mulher + Defensoria da Mulher	Associação Municipal de Mulheres + Associação de Conselhos Provinciais do Equador	Ministério do Desenvolvi-mento Social da Mulher + Defensoria da Mulher	Instituto Nacional da Mulher

* As listas de candidaturas em eleições pluripessoais devem apresentar-se com ao menos 30% de mulheres para os principais postos e suas suplências, sendo esta necessidade sequencial e devendo ser incrementada em 5% a cada novo processo eleitoral, até chegar-se à igualdade representativa.

Apesar de atualmente haver a participação feminina nos setores de poder político, essa participação na maioria das vezes não chega a 33%, como no caso do Equador, com sua representação feminina ministerial e na Assembleia Constituinte. O país com menor representação feminina é a Colômbia, com 23% no gabinete ministerial e 11% de representação nas câmaras de deputados e senadores. Países como Bolívia, Peru e Venezuela têm uma representação ministerial feminina que varia entre 22 e 25% e uma representação no poder legislativo entre 17 e 27%, como mostra a Tabela 5.

Sobre o marco legal que apoia a igualdade de gênero, todos os países estudados garantem a igualdade de oportunidades entre homens e mulheres em todas as áreas do exercício público. Essa garantia é dada seja pela Constituição política do Estado, como no caso da Colômbia, Equador, Peru, Venezuela, seja através de leis específicas como na Colômbia, Equador, Peru, Venezuela e Bolívia, às quais se somam as leis que estipulam uma porcentagem mínima de participação das mulheres em postos decisórios de caráter político. As leis de cotas promulgadas nos países da região andina são de alguns anos; desde então todos já realizaram processos eleitorais. No entanto, em nenhum deles foi possível alcançar as cotas femininas estipuladas, nem no caso do Equador, que apesar de ser o país com maior presença feminina nos poderes executivo e legislativo, não cumpre com o aumento de 5% em cada período eleitoral, e de forma alternada e sequencial, quebrada repetidamente nos processos eleitorais de 2000, 2002, 2004 e 2006.

Paralelamente às medidas de cunho político, cada um dos países da região andina vem trabalhando nos planos governamentais relacionados diretamente com a igualdade de gênero, dirigidos a dar melhores condições socioeconômicas às mulheres. Uma vez que nesses países a feminilização da pobreza chama a atenção dos governos, tem-se elaborado programas dirigidos a capacitar sobre aspectos básicos de desenvolvimento humano, administração de negócios e manejo de crédito, como é o caso do programa colombiano denominado "Mujer Cabeza de Familia Microempresária" e do "Banco de Desarrollo de la Mujer" da Venezuela, que apoiam economicamente as mulheres microempresárias e as em condições de pobreza que queiram empreender seu próprio negócio.

Por outro lado, alguns países também têm planos de proteção à mulher nas áreas da saúde e educação, como os "Programa de maternidade gratuita y atención a la infância" implementados pelo Equador e Bolívia, e o "Plan Nacional de Educación" do Peru, além das políticas contra a violência da mulher desenvolvidas em todos os países da região.

Apesar das medidas adotadas, ainda falta muito a ser feito na região sobre o tema de igualdade de gênero. Questões como igualdade de participação e acesso ao poder, autonomia econômica e saúde, no entanto, têm ainda uma longa agenda a ser cumprida e um enorme debate pela frente.

O complexo diagrama do controle civil sobre os militares

A debilidade institucional da região andina mantém como uma de suas características importantes um fraco sistema de controle civil-militar, próprio de vários países da América Latina. A região em seu conjunto tem experimentado um desgoverno nos setores de defesa, e um processo de modernização e democratização institucional que muito marginalmente tem tocado as Forças Armadas. Temas como o narcotráfico, violência interna, conflitos sociais permanentes e desastres naturais têm reconfigurado todo o aparato de segurança e colocado em crise as estruturas tradicionais da defesa, optando-se, na maioria dos países, por estratégias conjunturais de adaptação, que não fizeram mais que acentuar as crises de orientação estratégica dos Estados e suas Forças Armadas.

Vários são os aspectos que refletem o fraco sistema de controle civil sobre os militares na região. Os mais importantes são:

Primeiro: apesar de contar atualmente com ministros de defesa civis em todos os países da Região Andina, estes ainda têm pouca capacidade de gestão e planejamento. Os quadros civis de especialistas estão ausentes na maioria dos ministérios, o que é causa e efeito do desgoverno político no tema militar. Isto se reflete nas constantes trocas dos ministros de defesa,[12] o que dificulta o estabelecimento de políticas de Estado no assunto e, portanto, impede qualquer processo de institucionalização.

Segundo: existe um elevado grau de autonomia militar nas Forças Armadas. Temas como planejamento orçamentário, controle e avaliação dos gastos militares – e, em alguns casos, de empresas estatais –, seguem sendo matérias estritamente de decisão militar, ainda que formalmente tenham que cumprir processos de avaliação e controle político. O orçamento de defesa da região andina em relação ao PIB alcança em média 2,12%, porcentagem maior que a média latino-americana, que é de 1,31%. Mencione-se ainda que o orçamento de defesa, como o da Colômbia, por exemplo, ocupa 7,45% em relação ao orçamento geral do Estado, seguido em importância pelo Peru, que ocupa 7,13%, e Venezuela com 5,15%; depois vêm países como Bolívia e Equador com 3,3% e 2,5%, respectivamente. Todos os orçamentos absorvem mais de 50% em gastos com pessoal, o que dificulta os processos de modernização institucional, sendo a Venezuela o de maior porcentagem, com 75% e Peru com o menor, 51% (RESDAL, 2007).

Terceiro: falta de capacidade fiscalizadora do poder legislativo. Os parlamentos andinos não contam com capacidades humanas e institucionais para tratar os temas de defesa e segurança, o que tem levado a mudanças no tema da agenda política, sendo retomado somente em cenários de conflito e presença de ameaças, a partir de uma perspectiva claramente institucional.

Quarto: adequação a novos objetivos e indefinição estratégica. As Forças Armadas na região têm optado por dar respostas variadas a problemas de diversas naturezas. Temas como narcotráfico, violência armada interna, insegurança pública, crime organizado, desastres naturais e apoio ao desenvolvimento são parte da agenda militar. Na maioria dos casos, apoiados formalmente pelos

[12] Segundo o *Atlas comparativo da defesa* da RESDAL (2007), a permanência média no cargo dos ministros de defesa na região é de um ano e dois meses na Bolívia, um ano e nove meses na Colômbia, um ano e quatro meses na Venezuela, um ano e onze meses no Peru e nove meses no Equador.

governos, que diante da falta de ameaças tradicionais optaram por utilizar os corpos militares em ações relacionadas com a segurança interna, com diversas consequências: graves denúncias de violação aos direitos humanos, crises de legitimidade institucional, conflitos de objetivos com as polícias, ingerência de governos externos e debilidade da profissionalização militar.

Quinto: falta de mecanismos de abertura e controle social. Hoje, as Forças Armadas seguem sendo instituições de difícil acesso, monoculturais, corporativas e com graves resistências às mudanças. Apesar de contar com os Livros Brancos de Defesa em todos os países, com exceção da Venezuela, esses documentos, de maneira geral, não refletem processos abertos de discussão, debate e autocrítica. Esse ponto também está refletido em ausentes e/ou lentos processos de inclusão social — tal é o caso dos indígenas em países como Peru, Bolívia e Equador ou das mulheres em todos os países da área.

Sexto: a defesa como um bem público ainda é um conceito discutível na região. As políticas de defesa, quando existem, não são parte de um processo participativo e transparente, tampouco passíveis de controle e avaliação social, o que converte a área de defesa em um setor ainda distante dos processos de democratização institucional.

Sétimo: os processos de mudanças, reformas e fortalecimento institucional dos países da região andina influem diretamente na convergência funcional das Forças Armadas para temas de segurança interna e desenvolvimento, que teve dramáticas consequências no passado. É o caso da Colômbia e sua Política de Segurança Democrática, Bolívia e Equador com seu processo de Assembleia Constituinte e reforma das instituições do Estado, e Venezuela com reformas que ampliam à sociedade a função da defesa.

A MULHER NAS FORÇAS ARMADAS DA REGIÃO ANDINA: O DEBATE ENTRE A INCORPORAÇÃO E A INCLUSÃO

Diante do complexo panorama político e social, as Forças Armadas vêm desenvolvendo processos de incorporação plena das mulheres aos quartéis de formação da oficialidade. Esses processos têm características peculiares em cada um dos países estudados, o que demonstra estruturas e prioridades institucionais diferentes. Em quase todos os casos, a incorporação das mulheres aos corpos de comando deu-se na última década, com exceção da Colômbia que iniciou esse processo nos anos 80. O pouco tempo de implementação dessas medidas e a presença de limitações de caráter social, institucional e normativo fazem que a incorporação não avance para uma plena inclusão das mulheres nas instituições militares da região. Uma verdadeira inclusão deveria ser produto de uma política pública debatida e acordada com a sociedade e as instituições implicadas, apoiada pela construção de um esquema institucional coerente, que implique reformas no marco normativo na infraestrutura, na formação, no treinamento e seja promovida por uma forte vontade política que impulsione o processo.

Marco normativo

A existência de um marco normativo que respalde a entrada das mulheres nas Forças Armadas é importante, na medida em que reflete um processo de discussão e debate político e institucional sobre o tema. Em alguns países da região andina existem regulamentos e leis que permitem a incorporação feminina aos institutos militares, enquanto em outros não existe um marco normativo que o respalde.

O caso do Peru é relevante porque conta com um marco normativo que regula não apenas a incorporação feminina, mas também aqueles aspectos que podem impedir esse processo e o normal desenvolvimento das mulheres militares na carreira profissional. Podemos ver que além de existir, desde 1996, uma lei que regula o acesso das mulheres às Escolas de Oficiais e de Suboficiais das Forças Armadas,[13] existem leis que, paralelamente, normatizam a prevenção e a sanção da discriminação sexual nas instituições militares,[14] e regulam o uso de licença-maternidade nas Forças Armadas.[15]

Apesar de ser importante ter um marco normativo que respalde o processo de incorporação das mulheres às instituições militares, existem exemplos de total ausência de regulamentação formal. Na Venezuela, esse processo assenta-se em uma Resolução Ministerial; no Equador, existe apenas uma Ordem Geral que regula a incorporação feminina; no caso boliviano, a incorporação das mulheres aos institutos militares foi consequência de decisões políticas ou de ordens hierárquicas, em seguida formalizadas por meio de disposições legais.[16]

---

[13] Lei n. 26628. Lei de acesso das mulheres às Escolas de Oficiais e de Suboficiais das Forças Armadas 19 de junho de 1996, Art. 1 Amplia-se para as mulheres o acesso às Escolas de Oficiais e de Suboficiais das Forças Armadas e, seguindo as carreiras militares correspondentes, a obter os graus militares e benefícios que correspondam, sob os mesmos princípios e normas que regem o pessoal masculino nas Forças Armadas. Art. 2 Dentro dos cento e vinte dias (120) depois de promulgada a presente lei, as Forças Armadas reestruturarão seus Regulamentos, Manuais e Diretivas, adequando-os à presente disposição legal.

[14] Lei n. 27.942. Lei de prevenção e sanção do preconceito sexual, 26 de fevereiro de 2003. Art. 1 A presente lei tem por objetivo prevenir e sancionar o preconceito sexual produzido nas relações de autoridade ou dependência, qualquer que seja a forma jurídica dessa relação. Art. 2 § 3 Em Instituições policiais e militares: ao pessoal policial e militar.

[15] Lei n. 28.308. Lei que regula o uso da licença-maternidade nas Forças Armadas e Polícia Nacional do Peru, 9 de julho de 2004.

[16] Devido a uma carta de uma jovem chamada Bárbara Villavicencio, de 17 anos, em 16 de março de 1979, o exército publicou pela primeira vez na história uma convocação oficial para entrada de mulheres no Colégio Militar. Sete dias depois, informou-se a entrada de 18 mulheres aceitas.

A presença feminina nas Forças Armadas

Um dos principais problemas ao se abordar o tema da presença das mulheres nas Forças Armadas dos países da região andina é o acesso à informação. Em todos esses países não se encontram páginas institucionais na Internet de onde se possam acessar livremente os dados estatísticos. A busca de informação é muito difícil desde a posição acadêmica e, em alguns casos, os próprios efetivos militares têm impedido o acesso às bases de dados (nos países onde estas existem) e, em muitos deles, as próprias instituições precisam de informações sistematizadas. Sob essa perspectiva e diante da ausência de verificação em várias fontes, os dados apresentados nos gráficos 1, 2 e 3 podem não espelhar fielmente a realidade existente.[17]

Se em países como Canadá, Espanha e Portugal, a porcentagem de participação feminina em suas respectivas Forças Armadas ultrapassa os 10%, pode-se constatar que no caso dos países da região andina essa porcentagem, com exceção da Venezuela, não chega nem a 3%. Esse é o caso da Bolívia, com 1,08%; Colômbia, com 2,46%; Equador, com 2,34%; Peru, com 2,01%. No caso da Venezuela, da qual só se tem informação sobre a Força Naval e Aérea, a porcentagem eleva-se drasticamente a 10%, como se pode ver no Gráfico 1.

Gráfico 1 - Participação porcentual de mulheres nas Forças Armadas, países da região andina, 2007

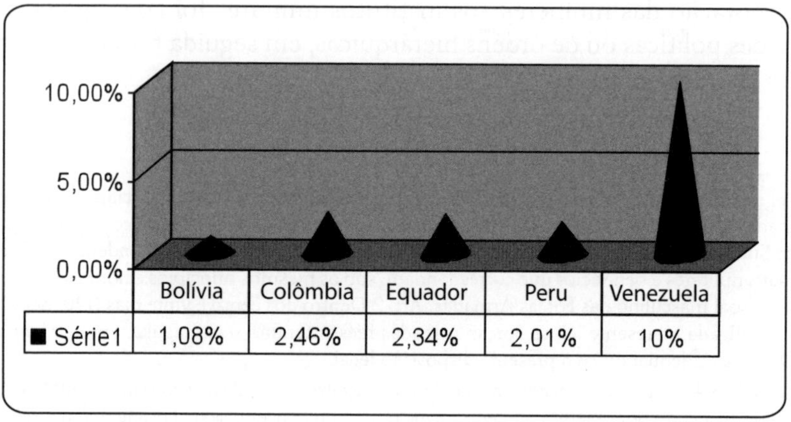

[17] As fontes consultadas foram, no caso da Bolívia, o Ministério da Defesa; no Equador, o adido militar da Bolívia no Equador; na Venezuela, o adido militar da Venezuela na Bolívia; no Peru, o adido da Bolívia no Peru e na Colômbia, um artigo de jornal da página da Internet da presidência.

Através de uma observação mais detalhada (Gráfico 2), a distribuição percentual de mulheres por força em cada país estudado mostra dados díspares em cada caso, produtos de condições de abertura institucional diferentes.

Gráfico 2 - Participação de mulheres nas Forças Armadas. Porcentagem de oficiais mulheres por forças, região andina, 2007.

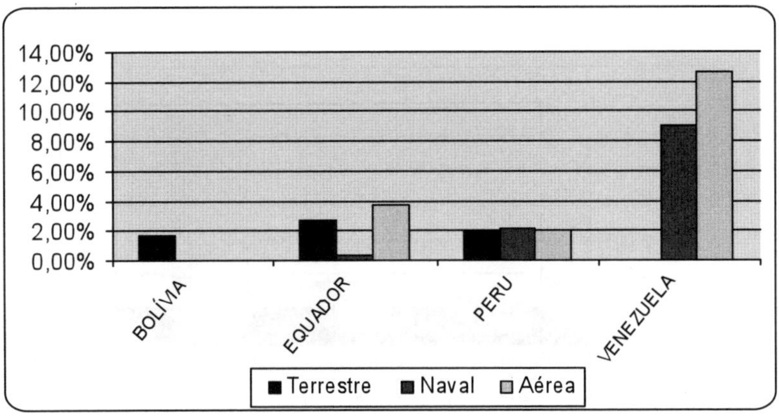

No caso da Bolívia, o exército possui o monopólio da participação feminina (1,69%). Isso porque na Força Aérea o processo de incorporação foi recentemente inaugurado e na Força Naval ainda não existe. No Equador, a Força Aérea apresenta uma porcentagem maior de participação feminina em relação às outras duas forças, com 3,6%; a Naval possui 0,31% e o Exército 2,69%. Por sua vez, o Peru mantém porcentagens equilibradas de participação de mulheres em suas diferentes forças, que variam entre 1,9% na Força Aérea e no Exército, a 2,1% na Força Naval. A Venezuela, como já se disse, apresenta os índices mais elevados, com 12,7% na Força Aérea e 9% na Naval, sem contar com os dados do Exército. No caso da Colômbia não se teve acesso à informação desagregada por Força.

Tabela 6 - Participação de mulheres nas Forças Armadas. Porcentagem de oficiais mulheres por forças, região andina, 2007.

Força	Bolívia	Equador	Peru	Venezuela
Terrestre	1,69%	2,69%	1,90%	—
Naval	0%	0,31%	2,10%	9,08%
Aérea	0%	3,67%	1,98%	12,70%

No nível de suboficialidade, obteve-se acesso a dados de três países: Bolívia, Colômbia e Venezuela. No caso da Bolívia, a porcentagem de participação feminina no nível de suboficiais representa 1,23% — menor que na Colômbia, que possui 2,23%. Ambos são amplamente superados pela Venezuela, que apresenta 12,7%.

Gráfico 3 - Participação da mulher nas Forças Armadas. Porcentagem de suboficiais mulheres por forças, Bolívia, Colômbia e Venezuela, 2007.

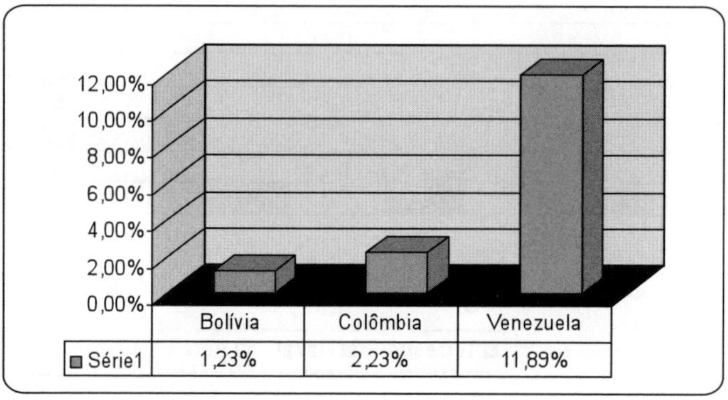

De acordo com as porcentagens da participação de mulheres nas Forças Armadas, pode-se deduzir que ainda existe um amplo predomínio masculino nas instituições militares. Isso pode ser produto da baixa demanda feminina por aderir à carreira militar ou pelos inconvenientes encontrados para fazê-lo. No entanto, é claro que simples números não oferecem a informação necessária para compreender a realidade das mulheres nas Forças Armadas. Para isso é imprescindível utilizar instrumentos de investigação qualitativos que permitam conhecer profundamente quais são as expectativas, desejos e obstáculos das mulheres ao entrar para a vida militar, e se estes respondem às expectativas institucionais das Forças Armadas que promovem sua entrada.

Desenvolvimento de marcos institucionais

Acesso

Muito antes do acesso das mulheres à carreira militar, em todos os países estudados havia uma abertura prévia das Forças Armadas que responde à necessidade de pessoal na área administrativa. O apoio das mulheres como secretárias, enfermeiras, auxiliares de escritório, entre outras tarefas, chegava a suprir espaços que não eram desejados pelos militares masculinos.

No caso da Bolívia, os primeiros dados da presença feminina na vida militar são do século XIX, durante a Guerra do Pacífico (1879). Essas eram chamadas "rabonas" ou mulheres "vivanderas", e seu trabalho consistia em acompanhar os soldados *"en la cola o rabo del Ejercito"*,[18] o último lugar nas fileiras ou caravanas militares. Anos mais tarde, durante a Guerra do Chaco, entre 1932 e 1935, as mulheres tiveram uma oportunidade real para entrar no Exército, cumprindo unicamente tarefas de higiene, de retirada de excrementos e administração hospitalar. Em 1950, o Exército determinou novamente incorporação das mulheres, dessa vez para formarem parte do quadro administrativo como servidoras públicas (*Revista Escape*, 2006). Em 1979, o Exército publicou, pela primeira vez, uma convocação de mulheres para o Colégio Militar. Essa abertura durou até o ano de 1985, quando se restringiu novamente o ingresso, durando a restrição até 2001.

No Peru, previamente à criação da lei de acesso das mulheres às instituições castrenses, o pessoal feminino realizava trabalhos militares por meio, por exemplo, da Companhia de Serviço Ativo Não Aquartelado Feminino (SANAF)[19] e de outras modalidades de inserção como pessoal civil assimilado. É a partir do ano de 1998, sob iniciativa legal do Congresso da República, que se abrem as portas para as mulheres de todos os institutos de formação militar. No entanto, nas palavras de Ivette Castañeda (2006),

> a oportunidade para realizar uma necessária reflexão sobre os processos que compreendem a formação militar e para reformar as estruturas mais íntimas de uma organização histórica e pouco flexível não parece haver sido aproveitada pelos encarregados em ditar as orientações institucionais da organização militar.

No Equador, antes do ingresso das mulheres na carreira militar (2000), o Exército contava com a presença das mulheres no pessoal de tropa ou classes que desempenhavam funções administrativas, existindo também mulheres oficiais especialistas, estas com título universitário e, por isso,

---

[18] Linguagem depreciativa que significa retaguarda. [N.T.]

[19] O SANAF foi criado nos anos 70 como uma das unidades que compõem a parte administrativa ou o Comando Administrativo do Quartel General do Exército. Ao mesmo tempo, representa uma modalidade de serviço militar para as mulheres denominada "servicio en el activo". O "servicio en el activo" é um tipo de serviço militar realizado por pessoas selecionadas entre 18 e 30 anos de idade, em unidades ou dependências dos institutos das Forças Armadas, em forma não aquartelada, isto é, com sete ou oito horas diárias de serviço durante os dias úteis da semana. Segundo o Exército, o SANAF encarrega-se de "proporcionar pessoal para as dependências do CGE (Quartel Geral do Exército), a fim de satisfazer os requerimentos da administração do quartel, tendo em vista a especialidade e o adequado emprego desse pessoal" (Castañeda, 2006).

progrediam até a patente de coronel.[20] Na Venezuela e Colômbia, o acesso das mulheres à carreira militar também compreende passar dos trabalhos claramente administrativos para aqueles próprios da vida castrense.

O ingresso das mulheres na carreira militar das Forças Armadas nos países da região andina aconteceu ao longo dos últimos dez anos, com exceção da Colômbia e Bolívia, como mostra a Tabela 7. De acordo com os dados disponíveis, em alguns países como Bolívia, Colômbia e Equador, os anos de ingresso das mulheres nas Forças Armadas variam de acordo com cada Força, seja do Exército, Marinha ou Força Aérea. Isso porque nessas instituições se mantém uma relativa autonomia que se estende a cada um de seus corpos armados, o que faz com que várias de suas políticas institucionais não respondam a uma autoridade política centralizada, mas a conveniências institucionais que nem sempre são compartilhadas por todas elas. Esse fenômeno não se repete em países como Peru e Venezuela, onde a política de abertura das Forças Armadas às mulheres aconteceu ao mesmo tempo em todos os seus ramos: Peru em 1998 e Venezuela no ano de 2001.

Tabela 7 - Ingresso das mulheres nas Forças Armadas. Corpo de comando. Anos e patentes a que têm acesso

Região andina

País	Ano de ingresso			Patentes, armas e serviços aos quais ascendem		
	Força Terrestre	Força Naval	Força Aérea	Força Terrestre	Força Naval	Força Aérea
Bolívia	1979 2002	Apenas administ.	2004	Não há restrições.		Não há restrições.
Colômbia	Oficiais 1976 Suboficiais 1983	Oficiais 1984 Suboficiais 1997	Oficiais 1982	As oficiais ingressam como oficiais de Corpo Administrativo. A maior patente à qual ascendem é a de coronel no caso dos oficiais e a de primeiro sargento no caso dos suboficiais.	As oficiais ingressam como oficiais executivas de Corpo de Mar e Logística. A maior patente à qual podem ascender é a de almirante. As oficiais executivas de Corpo de Mar, Capitães de Navio e Logística. As suboficiais ascendem à patente de sargento maior.	As oficiais ingressam como oficiais de Corpo Administrativo. A maior patente à qual ascendem é a de coronel no caso das oficiais e a de primeiros sargentos no caso das suboficiais. Atualmente há cadetes de escolas que podem ascender à patente de general ao final de sua carreira.

continua

[20] Cap. Ivonne Escalante. Oficial de la República del Ecuador. Memoria. Seminario Taller "Mujer y FFAA" Inclusión con derechos. Octubre de 2006. La Paz-Bolívia.

continuação

País	Ano de ingresso			Patentes, armas e serviços aos quais ascendem		
Equador	2000	2003	2000	Armas de apoio de combate e de apoio de serviço de combate. Ascenso até a patente de coronel.	Especialistas. Ascenso até a patente de capitão de navio.	Especialistas, ascenso até a patente de coronel.
Peru	1998	1998	1998	Engenharia de comunicações, material de guerra, intendência (segundo vacantes por arma). Podem alcançar todas as patentes.	Todas as armas e especialidades à exceção de submarinistas e forças especiais. Podem alcançar todas as patentes.	Todas as armas inclusive piloto de combate. À exceção de forças especiais. Podem alcançar todas as patentes.
Venezuela	2001	2001	2001	Não há restrições.	Não há restrições.	Não há restrições.

Fonte: *Atlas comparativo da defesa*, RESDAL 2006.

Após a abertura dos institutos de formação militar às aspirantes mulheres, o ingresso tem aumentado modestamente durante os últimos anos. Sobre isso, têm-se os seguintes dados restritos a Venezuela, Equador e Bolívia.

- Na Venezuela, no ano de 2006, o número de mulheres postulantes representava 15% da população de aspirantes, enquanto que no ano de 2007 havia subido a 20%.[21]
- No Equador, existem 25 mulheres cursando o primeiro ano de formação militar no exército. Isso representa um aumento de 24% em relação às alunas do segundo ano (19) e 48% às alunas do quarto ano (13).
- Na Bolívia, a partir do ano de 2007, promoveu-se o ingresso de cadetes mulheres indígenas, um duplo desafio de construção de cidadania. Atualmente, estas subiram para dez.

Treinamento e formação

Desde o ingresso das mulheres nos institutos militares, têm-se desenvolvido diversos níveis de formação profissional que vêm incluindo um perfil feminino que antes não existia nas Forças Armadas. No caso do Equador, em abril de 2007 a ex-ministra de Defesa, Lorena Escudero, compareceu à inauguração do 29º curso de Tigres e 8º internacional de especialidades castrenses, que ocorreu no forte militar "Amazonas". Nessa oportunidade

[21] Gal. de Brigada Wilfredo Cruz. Caracas, janeiro de 2008.

deu-se a graduação do primeiro curso de Tigres femininos que contou com a participação de nove subtenentes da Força Terrestre. Por outro lado, em agosto do mesmo ano, na base naval de Salinas, deu-se a cerimônia de entrega do Espadim de Mando a 73 suboficiais de marinha (*guardiamarinas*) das promoções "Especialistas 2007" e "Popeyes 2010". Nesse grupo se encontravam oito suboficiais de marinha (GAMAS) mulheres, que participaram da cerimônia.[22]

No caso colombiano, as mulheres têm sido capacitadas em especialidades próprias da vida militar, como paraquedismo, intendência, ação integral e inteligência. Já são mais de 300 mulheres, oficiais e suboficiais, que têm realizado cursos de combate que permitem fortalecer sua capacidade profissional, seu sentido de pertencimento e serviço ao seu país.[23]

Na Venezuela, em setembro de 2007, foi inaugurado o II Curso de Formação de Tropas Profissionais, que teve a participação de 218 estudantes, dos quais 49 eram mulheres. Por sua vez, na Bolívia também acontecem esses processos de formação e treinamento militar para as mulheres. Em 2007, um total de 14 subtenentes foram alunas na unidade militar "Escuela de Paracaidismo" (Cite) para realizar o curso da especialidade. Além disso, se tem previsto a participação feminina na "Escuela de Cóndores Bolivianos" (Esconbol), que se caracteriza por ser um instituto de alto desempenho, considerada uma escola de especialização exclusivamente masculina.

Promoção

A ascensão das mulheres na hierarquia militar não é irrestrita em todos os países da região andina. Apenas a Bolívia – em suas forças terrestres e aéreas –, Venezuela e Peru – em todas as forças – não têm restrições na progressão das mulheres, e elas podem ascender da mesma forma que os homens a graus mais elevados da hierarquia militar.

Um exemplo é dado pela Venezuela que, em julho de 2007, depois de 177 anos de história republicana, promoveu a primeira mulher contra-almirante da marinha, a qual se uniu a quatro generais promovidas pouco antes na Força Aérea.[24] Na Bolívia, em quatro anos, as primeiras mulheres puderam ser promovidas generais no Exército,[25] enquanto no Peru ainda faltam alguns anos para que isso aconteça.

[22] Disponível em: http://midena.gov.ec/content/view/1694/207/.

[23] Disponível em: http://www.presidencia.gov.co/prensa_new/sne/2007/marzo/08/10082007.htm

[24] Disponível em: http://www.rnv.gov.ve/noticias/¿act=ST&f=2&t=49013.

[25] Apesar de a Bolívia não apresentar restrições legais às promoções, existe um fenômeno particular de influência hierárquica sobre as mulheres. Os comandantes aconselham as mulheres cadetes sobre as armas que lhe convenham ou sejam mais apropriadas para a sua condição feminina.

Em situação diversa encontram-se países como Equador e Colômbia, nos quais as mulheres não podem ser promovidas até as patentes mais elevadas da hierarquia militar. No Equador, as mulheres militares só podem ser promovidas até o grau de coronel no Exército e na Força Aérea, e ao de capitão de navio na Marinha. Por sua vez, na Colômbia, no Exército as mulheres só são promovidas até a patente de coronel; na Marinha ao grau de almirante e capitão de navio.

Com exceção da Venezuela, nenhum país da Região Andina conta com mulheres generais. Países como Bolívia e Peru contarão com algumas generais a curto e a longo prazos, e ainda é incerta sua existência em países como Colômbia e Equador; nesse último país, o fato inédito da única mulher que ostenta essa patente, Manuela Saenz, a quem o presidente Rafael Correa, em maio de 2007, reconheceu a trajetória ao outorgar-lhe o grau de general depois de mais de um século de sua morte.

Opinião pública. Entre o anonimato e a notícia

Poucas vezes a opinião pública foi consultada sobre a entrada das mulheres nas Forças Armadas. Na maioria dos casos, os processos de abertura das academias militares às jovens mulheres responderam às disposições institucionais, que estiveram ausentes dos processos de debate e participação social. Daí a existência de vários temas pendentes em relação a esse processo de incorporação ou inclusão.

Um dos poucos exemplos que existem de estudo de opinião pública a respeito do tema foi feito no Peru, em setembro de 2007. Aos cidadãos se perguntou: "Você está de acordo com o fato de que as mulheres possam ocupar cargos de combate como piloto de combate e artilheiro de tanque¿" As respostas se distribuíram da seguinte forma: 87% disseram que sim, 11% que não e 2% não souberam responder.[26] Pode-se concluir que quase nove em cada dez peruanos estão de acordo com a inclusão plena das mulheres nas Forças Armadas de seu país.

Outro mecanismo usado para colher a opinião pública sobre o tema é a organização de mesas de debate e discussão com distintos atores da sociedade, inclusive as próprias mulheres militares. Experiências como essa aconteceram na Bolívia, em agosto de 2006, com o seminário "Mujer y FFA: inclusión com derechos"[27] e no Peru, em março de 2007, em um colóquio

[26] *Fuerzas armadas y opinión pública*. Instituto de Opinión Pública Universidad Católica del Perú. Septiembre de 2007.

[27] Patrocinado pelo Ministério de Defesa e Presidência onde se contou com a participação das mulheres, oficiais do Canadá, Equador, Cuba, Chile, entre outras.

chamado "Participación de la mujer em las fuerzas armadas en el Peru".[28] Em ambos, os eventos contaram com a participação de mulheres militares que avaliaram sua experiência na instituição. Nos demais países, tem-se pouca informação sobre eventos relacionados.

O tema também é abordado frequentemente pelos meios de comunicação, tendo em conta que a presença das mulheres em postos militares estratégicos não deixa de ser uma notícia pouco comum. Como, por exemplo, o caso de notícias que abordam a promoção de mulheres generais, mulheres pilotos, mulheres graduadas em cursos de alto risco, mulheres comandantes de unidades etc.

Como se pode ver, a eventualidade dos acontecimentos e as notícias não fazem que o tema seja parte de um debate público necessário para dar um passo para um verdadeiro processo de inclusão feminina. Não serve muito abrir as portas das Forças Armadas às mulheres se isso não for acompanhado de um marco institucional que inclua políticas de progressão, formação, treinamento, promoções e formação de opinião pública que acompanhe o processo.

MULHER E OPERAÇÕES DE MANUTENÇÃO DE PAZ

Tal como se mencionou anteriormente, o Conselho de Segurança das Nações Unidas, a partir da resolução 1.325 do ano de 2000, instruiu as suas instituições e países-membros a incorporar as mulheres em todos os processos que envolvam as operações de manutenção da paz.

Em relação aos países andinos, exceto a Venezuela, todos contribuem com as missões de paz com um total de 801 efetivos, entre policiais, observadores militares e tropas, como se pode ver na Tabela 8. Desses efetivos, a maior parte pertence a países como a Bolívia e Peru, 456 e 245, respectivamente. Isso significa aproximadamente 1% de todas as forças de operações de paz das Nações Unidas (83.006 PKO), segundo dados informados por essa organização em novembro de 2007.

[28] O evento se destacou porque na Escola de Oficiais do Exército, as mulheres ressaltaram o aspecto acadêmico e os processos de negociação e manejo de conflitos, assim como em trabalhos administrativos onde têm conseguido economias financeiras e melhoria de suas instituições. Oficiais mulheres conversaram sobre experiências de sucesso na carreira militar. Oficina de Comunicaciones y Prensa Ministerio de Defensa. Nota de prensa n. 43 - 07 OCP – MINDEF, 8 de marzo de 2007.

Tabela 8 - Contribuição dos países andinos às operações de manutenção da paz da ONU

País	Policiais	Observadores Militares	Tropa	Total
Bolívia		38	418	456
Colômbia	2			2
Equador		25	73	98
Peru		33	212	245

Fonte: Monthly Summary of Military and Police contribution to United Nations. Operations Until 30 November 2007.

As missões de manutenção de paz nas quais os países da região andina, mais especificamente Bolívia, Equador e Peru, participam são as missões do Haiti (MINUSTAH) e do Congo (MONUC), como se pode ver na Tabela 9.

Tabela 9 - Contribuição dos países andinos às operações de manutenção da paz da ONU

Por missão

País	Bolívia	Colômbia	Equador	Peru
MINUSTAH	216	2	71	210
MONUC	210			7
UNAMA	1			
UNMEE	5			4
UNMIK	2			
UNMIL	2		4	5
UNMIN	3		1	
UNMIS	13		20	16
UNOCI	3		2	3
UNOMIG	1			
Total	456	2	98	245

Fonte: Monthly Summary of Military and Police contribution to United Nations. Operations Until 30 November 2007.

Vários países latino-americanos têm criado seus próprios centros de instrução para o pessoal que integra as missões de paz; esse é o caso do Peru e do Equador. No caso do Peru conta-se com o Centro de Treinamento Conjunto de Operações de Paz (CECOPAZ), fundado em dezembro de 2003 sob a dependência do comando conjunto das Forças Armadas. Atualmente, é o centro encarregado da instrução, preparação e treinamento dos contingentes peruanos que participarão em operações de paz conduzidas pela ONU, assim como dos observadores militares e oficiais de estado-maior, entre outros. Tipicamente, os cursos dados pelo Centro são os seguintes: contingente, observadores militares e estado-maior, instrutores, seminários de operações de paz e correspondentes.

No Equador, existe a Unidade Escola de Missões de Paz Equador (UEMPE), que realiza a função de instrução e treinamento das tropas militares que participam em operações de paz. Foi criada em novembro de 2003 e os principais cursos que oferece são: missões de paz, observadores militares, estado-maior e exercícios regionais de operações de manutenção da paz.

De acordo com uma pesquisa realizada em 2005, a porcentagem de mulheres militares que participavam em operações de paz correspondia, no caso da Bolívia, a 6,33% e no caso do Peru, a 0,81%. O Equador não contava com nenhuma representação feminina, como mostra a Tabela 10.

Tabela 10 - Pesquisa de mulheres em operações de manutenção da paz (dezembro de 2005)

País	Mulher	Total	Porcentagem
Bolívia	15	237	6,33%
Equador	0	93	0
Peru	2	248	0,81%

Fonte: Policy Dialogue to Review Strategies for Enhancing Gender Balance. Nova York, março de 2006.

De acordo com os dados disponíveis em fevereiro de 2008, percebe-se alguma variação. No caso boliviano houve uma redução drástica de mulheres, devido aos conflitos de ordem disciplinar ocorridos em missões anteriores. Para o ano de 2008, a Bolívia conta com 1,56% de participação feminina nas operações de manutenção de paz, que corresponde a quatro tenentes-coronéis que cumprem funções de observadoras militares no Congo. Por sua vez, o Peru tem uma porcentagem aproximada de 1,22%, referente a três observadoras militares, uma no Congo e duas no Timor-Oriental. O Equador mantém o mesmo índice.

Tabela 11 - Pesquisa de mulheres em operações de manutenção da paz (Fevereiro de 2008)

País	Mulher	Total	Porcentagem
Bolívia	4	256	1,56%
Equador	0	98	0
Peru	3	245	1,22%

Fonte: Elaboração própria com base em dados do Ministério de Defesa do Peru, CECOPAZ, UEMPE e Exército da Bolívia. Dados correspondentes às observadoras militares mulheres.

No caso do Equador, a partir de revisões hemerográficas pôde-se perceber que em agosto de 2004 a UEMPE graduou pela primeira vez três mulheres (uma tenente da marinha e duas subtenentes do exército) que, juntamente com 82 militares dos três ramos das Forças Armadas, integrariam a IV promoção do curso de operações de manutenção da paz. A pouca informação disponível não proporcionou maiores dados sobre o tema.

O que se observa é que a participação das mulheres nas operações de manutenção de paz tende a ser baixa, e no melhor dos casos, a manter-se estável, apesar de as Nações Unidas terem iniciado, em 2000, uma política de maior participação feminina nessas operações, reconhecendo suas qualidades em processos de manutenção e construção da paz. No entanto, tendo em vista que na região o tema de inclusão das mulheres nas Forças Armadas não tem sido objeto de debate, muito menos a sua participação nessas novas missões militares, como são as operações de manutenção de paz, é muito difícil saber quais têm sido as verdadeiras razões para que exista essa tendência negativa.

CONCLUSÕES: A INCLUSÃO COMO POLÍTICA PÚBLICA

Apesar de, nos últimos anos, em quatro países latino-americanos, os governos terem optado pelas mulheres para dirigir as forças militares – como na Argentina com Nilda Garré; Chile com a atual presidente, Michelle Bachelet e também com Vivianne Blanlot; Colômbia, com Marta Lucia Ramirez; Equador, com Lorena Escudero; Uruguai, com Azucena Berrutti –, exceto Chile e Argentina, a inclusão das mulheres nas Forças Armadas, como política pública, ainda não é tema de agenda nos ministérios de defesa e muito menos nos parlamentos nacionais.

Em todos os países da área andina – Bolívia, Colômbia, Equador, Peru e Venezuela – é permitido o ingresso das mulheres nas Forças Armadas. As causas para o ingresso das mulheres na carreira militar respondem tanto a interesses institucionais como a uma autêntica vocação democrática dos países. No entanto, em nenhum deles verifica-se um verdadeiro processo de controle civil-militar que faça da incorporação feminina uma verdadeira política de Estado. Em alguns casos, como o Peru, existem marcos legislativos que permitem iniciar o processo de inclusão, enquanto que na maioria só existem mecanismos administrativos que diluem o processo no cotidiano. Por outro lado, em países como Equador e Colômbia, existem restrições à promoção hierárquica das mulheres, o que impede de fato qualquer processo de inclusão efetiva. Nos países onde não existem restrições, o processo nem sempre é tão expedito, como é o caso da Bolívia.

Se a tudo isso somar-se a falta de marco institucional sólido que respalde o processo de inclusão feminina nas Forças Armadas, expresso em temas como regulamentos, formação, treinamento, infraestrutura e condições de salubridade adequadas, entende-se porque não é rara a baixa porcentagem de participação de mulheres na carreira militar, mais ainda quando isso supõe um verdadeiro processo de reivindicação feminina ou de igualdade de gênero. Voltando ao princípio, se a presença de mulheres nas Forças Armadas representa uma característica de modernização institucional, ainda é duvidoso se representa passo efetivo para uma verdadeira igualdade de oportunidades, do qual as mulheres sairiam beneficiadas.

Como conseguir um benefício de dupla entrada, no qual tanto as Forças Armadas como as mulheres sairiam favorecidas? As respostas só podem ser fornecidas por um processo de amplo debate, que incorpore vontade política, quadros de gestão especializados, abertura institucional e participação pública. Todos esses requisitos são indispensáveis para uma política pública, que é o único mecanismo eficaz, moderno e democrático capaz de impulsionar mudanças verdadeiras e sustentáveis no tempo.

A MULHER NAS FORÇAS ARMADAS DA AMÉRICA CENTRAL E MÉXICO NAS MISSÕES DE PAZ[1]

IEPADES[2]

INTRODUÇÃO

Após os conflitos que afetaram a região entre 1960 e 1996, as Forças Armadas da América Central tiveram que se adaptar tanto às novas circunstâncias de ordem geoestratégica, no âmbito continental, como às de caráter político, econômico e social, no desenvolvimento interno de seus países. O modelo de segurança nacional tem sido substituído por paradigmas de segurança moldados pela visão de segurança humana, em condições muito diferentes das vigentes na América Central e México após a Segunda Guerra Mundial. Na Guatemala, El Salvador, Honduras e Nicarágua, têm-se feito reduções no tamanho das Forças Armadas, alterações em sua implantação, transformações dos campos de atuação e mudanças doutrinárias importantes, em adaptação às correntes antropocêntricas de atuação que correspondem à visão democrática de segurança e de mandatos de acordos de paz (Guatemala e El Salvador), negociação interna de setores civis (Honduras) ou de uma revolução (Nicarágua).

Nesses países, a transformação dos meios militares implica o fortalecimento das instâncias civis de segurança. Assim, entre as mudanças ocorridas em Honduras, foi efetuada a separação entre polícia e exército, para transformar a primeira em uma força civil. Na Nicarágua, criou-se uma nova força policial e na Guatemala e em El Salvador, por força dos acordos de

---

1 O presente artigo foi realizado como parte do projeto da RESDAL: *La mujer en las Fuerzas Armadas y Policia: una aproximación de gênero a las operaciones de paz*, financiado pelo Global Peace and Security Fund do Departamento de Assuntos Exteriores e Comércio do Canadá (GPSF-DFAIT). Foi apresentado no Seminário Internacional "A mulher nas Forças Armadas da América Latina e Caribe: uma aproximação de gênero às missões de paz". Guatemala, em 11 e 12 de março de 2008. Tradução: Maria Cecília de Oliveira Adão.

2 Documento elaborado pelo Instituto de Enseñanza para el Desarrollo Sostenible – IEPADES. Coordenado por Carmen Rosa de León-Escribano.

paz, tem-se procurado fortalecer uma polícia civil definitivamente separada da instituição militar, à qual estiveram subordinadas no que se refere às ações de contrainsurgência.

Resolvidos os conflitos internos, surge a questão: o que fazer com as Forças Armadas em situações de paz? Algumas correntes civis, considerando certas atuações castrenses do passado, têm defendido a necessidade de abolir essas instituições, seguindo o exemplo do Panamá, Costa Rica e Haiti, ainda que isso implique uma maior dependência em relação à potência hegemônica mundial. Outras pessoas temem que o modelo venezuelano de Chávez, que tem convertido as Forças Armadas em um ator importante em sua revolução bolivariana, e uma volta aos modelos peruanos[3] possam conduzir a uma nova época de intervenções castrenses no exercício direto do poder político. Porém, além desses casos extremos, em geral, as Forças Armadas do istmo centro-americano tendem a adotar o princípio republicano de Forças Armadas obedientes e não deliberativas, o que no México prevalece desde a Segunda Guerra Mundial.

As transformações institucionais de missão e doutrina, no contexto da reforma do setor de segurança da região centro-americana, estavam apenas se consolidando quando o processo foi truncado pelos acontecimentos de 11 de setembro de 2001. A partir desse momento, a agenda de segurança que esse país imprime à região, em função de seus interesses nacionais, põe em primeiro lugar o tema do terrorismo, o que atrapalha o processo de reconstrução dos âmbitos de atuação das Forças Armadas desses países. Por meio do Comando Sul, foram conduzidas ações regionais e nacionais, com envolvimento das Forças Armadas, na perseguição ao narcotráfico, tema que saiu da agenda da defesa para entrar no âmbito de competência civil. Nesse sentido, no que se refere ao México, os Estados Unidos criaram, em 2002, o Comando Norte, com os mesmos propósitos.

Porém, a partir do 11 de Setembro instala-se na agenda dos países da região o tema do terrorismo e atividades conexas, o que acaba gerando impacto nos problemas sociais em toda a América Central. Temas como migração e violência juvenil passam a ter papel central na agenda de segurança desses países, principalmente daqueles do norte do triângulo do istmo, colocando na agenda de defesa temas cujas causas encontram-se mais na ausência de políticas públicas sociais de equidade, educação e emprego do que em ações no âmbito do combate ao terrorismo. No caso do México, em 2005, criou-se a Aliança para a Segurança e Prosperidade da

[3] Em 1968, as Forças Armadas peruanas iniciaram um processo de reformas que muitos grupos de esquerda não revolucionária consideraram um modelo a imitar e que serviu para justificar o apoio que grupos opositores guatemaltecos deram a candidatos militares durante os processos eleitorais de 1974 e 1978. Algo parecido aconteceu no Panamá de Omar Torrijos nesses mesmos anos, no Equador e, com muitas especificidades, em Honduras.

América do Norte (ASPAN) formada pelo Canadá, Estados Unidos e México, deslocando, assim, a fronteira sul à Guatemala e, consequentemente, Honduras e El Salvador. Essa agenda regional impulsiona cada vez mais a incursão das Forças Armadas nos domínios da segurança pública, medida que muitos dos setores sociais desses países demandam, frente ao aumento da insegurança e da criminalidade, além da ausência de uma ação efetiva por parte das forças policiais, carentes de recursos e capacitação.

De modo geral, a experiência de empregar as Forças Armadas no serviço policial não teve o resultado que muitos esperavam devido à diferença entre as funções dessas instituições e a consequente diferenciação em suas respectivas modalidades de trabalho, treinamento e doutrinas.[4] Também tem provocado muitas críticas a tendência de envolver as Forças Armadas na luta contra as drogas. Nota-se que, além do que foi dito sobre a inadequação das Forças Armadas envolverem-se em questões policiais, existe o perigo da corrupção, em razão das cifras manejadas pelos diferentes cartéis do narcotráfico e a possibilidade de abuso dentro do nebuloso mundo do combate às drogas, com o consequente efeito na imagem e na legitimidade das Forças Armadas. Em ambos os casos, os partidários da intervenção militar em tarefas policiais utilizam como argumento a seu favor a necessidade de usar as Forças Armadas para enfrentar um problema que há muito saiu do controle das forças policiais. Para os críticos desse tipo de intervenção, é justamente a busca de soluções fáceis, como fazer os militares combaterem o crime, o que perpetua a debilidade e a inadequação das forças policiais.[5] Argumentam também que esse emprego impede o crescimento das potencialidades das Forças Armadas para enfrentarem os desafios dentro de suas competências e âmbitos de atuação.

As novas condições de implantação e de tamanho, depois dos diversos processos de reconversão militar nos países da região, têm implicado uma diminuição considerável nos pressupostos e no número de integrantes da instituição castrense. Mesmo Honduras, que não enfrentou conflitos como o enfrentado por seus vizinhos, teve que modificar consideravelmente o tamanho de suas Forças Armadas. Como pode ser visto nas Tabelas 1 e 2, as Forças Armadas da sub-região têm tamanhos compactos e um número de membros das instituições, em relação à sua população, inferior a quinze em cada dez mil habitantes.

---

4 Para um artigo crítico sobre o envolvimento das Forças Armadas em segurança pública, ver: http://www.elperiodico.com.gt/es/20070819/actualidad/42691.

5 Para uma análise do envolvimento das Forças Armadas da América Central na luta contra o narcotráfico, ver: http://www.impreso.elnuevodiario.com.ni/2007/03/14/nacionales/43742.

Tabela 1 - Recursos humanos das Forças Armadas latino-americanas

País	Força terrestre	Força naval	Força aérea	População militar total
Argentina	40.461	19.785	13.879	74.725
Bolívia	28.865	6.107	6.853	41.825
Brasil	238.203	63.261	67.442	367.906
Colômbia	208.417	27.147	9.002	244.564
Chile	40.570	20.483	11.590	72.643
Equador	24.909	7.194	5.959	98.062
El Salvador	16.500	670	690	17.860
Guatemala	13.551	928	1.021	15.500
Honduras	6.459	959	1.074	8.492
México	190.767*	54.599	s/d	245.366
Nicarágua**	Indeterminado			9.399
Paraguai	6.000	1.800	1.050	8.850
Peru	7.400	22.910	16.900	113.810
República Dominicana**	Indeterminado			49.910
Uruguai	16.734	5.586	3.045	24.415
Venezuela	63.350	17.500	11.500	92.350
Total geral				1.426.077

*Inclusive Força Aérea.
**Sem informação separada disponível.
Fonte: Rede de Segurança e Defesa da América Latina em: http://atlas.resdal.org/atlas-fuerzas.html.

Tabela 2 - Efetivos militares por cada dez mil habitantes na América Latina

Quantidade de efetivos militares em cada 10.000 habitantes*

Argentina	19
Bolívia	43
Brasil	19
Colômbia	52
Chile	44
Equador	28
El Salvador	26
Guatemala	12

Honduras	11
Nicarágua	18
Paraguai	14
Peru	40
República Dominicana	54
Uruguai	73
Venezuela	34

*Efetivos militares. Inclui tanto pessoal de combate como outros serviços.
Fonte: Organismos e documentos oficiais detalhados nos Informes da RESDAL. População de acordo com projeções de 2005 da CEPAL. Última atualização abril de 2007. Disponível em: http://atlas.resdal.org/atlas-fuerzas.html.

Tanto nas sociedades da América Central como no interior de suas Forças Armadas não há consenso sobre quais são as novas funções das Forças no cenário atual e nas condições sociais de exclusão e desigualdade dos países. Por outro lado, o envolvimento ativo das Forças Armadas no apoio aos esforços mundiais de manutenção ou imposição da paz parece ser hoje uma atividade que lhes permite cumprir o papel para o qual foram criadas. Ainda que se percebam dificuldades e atrasos das Nações Unidas para pagar os países envolvidos nessas ações, considera-se uma opção que, além de contribuir para o desenvolvimento de uma sociedade mundial pacífica, oferece às Forças Armadas acesso a conhecimentos técnicos e recursos internacionais, além de favorecer o estabelecimento de boas relações com forças de países semelhantes. Trata-se de uma oportunidade de realmente desenvolver suas funções como Forças Armadas, e também fazer parte de uma comunidade de defesa internacional. Nesse sentido, as Forças Armadas de El Salvador, Guatemala e Honduras têm se envolvido em maior ou menor grau em missões de paz das Nações Unidas, relação que, apesar de trágicos acontecimentos como a morte dos kaibil guatemaltecos no Congo no início de 2006, tende a continuar nos próximos anos.

Essas operações, porém, não se desenvolvem em um vazio social. As missões de paz estão, na atualidade, sob intenso debate internacional sobre a participação de mulheres. Apesar de a perspectiva de gênero ser relevante em situações de conflito e pós-conflito, muitas vezes os contingentes não incorporam toda essa dimensão. Os desafios das missões de paz se referem às situações em que a presença de mulheres pode ser crucial: cenário de conflito conflagrado em situações violentas, como estupros; problemas com a distribuição de alimentos; ex-combatentes e crianças-soldados. Essas questões alertam a comunidade internacional sobre a necessidade de submeter o tema a avaliações.

De acordo com dados fornecidos pelo Departamento de Operações de Paz da ONU, a participação das Forças Armadas da América Latina aumentou em 747% desde o ano 2000, enquanto o envolvimento de Forças do restante do mundo aumentou em 123%. A atual missão no Haiti (MINUSTAH) é uma das mais notáveis cooperações entre países em missões, envolvendo 6.900 integrantes de países como Argentina, Bolívia, Brasil, Chile, Equador, Guatemala, Paraguai, Peru e Uruguai.

A Resolução 1.325 (2000) do Conselho de Segurança reconheceu a importância da situação, instando os países-membros tanto a aumentar a participação feminina nas missões (especialmente como observadoras militares e como policiais civis), como incorporar a perspectiva de gênero nas missões de manutenção e construção da paz.

Apesar de as Forças Armadas do hemisfério terem, atualmente (e devem continuar tendo, no futuro), uma destacada participação em missões de paz ao redor do mundo, o diagnóstico e o debate sobre a participação da mulher têm avançado pouco na região. Na maior parte das vezes, a informação sobre a quantidade ou incorporação da mulher nas Forças Armadas não está disponível. Os decisores não contam com esses dados ou com a informação apropriada sobre como suas Forças estão se preparando para o desafio de incorporar mulheres. Os países da América Latina precisam de dados e relatórios que lhes permitam reconhecer e debater a necessidade de incorporar uma perspectiva de gênero às Forças Armadas e a estreita relação que ela tem com a crescente participação em missões de paz. Isso implica que a discussão sobre o tema deve:

- Instalar o tema no debate regional.
- Realizar diagnósticos precisos sobre o papel da mulher nas Forças Armadas nos diferentes contextos nacionais.
- Associar a perspectiva de gênero nas Forças Armadas com a crescente participação em missões de paz.
- Promover o debate e a produção de políticas por meio da apresentação de informações confiáveis.

INCORPORAÇÃO DA MULHER NAS FORÇAS ARMADAS

Apesar de sua formação eminentemente patriarcal, os corpos militares têm se adaptado ao reconhecimento da igualdade entre homens e mulheres que ocorre mundialmente. Tradicionalmente, a participação da mulher se reduzia ao espaço feminino da enfermaria; porém, com o fim do conflito interno, as forças se empenharam em mudar suas práticas.

A incorporação das mulheres às Forças Armadas não é nova, ainda que, em princípio, o papel que a mulher desempenhava tradicionalmente estava restrito ao serviço doméstico. Posteriormente, houve um empenho em incorporar mulheres, o que ocorreu em duas etapas históricas claramente diferenciadas e com efeitos também diversos. Em um primeiro momento, a mulher se incorpora aos serviços médicos das instituições, conhecidos como Serviços de Saúde Militar, muitas delas como pessoal assimilado.[6] A partir dos anos 60 surge a necessidade, tanto nas Forças Armadas de El Salvador como da Guatemala, de criar uma carreira com administração militar nessa área. Com o apoio do governo do México, enviam um grupo de jovens para a Escola Militar de Enfermagem daquele país. As primeiras mulheres oficiais dessas Forças Armadas vinham dos grupos capacitados

[6] Informação retirada do relatório do "Encuentro para el intercambio de experiencias de trabajo en materia de Género y fuerzas armadas en El Salvador y Guatemala". IEPADES – Forças Armadas (2001).

no México, tendo chegado ao posto de coronel. Posteriormente, foi criada a carreira no interior de ambas as Forças Armadas.

Em uma segunda etapa, coincidente com os acordos de paz firmados em ambos os países, e influenciada não somente pela abertura a novas funções, mas também pela necessidade de igualdade e percepção de gênero que o serviço militar voluntário traz, a perspectiva de incorporar a mulher se colocou como uma decisão urgente. Em ambas as forças militares foram criadas instâncias que abordam as modalidades de incorporação das mulheres nos diferentes centros educacionais sob administração castrense. A decisão de avançar nessa ideia implicou transformações físicas nas instalações e no surgimento de novos problemas derivados da convivência entre homens e mulheres em situação de aquartelamento. A partir da segunda metade da década de 1990 criaram-se, em ambos os países, a oportunidade de ingresso para mulheres nos diferentes centros educacionais militares, assim como cursos de estado-maior para as oficiais do exército da Guatemala.

É verdade também que existe um incentivo para as jovens estudantes escolherem a Força Aérea e a Marinha, o que desestimula a escolha do Exército. O argumento é a exposição feminina, em caso de conflito, na frente de batalha, ainda que, no fundo, também reflita o quão distante está a ocupação dos postos de comando por mulheres. No caso das Forças Armadas da Guatemala, a maior parte do alto comando provém do Exército, motivo pelo qual será difícil ou quase impossível que uma mulher chegue a um alto cargo através da carreira militar. Até agora continua sendo polêmica a incorporação de mulheres na infantaria, na qual normalmente se encontra a maioria dos efetivos militares.[7]

Evidentemente, a incorporação de mulheres a uma instituição como a militar não tem sido fácil e as denúncias sobre assédio não têm diminuído nas Forças Armadas da América Central.[8] Mas, em geral, os chefes militares reconhecem o profissionalismo e o bom desempenho das mulheres na instituição.

Conforme pode ser observado na Tabela 3, a incorporação das mulheres nas Forças Armadas da América Central é anterior à dos demais países da América Latina, com exceção do México, que as incorporou em 1938 – mas que ainda as exclui dos postos de comando. Quase todas as outras incorporações datam da década de 1980, com notável exceção de Honduras, que a realizou em 1967.[9]

---

7 Sobre a participação de mulheres em tarefas de combate, argumentos a favor podem ser vistos em: http://www.pbs.org/newshour/extra/speakout/editorial/women_military.html e contra em: http://www.lewrockwell.com/orig3/kirkwood3.html.

8 O tema não aparece constantemente nos meios de comunicação, a menos que envolva as Forças Armadas. Disponível em: http://impreso.elnuevodiario.com.ni/2007/09/03/nacionales/57941.

9 Ainda que sejam necessárias mais investigações a respeito, é provável que a incorporação prematura das mulheres nas Forças Armadas hondurenhas se relacione com a crise migratória e de fronteira que anos depois levará Honduras e El Salvador à guerra.

Tabela 3 - A mulher nas Forças Armadas latino-americanas. Ano de ingresso das mulheres na carreira de oficial

País	Corpo profissional			Corpo de comando		
	Força terrestre	Força naval	Força aérea	Força terrestre	Força naval	Força aérea
Argentina	1982	1981	1982	1997	2001	2001
Bolívia	1982	—	—	2003	—	—
Brasil	1992	1980	1982	1998	—	—
Colômbia	1982	1984	1979	s/d	2002	2004
Chile	1974	—	1974	2000	2000	2000
Equador	s/d	s/d	s/d	2000	2000	2000
El Salvador	s/d	s/d	s/d	2000	2000	2000
Guatemala	1967	1967	1967	1996	2000	1996
Honduras	1970	1975	1970	1998	1998	1996
México	1938	1938	1938	—	—	—
Paraguai	1970	s/d	s/d	2003	2003	2003
Peru	s/d	s/d	s/d	1997	1998	1998
Uruguai	1996	1998	1994	1998	2000	1997
Venezuela	1980	1980	1980	2002	2002	2002

Fonte: Organismos e documentos oficiais detalhados em informes da RESDAL. Última atualização: abril 2007. Disponível em: http://atlas.resdal.org/atlas-fuerzas.html e Diagnóstico de gênero e Forças Armadas, IEPADES, 2001, Documento interno.

Apesar da ação positiva das Forças Armadas da América Central para incorporar as mulheres na carreira militar, ainda existem vários problemas a serem superados, não somente pela questão das funções, mas também pelo contexto de dificuldade de igualdade de gênero que existe nessas sociedades. Por outro lado, as mudanças institucionais para a plena incorporação, com igualdade, das mulheres nas Forças Armadas ainda demandam transformações internas que requerem uma clara vontade política. Dentro disso podemos mencionar:

- Revisão de normas e regulamentos.
- Revisão de formas, atitudes e critérios que prevalecem nas relações entre homens e mulheres.
- Análise das práticas institucionais para torná-las coerentes com as políticas de igualdade de oportunidades entre homens e mulheres.

- Realizar ações para a eliminação de estereótipos, discriminações e abusos.
- Impulsionar o processo de formação de todo o pessoal.
- Designar pessoal específico para a análise, formulação de propostas e estratégias para alcançar a igualdade entre homens e mulheres (IEPADES, 2002).

Vale a pena, também, destacar que nas diversas páginas da Internet das Forças Armadas da América Central e do México é impossível visualizar o peso das mulheres dentro da estrutura institucional, o que reflete a pouca importância que se empresta a esse tema dentro da política institucional. Isso sem contar que, em termos gerais, tampouco existem maiores informações sobre a participação das Forças Armadas em operações de paz e da categorização dos elementos que fazem parte dos contingentes das Nações Unidas.[10]

Outro fenômeno que propicia a incorporação da mulher de forma mais ativa e evidente nas Forças Armadas é a difusão das ideologias de igualdade. Ainda que originárias dos Estados Unidos e da Europa Ocidental, essas ideologias têm se difundido por todo o mundo – não sem enfrentar uma forte resistência, como acontece nos países muçulmanos – com velocidade e variações próprias. Na América Central, a decisão de incorporar as mulheres foi produzida sob a sombra dos conflitos internos e se realizou sem participação da sociedade civil e sem maior discussão pública sobre o tema. Também foram processos desenvolvidos quando os movimentos de mulheres estavam virtualmente destruídos e apenas iniciavam sua reconstrução após os efeitos da repressão e da violência.

No México, ao contrário, com um movimento de mulheres mais antigo e organizado que o da América Central, o avanço das mulheres dentro da função militar tem sido mais lento. Uma razão está no antimilitarismo que caracteriza as esquerdas latino-americanas – exceto as variantes peruanistas-torrijistas-chavistas – o que faz com que não se empolguem com a ocupação desses espaços pelas mulheres. Outra razão é que, até agora, o Exército e a Marinha mexicanos não haviam tido problemas para preencher suas vagas e, ao contrário do que acontece na América Central, o serviço militar obrigatório tende a funcionar melhor.[11]

Na Guatemala, oficializou-se a abertura dos centros educacionais militares para as mulheres a partir de 1996. Ingressaram 25 mulheres nos

---

[10] As páginas são: El Salvador: http://www.fuerzaarmada.gob.sv/home.asp?mid=1, Guatemala: http://www.mindef.mil.gt/, Honduras: http://http://www.drepffaa.hn2.com/ e Nicarágua: http://www.midef.gob.ni/.

[11] Sobre a incorporação das mulheres nas Forças Armadas mexicanas e a relação dessa abertura com a dificuldade para preencher as vagas militares, ver: http://www.milenio.com/index.php/2007/08/12/105733.

diversos centros, com exceção da escola Kaibil, centro de treinamento de sobrevivência. Dez anos depois, conta-se com mais de cinquenta mulheres oficiais formadas militarmente (*El Periódico*, 2006).

Tabela 4 - Mulheres graduadas nos últimos cinco anos nos centros educacionais militares guatemaltecos

Centro Educacional	Mulheres Graduadas
Instituto Adolfo V. Hall (todo o país)[1]	304
Escuela Militar de Música	6
Escuela Técnica Militar de Aviación	50
Escuela Politécnica	41
Escuela Naval de Guatemala	6
Escuela Militar de Aviación	6
Escuela de Transmisiones	40
Total	453

Fonte: Departamento de Informação e Divulgação do Exército – DIDE, Guatemala, 2006.
[1] O Instituto Hall é uma instituição de ensino médio administrada pelas Forças Armadas da Guatemala.

Segundo o testemunho de uma mulher militar, entrar na carreira das armas significou romper esquemas e enfrentar vários obstáculos, começando com a desconfiança de sua família; mas, esses tropeços são compensados pelo orgulho de abrir novos caminhos para a mulher e pela possibilidade de demonstrar a sua capacidade. Nas palavras de uma das oficiais do artigo citado em *El Periódico* (2006): "Temos demonstrado que temos as mesmas capacidades. Talvez no aspecto físico falte ainda tempo, mas sabemos que é possível fazer o mesmo que os homens. Conseguimos romper com 124 anos de história masculina".

Outra oficial indica: "Mentiria se dissesse que um dos meus sonhos era ser militar. Cheguei com uma mochila de expectativas, sonhos e medos. Alguns foram cumpridos e outros se dissiparam. O certo é que se falha uma, falhamos todas. Abrimos brecha para aquelas que vêm atrás, para que não encontrem os mesmos pensamentos antagônicos que nós".

Para Honduras, não estão disponíveis dados oficiais sobre as mulheres presentes nas Forças Armadas. Neste momento, mais ou menos cem mulheres se formam nas diferentes academias – militar, aérea e naval. Considera-se que, ainda que a presença feminina seja relativamente escassa – dez mulheres de 184 alunos –, aquelas que ingressam nas academias chegam bem preparadas para o sistema militar e que, além disso, se acostumam com relativa facilidade à disciplina do estabelecimento.[12] Segundo o coronel Reyes, do Exército de

[12] Ver: *Hijas del legado morazánico* (2005).

Honduras: "No Exército, tanto homens quanto mulheres têm as mesmas oportunidades; atualmente, uns 42% do corpo administrativo são mulheres. Contudo, somente uns 10% são pessoal feminino de combate". Afirma que, em média, trinta jovens mulheres se formam a cada ano nas respectivas academias. Até agora a experiência demonstra que o pessoal feminino se adapta com muita facilidade à diversidade dos cargos que lhes são designados. O ambiente é saudável, positivo e de competitividade nos estudos. Para certas especialidades, Reyes considera que as mulheres têm melhor desempenho que os homens. "São dignas soldados da pátria. Sua disciplina e coragem são impressionantes; elas desempenham um papel muito importante e realizam algumas atividades especializadas melhor que os homens".

No caso da Nicarágua, o Exército Popular Sandinista, único exército da América Central derivado de uma guerrilha vitoriosa, incorporou mulheres – porém, não em postos de combate – desde sua criação e, especialmente, durante a guerra dos Contras, de 1981 a 1990. Reduzido depois de 1990, mantém um importante contingente de mulheres em suas fileiras, ainda que não disponhamos de dados a respeito.

Em 2007, a Nicarágua se tornou o primeiro país da América Central cuja responsável máxima pela defesa é uma mulher. O atual presidente, Daniel Ortega, nomeou como Secretária Geral do Ministério da Defesa, com *status* de ministra, Ruth Tapia Roa, que durante algum tempo trabalhou como porta-voz na Corte Suprema de Justiça (*El nuevo diário*, 2007). Ainda que o ministro da defesa da Nicarágua seja civil, o Exército nicaraguense mantém, desde os tempos de Exército Popular Sandinista, uma chefia política, em cuja eleição as autoridades civis não têm nenhum papel. Essa função está atualmente nas mãos do general Omar Halleslevens.

No caso do México, até há pouco tempo, as mulheres tinham restrições para seguir determinados ramos da profissão militar. A Marinha mexicana limitava a possibilidade de seguirem uma carreira nessa Força até 2007. Segundo um artigo da imprensa a respeito:

> Apesar da decisão histórica do Exército Mexicano de aceitar o ingresso de mulheres nos meios militares para formarem-se como aviadoras, engenheiras militares e intendentes – além da Escola Militar de Enfermeiras, de Odontologia e Escola Médica Militar –, até hoje as Forças Armadas mexicanas estão atrasadas em relação aos outros exércitos da América Latina, onde esse setor da população pode seguir a "carreira das armas" sem restrições. (*La Jornada* UNAM, 24.05.2007)

Ainda que a Marinha do México tenha se adiantado ao Exército em relação à ampliação das possibilidades para as mulheres – ao permitir seu acesso à Intendência Naval, em 1995, e à Mecânica de Aviação, a partir de 1998, além das carreiras médico-militares –, em nenhuma das instituições lhes é permitido converter-se em soldado das armas de infantaria, artilharia, cavalaria ou blindados.

Segundo a RESDAL, dos 15 exércitos mais importantes da região – com exceção de Cuba, nação que não é considerada nessa análise –, em nove existe a possibilidade de as mulheres levarem a cabo sua carreira castrense "sem restrições"; nos seis restantes – como é o caso do México –, o pessoal feminino participa nas áreas administrativa e médica, principalmente. Até agora, as mulheres nas Forças Armadas recebem somente um curso de instrução militar que dura de três a cinco semanas, mas não se tem dado passos firmes para que se tornem soldados com as mesmas obrigações e prerrogativas que os homens. O único caso em que uma mulher conseguiu incorporar-se como combatente foi o da tenente de corveta da marinha Karmina Cortés (*La Jornada*, 21.04.2000).

De acordo com números oficiais, no Exército e na Força Aérea mexicanos, a porcentagem de mulheres é de 3% do total, enquanto na Marinha seu número supera 14% (*La Jornada* UNAM, 24.05.2007). Em outros dados, também oficiais,[13] a maior parte dos integrantes das Forças Armadas são homens: dos pouco mais de 191 mil membros do Exército e da Força Aérea do México, somente 6.309 são mulheres. Até agora, elas se concentram em setores tradicionalmente femininos, tais como enfermagem, medicina, odontologia, secretariado e administração. Críticos da instituição assinalam que uma razão para a mudança poderia ser a diminuição da inscrição de homens no sistema educacional militar mexicano. Nota-se que o número de egressos do Exército e da Marinha baixou de 10.984 em 2005 para 8.738 em 2006 (*Milênio*, 12.08.2007).

AMÉRICA CENTRAL E MÉXICO NAS MISSÕES DE PAZ

Apesar de supor-se que a intervenção das Forças Armadas em missões de paz deve ser parte de uma política de Estado, em termos gerais, a discussão sobre a participação da América Central nessas missões tem estado ausente dos órgãos legislativos em seus respectivos países. Enquanto a intervenção hondurenha e salvadorenha tem gerado uma forte oposição pública da esquerda política, a participação em missões de paz não parece ter gerado grande oposição na maior parte da população. Na Guatemala, tem sido mais forte a oposição da opinião pública, expressa nos meios de comunicação, que se opõe a essa participação por considerar que as Forças Armadas deveriam encarregar-se prioritariamente dos problemas de segurança pública que esse país sofre. Em menor grau, criticam essas

[13] Segundo dados da RESDAL, citados pelo *La Jornada* no interior do artigo, os países que admitem sem restrição as mulheres são: El Salvador, Guatemala, Honduras, Nicarágua, Paraguai, Peru (em todas as armas, exceto em Forças especiais), República Dominicana, Venezuela e Uruguai. Enquanto que os países que limitam a atuação das mulheres na atividade castrense são: México, Argentina, Brasil, Bolívia, Colômbia e Equador.

operações como desperdícios destinados a justificar a continuidade das Forças Armadas (*Mi Periódico*, 2008).

No México, ao contrário, em um organismo legislativo que, depois de muitos anos de dependência frente ao poder executivo, tem tomado gosto em servir como meio de controle sobre o país, a oposição à possível atuação do país em missões de paz, sugerida pelo governo de Vicente Fox, despertou uma forte oposição tanto do Partido Revolucionário Institucional como do Partido da Revolução Democrática, o qual vê nesse tipo de medida o repúdio à tradicional política mexicana de não intervenção e desconfia do possível uso das Nações Unidas pelos Estados Unidos.

Assim, no contexto regional, tanto a Nicarágua quanto o México têm se abstido de participar em missões de paz. El Salvador e Honduras, além de uma modesta participação feita com o envio de observadores para missões de paz, têm participado ativamente na Guerra do Iraque. A Guatemala é o país que mais tem contribuído com efetivos – tanto em observadores como tropa – aos contingentes das Nações Unidas, rejeitando, entretanto, sua participação no Iraque.

Tabela 5 - Participação dos países e número de mulheres em missões de paz

Tema	Guatemala	El Salvador	Honduras	Nicarágua	México
Quantidade de mulheres participando em missões de paz nos últimos cinco anos	Sessenta e nove mulheres entre oficiais, especialistas, tropa e civis. As mulheres civis chegam a onze, entre médicas e intérpretes de inglês e francês, que representam 15% do total das mulheres.	El Salvador envia observadores e policiais para as forças de paz, atualmente são 17 observadores e 37 policiais.	Não há mulheres hondurenhas em missões de paz. Todos os doze observadores são homens.	Não participa de missões de paz das Nações Unidas.	Não participa de missões de paz das Nações Unidas.

continua

continuação

Tema	Guatemala	El Salvador	Honduras	Nicarágua	México
Evolução de sua participação	Tem participado desde o início das operações. Tem participado nos contingentes instalados na República do Haiti e na República Democrática do Congo, além de realizar trabalhos de observador militar, principalmente na missão enviada à Etiópia e Eritreia. Finalmente, das mulheres civis que têm auxiliado a missão, aproximadamente três (3) são qualificadas para continuar trabalhando em diferentes missões, oportunidade que se apresentou depois de terem auxiliado uma missão com o exército da Guatemala.	Participação no Haiti posterior ao início da operação, somente com policiais, não como militares. Envio de observadores para a Libéria, Serra Leoa, Timor-Leste e Saara Ocidental. Planeja-se maior participação no Haiti.	Está prevista participação no Haiti.	Não tem participado.	Discussão do tema durante a administração do presidente Fox, rejeição por parte da oposição.
Discussão sobre o tema nos debates legislativos	Atualmente não existe nenhuma discussão sobre o tema nos debates legislativos; no entanto, a cada requerimento de Forças por parte das Nações Unidas, sempre se recomenda a inclusão das mulheres nas diferentes missões para as quais a Guatemala é convidada.	Não existe discussão no Legislativo. As Nações Unidas têm recomendado a inclusão de mulheres nesse tipo de missão.	Não existe discussão no legislativo. As Nações Unidas têm recomendado a inclusão de mulheres nesse tipo de missão.	No momento não existe.	No momento não existe.

continua

continuação

Tema	Guatemala	El Salvador	Honduras	Nicarágua	México
Mecanismo de recrutamento para as candidatas	O mecanismo de recrutamento é por convocação aberta para os diferentes escalões hierárquicos. A convocação se realiza através dos meios de comunicação do país para que haja a inclusão de civis, e as Forças Armadas da Guatemala, de sua parte, tornam pública a disponibilidade de praças para participarem das diferentes missões de paz.	Participação no Haiti posterior ao início da operação, somente com policiais, não como militares. Envio de observadores para a Libéria, Serra Leoa, Timor Leste e Saara Ocidental. Planeja-se maior participação no Haiti.	Está prevista participação no Haiti.	Não tem participado.	Discussão do tema durante a administração do presidente Fox, rejeição por parte da oposição.

Fonte: Elaboração própria a partir de http://atlas.resdal.org/, entrevistas e informação em meios de comunicação.

México

A situação do México difere consideravelmente da América Central devido às particularidades de sua história. Como na Nicarágua, as Forças Armadas mexicanas são resultado de um processo revolucionário que, em seus primeiros anos, teve que enfrentar a possibilidade de uma intervenção dos Estados Unidos, que sentiam sua fronteira sul ameaçada por um regime instável e inclinado a assumir posições antiamericanas. Por isso, a doutrina militar mexicana assumiu desde o começo duas características:

- Devido à assimetria militar com seu vizinho do norte, as hipóteses de defesa nacional podiam basear-se somente na ideia de uma mobilização de toda a população na defesa do país.
- Ainda nesse caso, os custos eram tão proibitivos para o Estado mexicano que a melhor estratégia era evitar toda situação de guerra com seu vizinho.

Assim, os esforços mexicanos de defesa se dedicaram fundamentalmente a evitar toda possibilidade de conflito sério com os Estados Unidos. Um exemplo é o desenvolvimento da Doutrina Estrada, que estabelece a regra do reconhecimento automático de todo governo e cujo objetivo principal era, nos primeiros momentos instáveis do governo pós-revolucionário mexicano, não dar pretexto para os Estados Unidos tentarem definir como perigosa a natureza dos governos mexicanos resultantes das mudanças bruscas ocorridas nesses anos.[14] De maneira geral, o resultado tem sido a tendência mexicana de se manter isolado em relação aos problemas de outros países. A participação do México em missões de manutenção de paz tem sido tanto mal vista quanto considerada uma violação do sacrossanto princípio da não intervenção.

Devido à natureza do mundo bipolar resultante da Guerra Fria, poucas missões de paz das Nações Unidas tiveram êxito durante esses anos e, em todos os casos, o México não se sentiu comprometido a participar delas. Os governos do Partido Revolucionário Institucional (PRI) desses anos puderam manter uma retórica por vezes cheia de críticas aos Estados Unidos e, ao mesmo tempo, relações amistosas com todo tipo de governos de esquerda, acompanhadas de uma prática de acomodação à maioria das demandas fundamentais dos Estados Unidos. Iniciativas como o reconhecimento da revolução castrista nos anos 60, a declaração franco-mexicana de beligerância da guerrilha salvadorenha nos anos 80, a participação no Grupo de Contadora e as boas relações com a Nicarágua sandinista provocaram a ira dos setores mais conservadores dos Estados Unidos; porém, no fundamental, as relações com Washington se mantiveram estáveis.

A queda do regime priista com a eleição de Vicente Fox em 2000 e o fim da Guerra Fria, anos antes – 1989 –, pareceram anunciar uma mudança na tradicional devoção mexicana à Doutrina Estrada. Ao menos em relação às missões de manutenção de paz das Nações Unidas, diversas vozes no México começaram a manifestar seu apoio à ideia de que o país começasse a ter uma participação mais ativa nesse tipo de atividade.[15]

A ideia por trás dessas demandas é a de que o isolamento do México era resultado do autoritarismo do regime do PRI, interessado em preservar-se das correntes democráticas internacionais e de não permitir possíveis intervenções dos Estados Unidos no país. Porém, com a democratização do México e o fim da Guerra Fria, esses cuidados não eram mais necessários e se tornava possível uma política exterior mexicana mais pró-ativa, cuja recompensa poderia ser a possibilidade de ocupar em algum momento um assento no Conselho de Segurança.[16]

Mas, evidentemente, a tradição de isolamento leva muitos a estarem atentos. Muitos mexicanos temem que uma presença internacional maior do México leve, na prática, a um alinhamento maior do país às orientações de Washington,

---

[14] Sobre a Doutrina Estrada e suas origens, ver: http://es.wikipedia.org/wiki/Principio_de_no_intervenci%C3%B3n.

[15] Ver: http://www.nexos.com.mx/articulos.php?id_article=1235&id_rubrique=474.

[16] Para a presença do México no Conselho de Segurança, ver: http://www.esmas.com/noticierostelevisa/mexico/409971.html.

em um mundo que, para efeitos práticos, é bipolar. Portanto, a resistência a uma intervenção maior mexicana em assuntos internacionais é bastante grande. Para setores mexicanos de esquerda, a participação do México em forças de manutenção de paz das Nações Unidas seria parte de um desígnio norte-americano.[17]

O governo de Vicente Fox, por fim, não conseguiu superar o bloqueio do Partido Revolucionário Institucional e do Partido Revolucionário Democrático no órgão legislativo a muitos de seus projetos, e a ideia de atuar em missões de paz não tardou a ser abandonada. Seu sucessor, Felipe Calderón, eleito em uma eleição disputadíssima contra o representante de muitos dos instintos isolacionistas do nacionalismo mexicano, Andrés López Obrador, teve que priorizar outros temas e a política externa mexicana, ao que parece, retorna aos caminhos tradicionais.

Guatemala

Uma característica importante da operação no Haiti é a forte presença latino-americana, notável pela reticência de anos dos países da sub-região em envolver-se nesse tipo de esforços durante toda sua história. A primeira participação da América Central em missões de paz foi a da Guatemala, na primeira força de paz do Haiti, em 1995. Assim como hoje, a Guatemala enviou um destacamento de policiais militares à república caribenha. Sem reportar muitos incidentes, a força guatemalteca foi retirada em 1998, depois da nova eleição de Jean Bertrand Aristide para a presidência haitiana.[18] A contribuição guatemalteca a esses primeiros destacamentos foi a seguinte, conforme especificado na Tabela 6:

Tabela 6 - Integração dos contingentes guatemaltecos que participaram no Haiti na primeira missão de paz

DATAS	CONTINGENTE	QUANTIDADE	DURAÇÃO
OUT 94-FEV 95	1º CONTINGENTE (Força Multinacional – F. M. N.)	134 ELEMENTOS	4 MESES
FEV 95-JUL 95	2º CONTIGENTE (3 meses como F. M. N e 3 meses como Capacetes Azuis)	120 ELEMENTOS	6 MESES
AGO 95-NOV 95	3º CONTINGENTE (Capacetes Azuis)	120 ELEMENTOS	4 ½ MESES

Fonte: Departamento de Informação e Divulgação do Exército – DIDE.

[17] Ver: http://www.elporvenir.com.mx/notas.asp?nota_id=69077.

[18] Ver: http://www.guiadelmundo.org.uy/cd/countries/hti/history.html

O bom desempenho das Forças guatemaltecas no Haiti fez que, em 1999, a Guatemala fosse convidada a enviar tropas para a Missão das Nações Unidas no Congo – MONUC. Como se sabe, em 23 de Janeiro de 2006, soldados kaibil guatemaltecos foram assassinados no Congo Oriental, em uma operação nunca esclarecida. Dizia-se que o propósito dos kaibil era a captura, por ordem das Nações Unidas, do líder do Exército de Resistência do Senhor de Uganda, Joseph Kony.[19] Ainda que os assassinatos tenham provocado críticas sobre a presença guatemalteca no referido país africano, o protesto foi pouco significativo e não teve consequências. Até esta data, os contingentes guatemaltecos seguem no Congo e no Haiti.

Tabela 7 - Participação da Guatemala em missões de paz das Nações Unidas

Missões em que participa	Observadores Militares	Tropa	Total	% em relação à participação da América	% em relação à participação no total
MONUC - República Democrática do Congo	4	107	111	5,75	0,11
MINUSTAH - Haiti	—	83	83	2,35	1,08
UNMIS - Timor Leste	6	—	6	15,78	0,42
UNOCI - Costa do Marfim	5	—	5	9,09	0,07
ONUB - Burundi	4	—	4	25	0,07

A Guatemala enviou 209 efetivos para as operações de manutenção de paz das Nações Unidas, os quais representam 3,41% do total enviado pela América Latina e 0,34% sobre o total de efetivos destinados a missões de paz.
Fonte: http://atlas.resdal.org/.

Até o momento, a Guatemala é o país da região que mais participou nesse tipo de missão e o que mais tem enviado tropas – os demais países têm se limitado ao envio de observadores militares e policiais. Inclusive, como mencionado, a Guatemala já teve baixas, como resultado da mal-sucedida intervenção dos kaibil no Congo Oriental contra os insurgentes ugandeses do Exército de Resistência do Senhor.

Apesar dos esforços das Forças Armadas em participar ativamente nesse tipo de operações, subsiste na Guatemala uma crítica, expressa pelos meios de comunicação, às missões de paz. Essas vão desde o custo para o país à demanda que se repete, em certos setores, sobre a necessidade de incluir

[19] Ver: http://www.monuc.org/News.aspx?newsID=11549&menuOpened=MONUC%20en%20bref, para informação sobre a MONUC. Para dados sobre o assassinato de kaibis, ver: http://www.prensalibre.com/pl/2006/enero/26/index.html. Sobre o Exército de Resistência do Senhor, ver: http://www.wikipedia.org/wiki/Ej%C3%A9rcito_de_Resistencia_del_Se%C3%B1or.

o Exército em ações para controlar os problemas de segurança pública e passa pelas possibilidades que se abrem às práticas de corrupção.[20]

Tabela 8 - Pessoal feminino que tem participado como observadoras militares da ONU

MISSÃO	NÚMERO	ANO
Missão das Nações Unidas na Etiópia e na Eritreia (UNMEE)	2	2005-2006 2007-2008

Fonte: Dirección de Operaciones de Paz, EMDN.

Honduras

Tabela 9 - Participação de Honduras em missões de paz das Nações Unidas

Misssões nas quais participa	OM	T	Total	Porcentagem em relação à participação da América Latina	Porcentagem em relação à participação total
MINURSO Saara Ocidental	12	—	12	42,85	5,17

Fonte: http://atlas.resdal.org/.

Honduras enviou doze efetivos às operações de manutenção de paz das Nações Unidas, os quais representam 0,19% do total enviado pela América Latina e 0,19% sobre o total mundial destinado a missões de paz.

A participação hondurenha em missões de paz data de 1998, com a presença do país na Força das Nações Unidas no Saara Ocidental – ocupado em 1975 pelo Marrocos. Esses contingentes são compostos por policiais militares, encarregados de manter a ordem em El Aaiún, capital do território. É o país que até agora tem a participação mais limitada dos três países da América Central. As demais participações referem-se ao envio de observadores militares.

Posteriormente, em 2003, Honduras, governada por Ricardo Maduro, decidiu participar na ocupação norte-americana do Iraque, junto com a Espanha e a República Dominicana, dentro do contingente Plus Ultra.[21] A participação hondurenha contava com 370 soldados, sem especificação de quantos eram mulheres.[22] A ação hondurenha esteve ligada ao batalhão Xatrab.

[20] Ver: http://www.nodo50.org/CSCA/agenda06/misc/libano_22-11-06_guatemala.html para uma crítica geral. Para casos específicos, ver Viajes al Congo. Negocio corporativo del ejército, em: http://www.elperiodico.com.gt/es/20070215/actualidad/36794/.

[21] Esse contingente foi estabelecido no centro do Iraque, na área de Nadyefy Karbala, cidade santa xiita iraquiana, sob a autoridade do exército da Polônia.

[22] A República Dominicana teria trezentos soldados nesta operação. Ignoramos quantos eram mulheres.

Ainda que setores de esquerda tenham condenado a participação do país nessa operação, a maioria das críticas se relacionou com a incoerência de mandar tropas do país à antiga Mesopotâmia em um momento em que a situação de insegurança pública em Tegucigalpa e San Pedro Sula era crítica.[23] Também porque o atentado do 18-M e os resultados das eleições que deram a vitória a José Luis Rodríguez Zapatero levaram à retirada do contingente espanhol dessa operação, com a consequente saída dos contingentes dominicanos e hondurenhos.[24]

Atualmente, a imprensa hondurenha informa que o governo pensa em aumentar sua participação em missões de paz:[25] "As Forças Armadas de Honduras continuam firmes em sua contribuição ao princípio de ordem e paz que deve imperar no mundo, por isso um contingente de soldados viajou para o Saara Ocidental e, em fevereiro, duzentos soldados têm previsão de fazê-lo para o Haiti".

Nicarágua

Até o momento não tem tido participação em missões de manutenção de paz. No caso da Guerra do Iraque, a Nicarágua participou com 103 soldados na brigada Plus Ultra. A principal participação esteve a cargo de uma companhia de engenheiros especialistas em desarmamento de minas. Além disso, participou com assistência humanitária, principalmente médicos e enfermeiras, ainda que não se saiba quantos eram mulheres. O contingente nicaraguense foi o primeiro a retirar-se do país, depois de seis meses, de acordo com o divulgado, por atraso no pagamento oferecido pelo governo dos Estados Unidos.[26]

El Salvador

El Salvador e Honduras entraram na Guerra do Iraque por intermédio da administração de José Maria Aznar, junto com a República Dominicana, dentro da chamada Força Plus Ultra. O atentado de Madri de 11 de março de 2004 levou à vitória de José Luis Rodrígues Zapatero e à retirada espanhola do Iraque, acompanhada da saída de Honduras e da República Dominicana.[27] As tropas de El Salvador, sob a orientação das Forças Armadas dos Estados Unidos, seguem presentes na antiga Mesopotâmia.[28]

---

[23] Ver: http://www.elheraldo.hn/nota.php?nid=36597&sec=2&fecha=2005-08-29.

[24] Para a retirada hondurenha do Iraque, ver: http://www.elmundo.es/elmundo/2004/04/20/internacional/1082419829.

[25] Ver: http://www.diarioadiario.com/?module=displaystory&story_id=7391&format=html.

[26] Ver: news.bbc.co.uk/hi/spanish/latin_america/newsid_3638000/3638791.stm.

[27] Para o atentado de 11 de março de 2004 e suas consequências, ver: http://es.wikipedia.org/wiki/Atentados_del_11_de_marzo_de_2004.

[28] Para a presença salvadorenha no Iraque, ver: prensalibre.com/pl/2008/febrero/04/080204181404.kwoma6so.html.

Tabela 10 - Participação de El Salvador em missões de paz das Nações Unidas

Missões das quais participa	**Quantidade de efetivos**				**Porcentagem em relação à participação da América Latina**	**Porcentagem em relação à participação total**
	Observadores militares	Policiais	Tropas	Total		
MINURSO Saara Ocidental	5	2	—	6	21,42	2
UNMIS Timor-Leste	5	—	—	5	13,15	0
MINUSTAH Haiti	—	4	—	4	0,11	0
UNMIL Libéria	3	—	—	3	25	0
UNOCI Costa do Marfim	3	—	—	3	5,45	0

Fonte: http://atlas.resdal.org/.

El Salvador enviou 22 efetivos às missões de paz das Nações Unidas, os quais representam 0,35% do total enviado pela América Latina e 0,03% sobre o total mundial de efetivos destinados às missões de paz. O país esteve presente em lugares como: Timor-Leste, Saara Ocidental, Libéria e Costa do Marfim. Como no caso de Honduras, a participação salvadorenha tem se resumido ao envio de forças policiais e de observadores militares. Provavelmente, a participação salvadorenha no Iraque tenha feito com que esse país não tivesse um desempenho similar ao guatemalteco.

A corporação policial de El Salvador é parte ativa dos programas da Organização das Nações Unidas. Vinte e cinco oficiais encontram-se em países que necessitam de apoio para a manutenção da estabilidade social, processos de pós-guerra e defesa dos direitos humanos.[29]

A reorganização da polícia de El Salvador em Polícia Nacional Civil tem conseguido mais sucesso que na Guatemala, sendo que ambas provêm de acordos de paz. Por isso, como parte de suas ações, a PNC salvadorenha tem participado em missões de paz. Chávez Valiente, comissário e secretário geral da PNC, destaca que nessas missões há mulheres (12 dos 39 policiais): "Uma das coisas que estamos potencializando é o trabalho da

[29] Ver: http://www.elsalvador.com/noticias/2006/11/19/nacional/nac3.asp.

mulher salvadorenha nos processos de paz. Especialmente, pela orientação que temos da Resolução 1.325 das Nações Unidas, que solicita que se favoreça a participação da mulher em trabalhos de pacificação".

A intervenção salvadorenha tem sido no sentido de ajudar países como Costa do Marfim, Libéria e Timor-Leste a gerenciarem suas próprias forças policiais, depois de firmada a paz, aproveitando a experiência do país nesse processo. Destaque-se que, na missão de paz das Nações Unidas para a Guatemala (MINUGUA), houve participação de policiais salvadorenhos de ambos os sexos.

CREOMPAZ E A POLÍTICA DE COOPERAÇÃO REGIONAL

Como forma de reduzir custos e coordenar melhor as diversas operações, uma tendência é a criação de batalhões conjuntos para a participação em missões de paz.[30] A ideia é reduzir custos, aumentar a colaboração entre os três países – El Salvador, Guatemala e Honduras – nas missões de manutenção da paz e contar com um preparo melhor das respectivas Forças Armadas. A formação do denominado Batalhão de Operações de Manutenção da Paz está sendo coordenada por meio da Conferência de Forças Armadas da América Central – CEFAC.

Para realizar um treinamento único para a região da América Central e dentro do proposto para a CEFAC, decidiu-se criar um centro educacional orientado para a capacitação das Forças Armadas da região para participarem em operações de manutenção de paz. Em 1º de junho de 2005 foi criado o Centro Regional de Manutenção da Paz (CREOMPAZ), com sede em Cobán, Alta Verapaz, Guatemala. Esse centro tem a missão de:[31] planejar e difundir instrução, capacitação e treinamento para militares, bem como para civis e cidadãos estrangeiros, com a finalidade de prepará-los para participar nas operações de manutenção de paz, em nível mundial, como capacetes e boinas azuis das Nações Unidas.

Os cursos ministrados são:

- Básico das Nações Unidas.
- Observadores Militares das Nações Unidas.
- Oficiais de Estado-Maior das Nações Unidas.

Até o momento, o CREOMPAZ tem fornecido os seguintes cursos, conforme descrito na Tabela 11:

---

[30] Ver: http://www.diarioadiario.com/?module=displaystory&story_id=7391&format=html.

[31] Ver: http://www.mindef.mil.gt/ftierra/cespeciales/entrenamiento/historia.html.

Tabela 11 - Cursos ministrados pelo CREOMPAZ

Tipo de curso	Número de cursos	Número de pessoas capacitadas
Cursos de Estado-Maior das Nações Unidas (Staff)	2	15
Cursos de Observador Militar das Nações Unidas	7	77
Cursos Regionais de MILOB	1	21
Curso de Chefes e Integrantes de Contingente	1	8
Cursos Básicos das Nações Unidas – Contingente Haiti	4	402
Cursos Básicos das Nações Unidas – Contingente Congo	3	315
Cursos de Polícias Militares das Nações Unidas	3	226
Curso de Intérpretes Civis	1	25
TOTAIS	22	1089

Fonte: Elaboração própria com informações da página da CREOMPAZ.

Os requisitos dos participantes dos cursos de treinamento para missões de paz são os seguintes:

Tabela 12 - Componentes de uma força militar de capacetes azuis (requisitos)

I. Observadores militares A. Oficiais de carreira com grau de capitão ou major. B. Nível de inglês de 70% escrito e falado. C. Excelente conduta e capacidade de trabalhar sob pressão. D. Boa saúde e condição física.
II. Oficiais de estado-maior da ONU A. Oficiais de carreira com grau de capitão ou tenente-coronel. B. Nível de inglês de 80% escrito e falado. C. Excelente conduta e capacidade de trabalhar sob pressão. D. Curso avançado de DEM (Diplomado de Estado-Maior).
III. Contingentes militares A. Pessoal voluntário. B. Nível de inglês aceitável para oficiais e pessoal de departamento. C. Boa conduta.

Fonte: Departamento de Informação e Divulgação do Exército – DIDE.

CONCLUSÕES E RECOMENDAÇÕES

Enquanto no México a incorporação de mulheres nas Forças Armadas tem sido lenta, na América Central essa incorporação tem acontecido relativamente sem maiores dificuldades e sem maior debate público sobre o tema.

A participação das Forças Armadas guatemaltecas, salvadorenhas e hondurenhas em missões de manutenção de paz das Nações Unidas tem contribuído para que o tema da igualdade de gênero venha sendo incorporado, relativamente sem dificuldades, dentro dos programas das instituições militares. Faltam mais investigações para esclarecer a profundidade desse compromisso na prática cotidiana dessas instituições, mas pelo menos no plano retórico parece ser uma realidade aceita.

Na Nicarágua, a incorporação das mulheres às Forças Armadas tem mais a ver com suas raízes revolucionárias. No caso da polícia, desde o princípio foram assentadas as bases para trabalhar com igualdade de gênero, o que, nesse caso, apoiava o trabalho de aproximação ao cidadão que a instituição tem como modelo. Seria interessante comparar o processo com as Forças Armadas, para verificar se essa atitude também se reflete no interior da instituição militar.

A ausência de informação pública, em geral, reflete a invisibilidade do fenômeno da participação da mulher nas instituições castrenses e, por consequência, o escasso valor que se empresta à sua incorporação, o que se percebe pela evidente falta de uma política institucional para a incorporação da igualdade de gênero nas Forças Armadas.

Isso leva, necessariamente, à urgência em contar com dados confiáveis para poder analisar as políticas de igualdade de gênero que são aplicadas nas Forças Armadas da região. Nesse sentido, para poder começar com uma sólida base metodológica comparativa, é oportuno recomendar a elaboração sistematizada de diagnósticos nas instâncias militares da América Central e do México sobre a igualdade de gênero, em um primeiro momento, para poder, depois, analisar o papel da mulher militar nas missões de paz internacionais. As experiências em El Salvador e Guatemala com o trabalho de organizações não governamentais em conjunto com as Forças Armadas no diagnóstico, concepção e incorporação de uma perspectiva de gênero na política institucional resultaram em êxito naquele momento. Nesse aspecto, existe um trabalho desenvolvido pelo CEMUJER direcionado a apoiar a política de gênero das Forças Armadas em El Salvador e na Guatemala; o IEPADES desenvolveu um processo amplo de diagnóstico sobre igualdade de gênero com a participação e cooperação do exército da Guatemala, que proporcionou insumos para uma estratégia de elaboração de uma política institucional na matéria, assim como propiciou um encontro internacional para estabelecer boas práticas comparativas.

Como conclusão, podemos indicar que, pelo menos no aspecto do discurso, a incorporação do enfoque de gênero nas missões de paz não encontra maiores obstáculos dentro das Forças Armadas da sub-região que nelas participam, ou seja, El Salvador, Guatemala e Honduras. Embora fosse esperada uma escassa participação de mulheres nos contingentes militares, como reflexo de sua participação minoritária nas fileiras militares da região, no caso da Guatemala, por exemplo, elas constituem quase 30%, entre militares e civis, do contingente enviado nos últimos cinco anos.

Esse dado reflete a possibilidade real e aberta para dar mais protagonismo às mulheres dentro das Forças Armadas, o que, por sua vez, é reflexo das políticas de inclusão desenvolvidas pelos organismos internacionais. Porém, para isso, requer-se, indubitavelmente, um incremento na participação das mulheres nos diversos âmbitos da atividade militar nos respectivos países. Nesse sentido, são recomendados atos que visem ao desenvolvimento de ações fundamentais, orientadas a proporcionar condições de igualdade e equidade no acesso a oportunidades para o desenvolvimento profissional e pessoal dos homens e mulheres que integram as Forças Armadas.

Uma estratégia que tenha essa finalidade deve levar ao desenvolvimento de objetivos, diretrizes e ações que derivem de dois pontos principais:

- Disposições institucionais.
- Fortalecimento da igualdade e da equidade entre homens e mulheres.

Tendo como fonte o estudo promovido pelo IEPADES (2001), dentre os objetivos para a promoção da igualdade de gênero nas Forças Armadas podem ser incluídos:

- Fortalecer o processo de incorporação da perspectiva de gênero nas Forças Armadas por meio da formulação de uma política institucional que garanta que as mulheres poderão participar da instituição em igualdade de condições com os homens.
- Fazer que as normas da instituição garantam igualdade de oportunidade a homens e mulheres no que se refere ao desenvolvimento profissional de cada um, sobretudo no que se refere a bolsas para capacitação, promoções e regras específicas.
- Melhorar as condições de infraestrutura para que sejam adequadas às necessidades específicas de mulheres e homens que estudam nos mesmos centros educacionais e de comando.
- Criar instâncias para dar continuidade à Política de Gênero, tais como Comissões de Gênero institucionais.
- Dar projeção às políticas institucionais com perspectiva de gênero nas relações dos militares com a população.
- Propiciar a criação de um espaço de verificação do processo e trâmite das denúncias feitas por pessoas que se sintam afetadas por decisões que podem gerar tratamentos desiguais, agressivos ou discriminatórios.
- Fomentar o fortalecimento de uma cultura de respeito e eliminação de conteúdos ou práticas que reforcem a desigualdade entre homens e mulheres.

- Promover a sensibilização e tomada de consciência sobre as desigualdades geradas pelas diferenças de sexo e promover uma cultura de respeito e trabalho em equipe no interior da instituição e em sua projeção na sociedade.
- Propiciar a aquisição de conhecimentos relativos a novas análises da realidade e ferramentas para a eliminação da desigualdade entre homens e mulheres. Isso implica mudar o enfoque dos conteúdos do currículo de estudos das academias militares, assim como alterar práticas que possam ser discriminatórias e incluir a temática de gênero como assunto transversal no ensino militar.

GÊNERO, FORÇAS ARMADAS E MISSÕES DE PAZ NO CARIBE[1]

Lilian Bobea[2]

INTRODUÇÃO

A crescente relevância das missões de paz nos cenários de conflito e de pós-conflito está na convicção sobre os benefícios potenciais do envolvimento das forças de segurança no redimensionamento dos papéis e funções de seu pessoal e ao desenvolvimento de suas capacidades administrativas, especialmente no manejo de missões não bélicas de promoção da paz e da segurança mundial. Consequentemente, nos últimos anos a participação das Forças Armadas latino-americanas em operações de paz aumentou em 747%, refletindo um envolvimento seis vezes maior do que o de outras forças em nível mundial, segundo informações do UN Department of Peacekeeping Operations (DPKO) das Nações Unidas.

Somada a essa tendência que se registra em todo o hemisfério, até o momento, as forças de segurança caribenhas tiveram uma representação muito pequena na atual geração de operações de paz de caráter multiagencial e multidimensional, nas quais confluem diversas vontades políticas e institucionais provenientes da região. Essa constatação não desconsidera a existência de experiências de envolvimento dos países do Caribe em missões relacionadas à manutenção (*peacekeeping*) e à construção (*peacebuilding*) da paz, algumas das quais tiveram como cenário a mesma sub-região caribenha.

---

[1] O presente artigo foi realizado como parte do projeto da RESDAL: *La mujer en las Fuerzas Armadas y Policia: una aproximación de gênero a las operaciones de paz*, financiado pelo Global Peace and Security Fund do Departamento de Assuntos Exteriores e Comércio do Canadá (GPSF-DFAIT). Foi apresentado no Seminário Internacional "A mulher nas Forças Armadas da América Latina e Caribe: uma aproximação de gênero às missões de paz". Guatemala, 11 e 12 de março de 2008. Agradeço, sobretudo, a Diana Thorbum, da Universidade de West Indies por seu apoio inestimável no estabelecimento de contatos para o levantamento de informações sobre mulheres nas forças de segurança e missões de paz no Caribe inglês. Tradução: Caroline Harfuch.

[2] Pesquisadora da FLACSO e membro da RESDAL.

Dessa maneira, em março de 1993, durante o golpe de Estado contra o presidente Aristide, foi empregada no Haiti a missão conjunta OAS/UN Missão Internacional Civil no Haiti (UNMICIVIH), de caráter civil, cujo mandato era o de avaliar a situação dos direitos humanos nesse país. Mais do que uma missão de manutenção de paz, tratou-se de uma missão de construção da paz. Esteve encabeçada pelo embaixador Colin Granderson, na ocasião diretor executivo da missão. Em uma breve entrevista realizada com o embaixador Granderson, ele nos confirmou a participação de várias mulheres provenientes de alguns países caribenhos no cargo de especialistas – não militares ou policiais – recrutadas de maneira individual pela OEA e pelas Nações Unidas.[3]

Como veremos mais adiante, os países do CARICOM se envolveram na missão UNMIH realizada no Haiti a partir de 1993 até junho de 1996 (RCS867), com o objetivo de contribuir para a modernização das Forças Armadas haitianas e para o estabelecimento de uma nova força policial. Devido a resistências institucionais internas, a missão não teve os efeitos esperados e seu mandato foi revisado para se ajustar ao novo cenário político que, no ano de 1994, abriu espaço às eleições no país. O CARICOM participou na missão UNMIH (antes da MINUSTAH) através das forças de defesa de Belize, Jamaica, Trinidad e Tobago, Barbados, Guiana e Jamaica, as quais serviram desde meados de 1994 até princípios de 1996, como parte dos batalhões I, II, III e IV. Os primeiros batalhões foram liderados pelos Estados Unidos e os últimos pelas Nações Unidas. O CARICOM deu apoio à operação "Uphold Democracy" realizada no Haiti em 1995, com a participação de 15 soldados da ABDF no batalhão II e com vinte soldados no batalhão III. Efetivos das forças de defesa de Belize também integraram o contingente enviado pelo CARICOM nos batalhões I, II, III e IV, com 35 soldados em cada batalhão. Em nenhum desses batalhões participaram soldados ou policiais mulheres como parte da tropa.

Outra experiência de operações de paz operada por um país caribenho envolveu quatro policiais: três homens e uma mulher provenientes da República Dominicana, os quais participaram como observadores militares na missão comandada pelas Nações Unidas em Kosovo (UNMIK). Posteriormente, o país participou da missão UNOCI, realizada no ano de 2004 na Costa do Marfim, com quatro observadores militares. Juntamente com a República Dominicana, o país caribenho que mais contribuiu em missões de paz foi a Jamaica, que enviou oito policiais à Libéria na missão UNMIL e, mais tarde, cinco policiais ao Sudão, na missão UNMIS.

[3] Entrevista realizada pela autora com o embaixador Colin Granderson, assistente do secretário geral, diretor de relações exteriores e da comunidade, CARICOM.

À margem dessas missões, as forças de defesa de alguns países do Caribe participaram em ações unilaterais de intervenção, ou seja, ações não comandadas pelas Nações Unidas, com o objetivo de estabelecer a paz e a estabilidade em cenários de crise dentro da região. Nessa linha, Antigua e Barbados participaram em uma ação regional em Granada, em outubro de 1983. A missão denominada "Operação Fúria Urgente", considerada pelos seus promotores uma missão de resgate, foi constituída por um esquadrão de 14 efetivos e permaneceu em Granada até o ano de 1985, com o objetivo declarado de conter a violência interna gerada em consequência do golpe de Estado e assassinato do primeiro ministro Maurice Bishop. Essa missão voltou a Granada em 1986, a pedido do primeiro ministro Helbert Blaize. Em agosto de 1990, a ABDF enviou outro esquadrão de doze pessoas como parte de outra iniciativa regional de manutenção da paz em Trinidad, logo depois de ocorrer uma tentativa de golpe de Estado proveniente das forças radicais muçulmanas contra o governo eleito do primeiro ministro A. N. R. Robinson (Phillips, 2002a).

Documentar essa trajetória é uma atividade em si mesma reveladora; por um lado, é preciso considerar os fatores internos e externos que condicionam a incursão das forças de segurança caribenhas em iniciativas de construção ou manutenção da paz. Essa é uma reflexão que conecta múltiplas determinações, entre elas: as questões relacionadas aos níveis de controle civil de caráter ampliado nos cenários locais, relativamente à tomada de decisões sobre as missões e aos papéis que deveriam ter as Forças Armadas de segurança; os níveis de transparência e *accountability* do setor de segurança e de defesa com relação ao resto da sociedade e à própria burocracia estatal, assim como os níveis de maturidade institucional dentro dos Estados em uma perspectiva vinculada às suas próprias políticas públicas de defesa e relações exteriores.

Por outro lado, a análise desses processos revela outro tipo de vazios complexos que interconectam as esferas institucionais, políticas e sociais, no que diz respeito às questões de gênero, classe e etnia na construção de um paradigma democrático de segurança.

Consequentemente, sendo um feito questionável a presença minimalista dos Estados do Caribe nas missões de paz, não menos dramática é a marginalização feminina militar/policial nas escassas missões de paz nas quais a região empregou suas forças de segurança, apesar do fato de que o cenário das missões de paz oferece uma estrutura de oportunidades favorável à promoção e qualificação de tal envolvimento. Essa condição reflete, além disso, uma contratendência relativa ao crescimento do papel das mulheres latino-americanas nas esferas públicas e nos âmbitos políticos e comunitários, contribuindo para estreitar as diferenças de gênero em termos pragmáticos e de atuação (Morgan, Espinal e Hartlyn, 2006).

Em termos gerais, a participação feminina tem sido escassa apesar dos compromissos assumidos pelos governos caribenhos a favor da Resolução

1.325[4] das Nações Unidas e seu incontestável apoio à profissionalização de seus membros e às possibilidades de impulsionar a dimensão de gênero na promoção das atividades que propiciem a paz, administrem a estabilidade e contribuam para a solução de conflitos nos cenários abatidos pela guerra e pela violência social, étnica, política, racial e de gênero. As missões de paz conduzem ao traçado de novos paradigmas de conflitos em benefício de novas perspectivas de segurança cooperativa. Como foi destacado por especialistas no tema, o envolvimento das forças de defesa dos países em missões de paz supõe a transparência de doutrinas, critérios, recursos e atuação, produzindo o duplo efeito de gerar confiança entre a comunidade de países e estimular modelos de controle civil e democrático em seu interior, na medida em que as decisões são assumidas e canalizadas a partir dos ministérios de defesa e das chancelarias até o Conselho de Segurança das Nações Unidas, um processo que descansa fundamentalmente na administração interagências de caráter civil (Diamint, 2006).

Como tem sido ressaltado por diversas instâncias relacionadas aos processos e operações de paz dentro das Nações Unidas, desde a conferência que se realizou em Pequim em 1994, gerou-se maior conscientização e crescente argumentação a favor da promoção dos interesses de gênero nos processos de negociação, construção e manutenção da paz, e nas iniciativas de desarmamento, desmobilização, reintegração e reconciliação. Essa aproximação supõe uma mudança de paradigma ao transversalizar (*mainstreaming*)[5] a dimensão de gênero a todas as funções que regem as organizações e estratégias envolvidas, começando pela própria Organização das Nações Unidas. Essas perspectivas tiveram um acolhimento progressivo no marco do redirecionamento da segurança humana e da crescente demanda por uma incorporação maior de atores não militares e não estatais nos processos mencionados. Em contraste, esses avanços não se traduziram em ações ou mudanças políticas no interior das instituições provedoras de segurança.

A discriminação e marginalização de gênero na conformação dos contingentes militares, policiais e burocráticos que integram as missões de paz não deixam de ter consequências pouco funcionais aos objetivos das missões e prejudiciais ao sucesso de um equilíbrio necessário na equidade de gênero dentro das Forças Armadas, o que coloca um obstáculo ao de-

[4] A SCR 1325 insta a todos os Estados membros do sistema das Nações Unidas a "velar para que se aumente a representação da mulher em todos os níveis de adoção de decisões das instituições e mecanismos nacionais, regionais e internacionais para a prevenção, a gestão e a solução de conflitos". Resolução 1.325 (2000)

[5] Transversalizar significa reconhecer as específicas necessidades de gênero, visibilizar a desigualdade e discriminação genérica e, ao mesmo tempo, colocá-las como um eixo transversal às políticas, estratégias e ações empregadas nas missões de paz.

senvolvimento de um novo tipo de liderança, envolvimento e aproximação mais democráticos frente aos problemas mundiais de paz e segurança.

Entre os objetivos primordiais declarados pelas Nações Unidas, ressalta-se o imperativo de estabelecer o equilíbrio e a transversalização de gênero dentro das missões multinacionais de paz, a partir do entendimento de que ambos os propósitos são consequências e, ao mesmo tempo, propulsores de uma igualdade de gênero maior.[6] Apesar dessa premissa consensual, que deu lugar à Resolução 1.325 do Conselho de Segurança há quase uma década, sua implementação tem sido inconsistente e limitada. Em grande medida, o problema reside no senso da própria Organização das Nações Unidas, na qual introduzir a medida de gênero supõe uma mudança de cultura organizacional e o desenvolvimento de protocolos e formas diferentes de pensar as ações realizadas e as políticas promovidas pela organização. Para dar um só exemplo, as recentes denúncias de casos de abuso sexual cometidos por membros das missões realizadas pelas Nações Unidas têm sido tratadas como um assunto de natureza puramente disciplinar e de ordem dentro da organização, e não como um problema que em grande medida encarna toda a complexidade das relações de poder *vis-a-vis* a perda de poder formada ao redor da questão de gênero entre o pessoal masculino utilizado e a população feminina a que essas pessoas vão assistir. A isso se agregam outros problemas de caráter mais burocrático: orçamento e pessoal reduzidos levaram, em algumas ocasiões, à confusão das estratégias de equilíbrio e transversalização (*mainstreaming*), o que implicou perda de enfoque institucional na dimensão mais complexa da equação. Em outras palavras, ainda no âmbito das Nações Unidas, o tema de gênero segue sendo uma área contestada.

Relativamente ao equilíbrio, como mostram as estatísticas, as mulheres apenas representam 5,79% do total das tropas empregadas em diferentes operações de paz. Nos cargos oficiais, as mulheres que ocupam posições de relevância são apenas 5,07% do total de oficiais de alta patente, e 7% ocupam posições intermediárias (ONU, 2006).

---

[6] *Mainstreaming a Gender Perspective in Multidimensional Peacekeeping Operations*. O equilíbrio alude a uma proporção no número entre mulheres que participam em missões e as patentes que elas ocupam. *Mainstreaming*, por outro lado, supõe um processo mais profundo de visibilidade e centralidade das diferenças de gênero existentes – sua consideração supõe o delineamento da forma como as organizações, incluindo as Nações Unidas, beneficiam-se, e a quem prejudicam as decisões tomadas, os recursos distribuídos e as políticas implantadas. Aqui utilizamos o conceito de que igualdade de gênero desenvolvido para mulheres se refere à igualdade de direitos, responsabilidades e oportunidades para mulheres e homens, meninos e meninas, como uma questão de direitos humanos e um indicador de desenvolvimento centrado nos indivíduos. (Ibidem, p.6)

Gráfico 1 - Staff feminino e masculino em cada categoria das missões de paz das Nações Unidas em progresso em Abril de 2000 (Dados baseados em relatórios enviados trimestralmente).

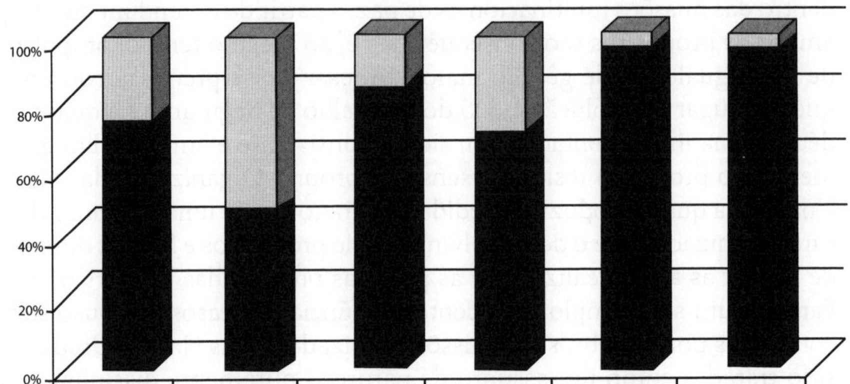

	Profissional	Serviços Gerais	Serviços de Campo	Staff Local	Pessoal Militar	Polícia Civil
Mulheres	261	234	134	1565	442	234
Homens	912	226	764	3675	14522	5573

Fonte: ONU-DPKO, 2000.

Recentes discussões entre representantes políticos e efetivos das forças de segurança dos Estados membros das Nações Unidas chegaram ao consenso de que a dispersão de oficiais femininas dentro das tropas de paz constitui um imperativo operacional, na medida em que sua ausência incrementa as margens de ações violentas e conflitos que envolvem mulheres, crianças e adolescentes civis. A presença de oficiais femininas, pelo contrário, contribui para criar confiança entre os setores de mais alto risco, articula agentes e agências comunitárias, e serve de modelo a outras mulheres em condições desprivilegiadas. Consequentemente, são evidentes as limitações encontradas nesse terreno, principalmente de caráter logístico, mas também relacionadas às violações dos códigos de conduta pela contraparte masculina e pelas decisões políticas, para incorporar de forma integral a dimensão de gênero e operacionalizá-la nas missões de paz. Nos cenários nacionais, em que são geradas as decisões de empregar forças transfronteiriças, as limitações podem ser mais sistêmicas, e geralmente têm a ver com a falta de vontade política para implementar agendas de reformas e transformações institucionais e confrontar uma cultura institucional fechada, vertical e sobretudo exclusivista.

Os participantes desse diálogo, que buscam colocar as mulheres em posição de comando, fizeram recomendações relativas às ações afirmativas para a promoção e o recrutamento de mulheres soldados e/ou policiais, assim como o emprego de incentivos em missões de paz e para o fortalecimento dos mecanismos de apoio na provisão de serviços e treinamento de mulheres oficiais envolvidas em tarefas de paz (ONU-UNIFEM, 2002). Essas propostas delineiam um desafio tanto no que toca aos governos contribuintes como dentro do próprio Departamento de Operações de Paz das Nações Unidas. As sérias limitações encontradas no transcurso dessa pesquisa, relacionadas à inexistência virtual de estatísticas separadas por sexo que ilustre a composição das tropas militares e policiais, corroboram para identificar as falhas na busca de equilíbrio e constituem um limitante importante para diagnosticar, avaliar e planificar as necessidades de políticas orientadas à promoção do equilíbrio de gênero dentro das forças de paz. Similarmente, insistiu-se na necessidade de incorporar pessoal feminino desde o início da missão, em lugar de dilatar a dispersão até o momento em que se estabelecem acordos de paz. Dessa maneira, as agentes podem ser, elas também, importantes no processo.

O afirmado até aqui se aplica tanto aos países com uma vasta experiência em missões de paz como para aqueles que tiveram um envolvimento exíguo, como é o caso dos do Caribe. À luz dessas apreciações é fundamental não só entender os contextos e fatores que até o momento possibilitaram a concretização desse mandato por parte das forças de segurança caribenhas, como também as possibilidades de executá-lo sob condições específicas. Não menos importante é determinar os possíveis impactos que teria sobre as sociedades e sobre as forças de segurança o redirecionamento de suas missões nessa perspectiva. A pergunta se apresentaria nesses termos: isso implicaria um benefício para o equilíbrio democrático das relações cívico-militares e para o necessário equilíbrio das Forças Armadas, ou isso agregaria um novo nível de envolvimento militar nas atividades não bélicas em seus países de origem, face, sobretudo, às preocupantes tendências de militarização ainda maior dessas sociedades?

A pergunta denota que o debate sobre a participação do gênero em missões de paz não está isento de controvérsias. Uma das premissas propugnadas para o incremento da participação das mulheres em missões de paz é o fato de que ela propicia um equilíbrio mais igualitário e não discriminatório dentro das forças de segurança. Essa perspectiva tem sido criticada por seu potencial efeito não desejado de aumentar o gasto militar e contribuir para expandir o setor de defesa, derivando num aumento da militarização dentro das sociedades.

Uma premissa fundamental para o recrutamento e expansão de contingentes femininos em operações de paz é a contestação aos condicionantes que os oficiais encontram dentro de suas próprias forças nacionais, aos obstáculos para a sua promoção interna e à sua participação ampliada nos níveis em que são tomadas as decisões ou de onde podem advogar por um tratamento focado em políticas discriminatórias não declaradas, mas semi-institucionalizadas.

Um chamado crítico em ambas as direções se sintetiza no preceito de tratar o setor e seus subcomponentes (nos quais se incluem as missões de paz) como políticas públicas de defesa e segurança sujeitas, portanto, ao escrutínio parlamentar e a controles externos, a debates políticos e auditorias orçamentais. Esse escrutínio abarca também os aspectos doutrinários e regulamentários que se evidenciam em desacordo com os valores e os preceitos democráticos propugnados pelas sociedades. Só assim as forças operacionais que respaldam as missões de paz podem ser consequentes aos mandatos que elas seguem.

CARACTERÍSTICAS DAS FORÇAS DE SEGURANÇA NO CARIBE

Vários estudiosos da problemática de segurança no Caribe dão conta da marcada heterogeneidade que define as forças de segurança caribenhas no que diz respeito à sua natureza, níveis de desenvolvimento, composição, complexidade e institucionalidade em um entorno geopolítico caracterizado por assimétricas configurações estatais e societais (Phillips, 2002b; Payne e Sutton, 1993; Young, 1986; Griffith, 1996; Payne, 1995; Klepak, 2007; Harriott, 2002; Bobea, 2002).

Em cada um desses países, tais forças variam em tamanho, conformação, estrutura e antiguidade. A região conta com sete países que possuem exércitos e uma grande parte dos restantes só possui uma polícia nacional. Muitos desses exércitos foram fundados há três décadas ou menos e alguns deles apenas constituem uma força nacional altamente dependente do apoio de sua metrópole. Alguns países caribenhos possuem ainda um *status* de território ultramarino sob a proteção de forças externas de segurança (Klepak, 2008). Os exércitos de Cuba, República Dominicana, Jamaica, Guiana e Belize representam o maior volume de forças localizadas na região. Por seu *status* de Estado livre associado, as Forças Armadas porto-riquenhas funcionam como parte das forças de defesa norte-americanas.

Praticamente desde sua formação, e ao longo de boa parte de sua evolução, essas forças estiveram a serviço de ditaduras ou de poderes com ascendência militar. Na maioria dos casos, constituíram um recurso de legitimação desses poderes por meio de práticas repressivas e violadoras dos direitos humanos, enquanto se beneficiavam de altos níveis de autonomia no que diz respeito ao controle e aos contrapesos civis provenientes do resto da sociedade. Políticas de segurança interna implantadas na região, especialmente com o apoio dos Estados Unidos, tenderam a militarizar áreas importantes da vida pública e social dentro dessas pequenas nações.

As transformações políticas em direção a sistemas mais democráticos na região – sem dúvida infestadas de ambiguidades e inconsistências – contribuíram, entretanto, para minimizar a centralidade que os exércitos tiveram no passado. Apesar disso, o objetivo de alcançar a supremacia civil pela via da intervenção nos processos de planificação, desenho e supervisão de políticas é um desafio não alcançado em grande parte dessas sociedades.

No contexto regional, algumas estruturas de defesa se encontram ainda transitando por processos de reforma e institucionalização. No caso da República Dominicana, por exemplo, não foi até muito recentemente que se esboçou uma proposta de política de defesa e segurança, a caminho de ser publicada junto à revisão dos regulamentos, doutrinas, estratégias e da lei orgânica do setor. Essa iniciativa tem por trás de si um histórico de pressão social, mas só foi possível concretizá-la a partir da diretriz traçada pelo poder executivo. Processos similares de revisão e reajuste ocorreram em Trinidad e Tobago e na Jamaica.

No que diz respeito às missões, na maioria dos casos se produziu um reforço dos papéis de segurança e controle internos, especialmente no que concerne ao campo da segurança cidadã. Dada a natureza doméstica das preocupações e ameaças desses pequenos Estados, seus exércitos estão, de maneira cada vez mais acentuada, envolvendo-se em atividades denominadas de "caráter não bélico". Entre elas destacam-se a intervenção e controle do fluxo e desmantelamento de redes de contrabando de drogas, pessoas e armas; a proteção a pescadores e a prevenção contra a contaminação das águas territoriais, mares e oceanos; tarefas de resgate; a provisão de ajuda durante situações de desastres; a assistência na manutenção dos serviços essenciais; o apoio às políticas de manutenção da lei e da ordem e o controle de migrações. Tal lista é interminável e se aplica, sem exceção, a todas as forças da região.

Essa multiplicidade de tarefas de caráter doméstico e regional tem sido redirecionada e reinserida no marco das reformas legais e normativas que regem o setor, institucionalizando de forma mais estrutural esse tipo de envolvimento, algumas vezes com pouquíssima retroalimentação de outros setores do setor público e da sociedade civil. Dada a indiscutível incidência dos Estados Unidos nas dinâmicas, atividades e configurações de segurança na região, essas tendências têm encontrado eco fora das fronteiras nacionais, no delineamento das missões do Comando do Sul dos Estados Unidos, que nos últimos anos intensificou seu intercâmbio regional com as estruturas militares nacionais através dos exércitos de treinamento, da interoperabilidade e do equipamento dos exércitos da região.[7]

---

[7] Em sua mais recente revisão estratégica, o USSOUTHCOM definiu sua missão de promover a segurança e a cooperação para alcançar seus objetivos, e sua visão para 2016 de "se transformar em uma organização conjunta e interagencial que busca apoiar a segurança, a estabilidade e a prosperidade nas Américas, visão que encarna a crença de que os desafios atuais na região requerem exame dos enlaces entre os associados e o trabalho coletivo para prover segurança, fortalecer a estabillidade e possibilitar a prosperidade nas Américas". Almirante J. Stavridis, Marinha americana, United States Southern Comand Strategy 2016. Agosto 2007.

Em face dessa tendência, é possível reconhecer que, em alguns países, os incipientes processos de reforma criaram expectativas e, em alguns casos, abriram possibilidades para a incorporação de setores da sociedade civil nos debates mais recentes do setor. Não menos certo é que o âmbito da defesa e segurança segue sendo, em grande medida, alheio ao escrutínio e à participação consistente da sociedade civil como um ator corresponsável pelas políticas públicas de segurança.

Essa condição é mais evidente nos momentos em que se produzem mudanças tanto nas estruturas como nas visões, missões, doutrinas e políticas internas. Como ilustração, recentemente originou-se dentro do regimento de Trinidad e Tobago uma discussão que se estendeu à opinião pública sobre a decisão do ministro de Segurança Nacional, Joseph Martín, de mudar o *status* de regimento para o de exército. O debate gerado ao redor da decisão colocou em evidência a autonomia com que se manejam as decisões no interior do setor. Um oficial aposentado comentou publicamente a respeito: "por muitos anos, houve e ainda há mais coronéis e tenentes-coronéis do que a configuração e volume da força requerem. Hoje, há onze oficiais com tais patentes. A prática vem desde os anos 70 e ainda continua, ou seja, premiar com patentes e logo buscar posições ou comandos para os oficiais promovidos".[8] Nessa perspectiva, tampouco o manejo da questão de gênero dentro das instituições militares escapa desse escopo fechado.

Quadro 1 - Forças armadas do Caribe

Guyana Defense Force (GDF): Constituída em novembro de 1965 com a ajuda do Reino Unido. Seus antecedentes são o British Guyana Volunteer Force (BGPF), a Unidade de Serviços Especiais (SSU) e a British Guyana Police Force (BGPF). O Women's Army Corp foi incorporado dois anos mais tarde, em 1967.
Jamaican Defense Force (JDF): Constituída em julho de 1962 a partir do regimento colonial West India Regiment (WIR). Formada por duas unidades regulares, uma unidade administrativa central, uma unidade de serviços e uma reserva.
Belize Defense Force (BDF): Iniciou-se em janeiro de 1978. O ingresso feminino deu-se em 1981.
Trinidad and Tobago Defense Force (TTDF): Instituída em 1962. O ingresso de mulheres se deu em 1980, com a formação do Women Detachment.
Fuerzas Armadas de la Republica Dominicana: Constituídas em 1930. O ingresso de mulheres se deu em 1961.

[8] Trata-se de Raffique Shah e sua fala, "We have always had an army", datada de 28.11.2004.

INSULARISMO *VIS-A-VIS* MISSÕES DE PAZ

Condicionantes particulares aos Estados e suas forças de segurança limitam a capacidade potencial de participação dos exércitos da região em missões de manutenção da paz. Alguns desses fatores são de caráter estrutural e outros são de caráter situacional. Com relação aos primeiros, os de considerável peso são os de caráter econômico, dados os limitados recursos disponíveis para equipar, capacitar e empregar forças extraterritoriais, e o tamanho e a natureza dos exércitos da região, com forças que apenas superam os três mil efetivos (com exceção de Cuba e República Dominicana), em grande medida sobrecarregadas pelas questões de segurança interna. Também não se podem desconsiderar outros condicionantes de tipo histórico-cultural não menos importantes:

- A constituição híbrida das forças de segurança caribenhas, produtos do processo de descolonização, mas que ainda no dia de hoje mantêm altos níveis de dependência econômica e logística de suas antigas metrópoles.
- Muitas formadas como forças constabulárias[9], cujos papéis se orientaram mais para a segurança interna e a garantia da integridade territorial do que para a defesa e apoio da política externa de seus países.
- Altamente influenciadas por uma cultura patrimonialista de caráter patriarcal e exercício centralizado de poder político, com projeções no interior das corporações, o que condicionou, por anos, a institucionalização e a profissionalização das forças de segurança.
- Uma tardia incorporação aos processos de reformas institucionais do setor de segurança, comparativamente ao resto da América Latina.

Essas condicionantes determinam um tipo de visão, valendo a aparente redundância, *insular*, no que toca à incorporação de novas missões orientadas à construção e manutenção da paz. Algumas delas tiveram um papel preponderante na autoexclusão da participação do esforço da MINUSTAH, como no caso da República Dominicana, por sua relação historicamente tensa com o Haiti, e no caso do CARICOM, pelas tensões produzidas entre essa unidade, a OEA e os Estados Unidos no marco da crise transnacional do Haiti, posteriormente à deposição de seu presidente eleito Jean Bertrand Aristide.

---

[9] Na Idade Média, constabulária é cada conjunto de dez cavaleiros dirigidos pelo senhor feudal oferecidos ao rei nos momentos de conflito.

ENGENDRANDO DESIGUALDADE: O COPO MEIO CHEIO OU MEIO VAZIO?

Paralelamente, ou nas entrelinhas do debate do que ocorre no campo das missões de paz, está a questão dos equilíbrios institucionais e políticos sobre a desigualdade de gênero. No transcurso da última década e meia tem-se registrado em nível mundial avanços nesse campo. Contudo, operacionalizar o conceito de ganhos de poder segue sendo um desafio quando se olha para suas manifestações concretas.

Em muitos casos, a aproximação mais assertiva parece reduzir-se à fórmula do *copo meio cheio ou meio vazio*. O certo é que, no vasto campo temático da desigualdade de gêneros, é possível afirmar que, como produtos dos movimentos feministas e dos processos de democratização mundial, abriram-se certas estruturas de oportunidades que possibilitaram uma participação política e econômica maior das mulheres. Entretanto, essa realidade varia quanto ao seu alcance, durabilidade e impactos na cultura política masculinizante, de acordo com o nível de desenvolvimento democrático, econômico e social do país, a posição da classe e a incidência de outros fatores não menos importantes, como o cultural e o religioso. O indicador mais relevante, em nossa opinião, é a mudança paradigmática que se observa recentemente nos cenários latino-americanos, com a substituição genérica de funções historicamente masculinizantes. Na presente década, pelo menos cinco mulheres passaram a ocupar a presidência em diversos países da região, e pelo menos sete foram nomeadas ministras da defesa na Argentina, Chile, Equador, Colômbia e Uruguai.

Entretanto, é controverso o fato de as mulheres serem uma incontestável presença dentro das estruturas partidárias e burocráticas e um componente determinante dos mercados de trabalho formal e informal, e o significado de sua participação nas instituições militares e de segurança ser irrisório.[10] De fato, constata-se que há pouca relação entre esses âmbitos de realização das mulheres e sua participação no campo da defesa e segurança, o que indica que a qualificação da participação no primeiro cenário não necessariamente implica a qualificação no segundo e, portanto, o objetivo de incentivar a participação das mulheres dentro dos componentes militares e policiais das missões de paz requer esforços e políticas específicas.

---

[10] Em casos como Belize, a participação de mulheres nos níveis de tomada de decisão está muito abaixo do da região. Estudos realizados no país indicam a sub-representação em áreas da administração pública, do serviço civil e da empresa privada. Como assinala o relatório, os papéis e práticas tradicionais, assim como a reclusão das mulheres dentro da esfera doméstica, inibem suas potencialidades de envolvimento em atividades que as permitam elevar seus níveis de tomada de decisão. Os partidos políticos não oferecem as oportunidades para que as mulheres avancem em suas carreiras e não há estímulos para que participem como candidatas eleitorais. WOM/1134. Disponível em: http://www.scienceblog.com/community/older/archives/L/1999/A/un990913.html.

Isso não oblitera a incidência de outros desenvolvimentos nos processos de abertura e inclusão. Sobre o assunto, há estudos que relacionam o ingresso de mulheres em instituições militares com o desprestígio das Forças Armadas no contexto dos regimes autoritários burocráticos, dado seu envolvimento em dinâmicas corruptas, desumanizantes e em guerras sujas, o que, em última instância, facilitou estruturas de oportunidades que tenderam a favorecer a incorporação de novos atores (Mathias, 2005).

Entre os fatores que contribuíram para mudanças tímidas nas práticas de exclusão se destacam a vigência de legislações antidiscriminatórias e medidas como o estabelecimento de cotas em muitos países latino-americanos e caribenhos. Entretanto, a persistente discriminação de gênero existente dentro das estruturas estatais está ligada, como indicam diversas fontes, menos a leis discriminatórias do que a práticas administrativas e burocráticas que dão apoio a uma cultura discriminatória dos papéis e *status* de homens e mulheres (ECLAC, 2001). O corolário que se desprende dessa observação é que é imperativo transcender a esfera do formal e do meramente legal. Basta dizer que esse é um campo virgem no que se refere à investigação e à documentação.

A TRANSVERSALIZAÇÃO DE GÊNERO DENTRO DAS FORÇAS DE SEGURANÇA DO CARIBE

Tomando como base o que foi dito, não é exagerado afirmar que a feminização da prática militar no Caribe é, desde o início, um fenômeno colocado no meio da encruzilhada: a encarnação de uma expectativa de inclusão e abertura encapsulada em uma realidade de constrangimentos.

Em contraste com as experiências transformadoras experimentadas pelos exércitos europeus e norte-americanos (Sebesta, 1994; Addis, 1994) em termos organizacionais, doutrinários, valorativos e de práticas, as FFAA latino-americanas, e particularmente as caribenhas, têm seguido um padrão mais conservador e certamente tardio em inovação, modernização e adaptabilidade. Em sua maioria, as instituições militares caribenhas tiveram sucesso apenas em definir e colocar em prática doutrinas autóctones adequadas à sua realidade social e geopolítica. Em alguns casos, carecem de políticas de defesa atualizadas e de aparatos burocráticos sofisticados e inclusivos que viabilizem a participação de civis, especialmente no desenho e monitoramento de políticas de defesa e segurança. Políticas de transparência e mecanismos de rendimento de contas não são considerados aspectos relevantes e imprescindíveis para o sucesso da legitimidade requerida para estabelecer um consenso cidadão sobre recursos materiais e humanos aplicados no âmbito da segurança, *vis-a-vis* outros tópicos da vida socioeconômica nacional. A pergunta: "em que medida a incorporação de mulheres ajudou em processos de reconversão institucional e, consequentemente, possibilitou uma melhoria na condição da mulher profissional?" parece estar sujeita à questão da natureza e função das FFAA nos contextos democráticos.

A pergunta não é redundante porque, como bem destacou Lorenza Sebesta (1994),

> existe o perigo de que o consenso favorável das mulheres sobre a abertura das FFAA com a intenção abstrata de facilitar a aquisição de seus direitos, desvie a atenção das debilidades reais que confrontam as FFAA e atue indiretamente como um paliativo para mantê-las tal como são na atualidade.

Como bem pontuou essa autora, "antes de tolerar a hipótese de abertura das FFAA às mulheres, é necessário questionar a natureza da instituição na qual as mulheres são chamadas a tomar parte, assim como a natureza do sistema político do qual ditas instituições são expressões" (p.41-42).

Para a maioria dos exércitos caribenhos que se constituíram como forças de segurança de suas antigas metrópoles e que foram tangencialmente influenciados por estas em seu padrão de integrar contingentes femininos quando as grandes guerras europeias produziram escassez de pessoal, a decisão de também recrutar mulheres dentro de seus minúsculos exércitos representou mais um sinal retórico de progresso e de modernização institucional do que de um exercício pleno de promoção profissional e mobilidade social feminina dentro das instituições militares. Por outro lado, sendo a conformação desses exércitos a expressão simbólica das aspirações de independência e soberania dos Estados emergentes, essas estruturas militares reproduziram uma arraigada cultura e independência patriarcal sustentada em uma incontestável trajetória de desigualdade e discriminação de gênero. Essa tendência pode, entretanto, mudar no futuro, por efeito dos fatores catalisadores em seguida discutidos.

Sem desconhecer as mudanças favoráveis registradas na presente década, a incorporação plena de mulheres na condição de soldados nas filas militares caribenhas e seus processos de mobilidade interna continuam sendo fenômenos muito recentes, assimétricos e diferenciados segundo os contextos de cada país, onde a nomeação como oficiais do estado-maior e o cumprimento de funções de comando continuam sendo excepcionais.[11] Nesse sentido, é relevante o fato de que na República Dominicana, quatro décadas depois de incorporar mulheres em suas fileiras, apenas meia dezena de oficiais ocupe uma alta posição dentro da macrocefálica hierarquia militar dominada por um generalato masculino.[12]

---

[11] Por incorporação plena entendemos o assumir funções e papéis hierárquicos de comando dentro da estrutura militar, assim como o exercício pleno de suas prerrogativas profissionais.

[12] Na República Dominicana existem atualmente mais de 150 generais ativos e mais de 400 aposentados, sendo que a força tem um volume de aproximadamente 45 mil oficiais e soldados rasos ativos.

Atualmente, todos os exércitos do Caribe recrutam pessoal feminino; entretanto, a tendência prevalecente é a de inseri-las em papéis com perfil doméstico (*housekeeping*) e fundamentalmente administrativos, limitando suas possibilidades de mobilidade ascendente e de hierarquia na linha de comando. Mesmo havendo experiências individuais documentadas de mulheres promovidas a posições importantes, tais iniciativas não correspondem a uma política consistente e integral de promoção de gênero no interior dessas instituições. Em outras palavras, é necessário institucionalizar esses processos integrando mecanismos de avaliação e impacto do desempenho dos oficiais em geral, e das oficiais mulheres em particular, a favor de institucionalizar as promoções, em lugar de torná-las resultado de uma iniciativa isolada de um superior.

Em geral, os processos de recrutamento, avaliação e promoção seguem sendo influenciados por práticas discriminatórias e seletivas que fomentam a desigualdade de gênero. Quase sem exceção, as integrantes das forças de segurança enfrentam vários "tetos" ou limitantes de tipo estrutural, cultural e interpessoal. Uma tendência tem sido o enquadramento do pessoal em unidades especiais, como o WAC ("Women Detachment" ou "Unidade Feminina"), que funcionam como um escudo protetor. Nesse campo, entretanto, registrou-se progresso nos últimos anos, como demonstra o caso da Guiana, onde se reconsiderou essa política; as oficiais estão distribuídas em diferentes forças, mesmo que ainda sejam tratadas como parte da coletividade designada pelo *Women's Army Corps* para fins administrativos, de acomodamento e de treinamento (Grainer, 2002). Essa subcorporação impõe uma identidade simbolizada com seu próprio emblema, bandeira e rituais.

A experiência guianense encontra ecos em outras nações do Caribe, onde o pessoal feminino pode encontrar-se espalhado entre os diferentes ramos da força e, ao mesmo tempo, ser considerado como um grupo separado. Consequentemente, o que aconteceu no Caribe no lapso de três décadas, desde que se integraram, pela primeira vez, as unidades de mulheres dentro das forças de segurança, pode ser caracterizado como uma transição ambivalente e bifurcada: uma considerável mudança quantitativa, contraposta a uma restrita mudança qualitativa. A concordância entre as duas tendências poderia resultar em uma mudança altamente favorável ao processo de institucionalização e, em última instância, à democratização do setor de segurança e de suas corporações. Consideramos que a incorporação de mulheres dentro das missões de paz possibilita essa conjunção e esse trânsito.

Em termos quantitativos, a participação das mulheres dentro das Forças Armadas do Caribe é variável: em Cuba as mulheres representam 20% da força, na República Dominicana entre 12 e 14%. Nos países que formam o CARICOM, oscila entre 10 e 12% e, em alguns casos, menos que 6%. Visto em termos positivos, a tendência de incorporar contingentes femininos pode ser resultado do efeito globalizante que os esquemas corporativos oferecem em países desenvolvidos, onde as Forças Armadas alcançaram um alto nível de profissionalização. Tal é a experiência da Espanha, onde as mulheres representam 20% da força, concentradas especialmente nas Forças Aéreas e na Infantaria, mas, sobretudo, onde se contam até 751 oficiais. Similarmente, 15% do pessoal das FFAA estadunidenses são mulheres e 17% compõem as reservas. A participação feminina dentro das Forças Armadas canadenses é de 17%, das quais 13% pertencem às forças regulares e 20% à reserva. Na África do Sul, são cerca de 20%.[13]

Da mesma maneira, a militarização feminina no Caribe é produto, em boa medida, dos processos de democratização que, em diferentes níveis, têm tido lugar no hemisfério e na região, das iniciativas de modernização institucional que derivam desses processos de abertura e inclusão, e do impacto da globalização.

Com respeito ao primeiro, no transcurso das últimas três ou quatro décadas, a maioria das sociedades do Caribe passou de regimes autoritários e/ou coloniais a democracias formalmente independentes.[14] Essas novas democracias sofrem, entretanto, de sérias deficiências institucionais e de vazios de respostas frente às demandas de igualdade social, econômica e política provenientes de suas constituições. Esse desencontro tem fomentado uma insegurança econômica, social e física maior entre os cidadãos. Ante essa crescente insegurança, as instituições responsáveis por enfrentá-la nem sempre foram capazes de ajustar-se adequadamente às mudanças de cenário. Seguindo esta linha, a questão "em que medida essas transações pós-autoritárias e pós-coloniais se traduziram em democratização – dentro e fora – de suas forças de segurança¿", ocupa lugar central nas discussões sobre gênero e segurança democrática.

A questão da institucionalização, por sua vez, também enseja uma pergunta não menos relevante, que tem sido introduzida por poucos estudiosos que olham a questão a partir da autopercepção, das atitudes e dos papéis das mulheres dentro das forças militares e/ou policiais: em que medida a cultura e a organização das estruturas militares possibilitam a igualdade de oportunidades e o desenvolvimento pleno de capacidades profissionais para as mulheres, na mesma proporção e magnitude que para os homens¿ São extremamente escassos os estudos que abordam a profundidade desses aspectos (Brown-Campbell, 1998). Também é pouco o que se conhece a respeito das percepções e atitudes das mulheres dentro das corporações militares e policiais, sendo mais frequente captar como a sociedade percebe o papel desses indivíduos, e não o inverso. Da mesma maneira, a

---

[13] Disponível em: http://www.mujereshoy.com, em 23.8.2004, e *Policy Dialogue to Review Strategies for Enhancing Gender Balance Among Uniformed Personnel in Peacekeeping Missions*, 2006.

[14] A Guiana se tornou independente em maio de 1966, convertendo-se em República em 23 de fevereiro de 1970.

informação estatística desagregada sobre mulheres dentro das estruturas militares ou policiais é praticamente inacessível ao público, ou inexistente, algo inexplicável numa época na qual a produção e a disponibilidade de informação transgrediram barreiras através da Internet.

Finalmente, os efeitos da globalização foram sentidos em vários âmbitos: por um lado, a internacionalização das missões e dos papéis militares oferece uma nova janela de oportunidades para a reingerência das forças nacionais, apoiando reformas institucionais (doutrinais), processos de racionalização e mudanças de visão estratégica com implicações no âmbito das relações cívico-militares (papel dos parlamentos, organizações civis, instâncias burocráticas). Nesse campo, a proliferação de cenários de pós-conflito fez ainda mais visível o imperativo da inclusão da dimensão de gênero, tanto do ponto de vista da transversalização das políticas, como do envolvimento de atores pró-ativos, especialmente no campo das iniciativas de Desarmamento, Desmobilização e Reintegração (DDR), assim como no das Reformas do Setor de Segurança (RSS), como parte do objetivo de prover e garantir segurança dos preceitos humanitários e democráticos. O desafio é mais evidente na medida em que a concepção tradicional da reclusão das mulheres ao espaço privado tem sido violentamente contestada pela realidade da guerra, pela vulnerabilidade das mulheres, crianças e adolescentes ante as epidemias, a pobreza, e a violência econômica, sociocultural e institucional. Frente a isso, não há alternativa segura a não ser construir a paz social sobre a base de novas relações de igualdade.

Portanto, essas aproximações basicamente reapresentam a questão da segurança em termos conceituais e operacionais: quem toma as decisões em matéria de segurança? A quem essas decisões afetam? Como essas aproximações podem mudar arraigados estereótipos de gênero que tendem a fomentar mais violência e insegurança?

No âmbito institucional, a tolerância ante a desigualdade de gênero fomenta outros tipos de desigualdades sociais e raciais. Orientar essa visão em favor de um setor de segurança mais democrático e participativo supõe mudanças nos processos de recrutamento, inclusão, compensação e reconhecimento que levem em conta a questão de gênero (INSTRAW, 2008). Dessa maneira, a transferência de papéis para o pessoal feminino nas missões internacionais constitui uma ponta de lança nessa reorientação para um setor de segurança mais transparente e participativo.

Dito isso, é necessário diagnosticar, por um lado, a composição genérica das forças de segurança da região frente aos processos de inclusão e exclusão que as definem. Em segundo lugar, é preciso analisar os condicionantes que inibem a participação das mulheres como um componente crucial das forças de segurança caribenhas nas missões de paz e suas implicações, tendo em vista que mudanças nesse campo engendram maiores oportunidades para estabelecer um equilíbrio de gênero no setor de segurança em seu conjunto.

A esse Respeito, a Resolução 1.325 das Nações Unidas é considerada um marco quanto ao propósito de promover a transversalização de gênero em iniciativas de paz e segurança, promovendo, ao mesmo tempo, maior e mais qualificada participação das mulheres em papéis de mediadores e responsáveis pela função de prevenção de conflitos, proteção de civis e construção da paz.

FEMINIZAÇÃO DO SERVIÇO MILITAR

No Caribe, mesmo que a tendência ao recrutamento e à conformação de unidades femininas tenha ocorrido de forma espaçada e progressiva (em muitos casos, em um lapso de tempo menor do que uma década depois da constituição de seus exércitos), esse processo foi pontuado por resistências e contraposições, refletindo o notado por alguns estudiosos: "as atitudes masculinas para com as mulheres mudaram mais lentamente do que as políticas oficiais, entretanto, uma integração compreensiva da mulher e a identificação de seus papéis têm sido uma tarefa difícil" (Granger, 2002). Uma rápida olhada nessa trajetória permite constatar esta proposição:

Guiana: o que foi dito se aplica perfeitamente ao caso das Forças de Defesa da Guiana (GDF), uma força constituída por 1.100 efetivos com uma reserva de 670 e 1.500 paramilitares (Guyana People's Militia), e que há quatro décadas estabeleceu como parte de seus componentes o Women's Army Corp (WAC), uma unidade constituída em 1967 por sessenta mulheres, dentro de uma força militar formada por quinhentos soldados, a qual, no momento de sua fundação, enfrentava conflito com seu vizinho, a Venezuela.[15] Dez anos mais tarde, essa força armada feminina chegou a recrutar 268 soldados. Em 1997, a WAC contava com um total de 260 soldados, número que foi baixando até reduzir-se a 190 mulheres soldados no mesmo ano. No ano de 2002, a WAC aumentou sua força para 260 mulheres, representando entre 10 e 13% da população militar em seu conjunto, incluindo as reservas (Granger, 2002).

A integração condicionada desse componente no corpo militar foi exposta, desde sua concepção, na atribuição do papel que a WAC deveria ter: "prover um corpo de mulheres oficiais treinadas como uma reserva rápida em tempos de emergência e para reforçar e substituir o elemento regular em tarefas de não combate", mas que, assim que treinadas, passavam o resto do tempo em casa. Como destaca David Granger, em termos conceituais, essas reservistas "temporárias" podiam ser eventual-

[15] De acordo com David Granger, em Janeiro de 1967, poucos meses depois que a Venezuela tomou a ilha de Ankoko – território guianense –, quatro mulheres – a capitã Joan Granger e as oficiais cadetes Brenda Aaron, Clarissa Hookumchand e Hyacinth King – iniciaram seu treinamento em habilidades de campo, manejo de armas e treinamento físico dentro da GDF. No mês de fevereiro, outras 56 cadetes já haviam sido recrutadas.

mente desincorporadas, caso sua posição fosse considerada redundante ou desnecessária. Apesar disso, uma porcentagem das mulheres aceitas foi progressivamente passando do papel de reservista para as forças regulares, na medida em que a situação da segurança nacional se deteriorava e se incrementava a demanda pelo emprego de forças. Foi em um contexto de ameaças no âmbito da defesa que as mulheres adquiriram treinamento como combatentes, compatibilizando a suposta intencionalidade de sua formação, expressa em uma ocasião pelo primeiro ministro da Guiana, Forbes Burnham, ao pontuar que "ainda que talvez as mulheres devessem ter como primeira opção atividades secretariais, elas devem entender que são soldados, e o preço que devem pagar pela igualdade em sua participação dentro da GDF é ter a habilidade de fazer tudo o que os homens podem fazer, tão bem ou melhor que eles".

Entretanto, a partir de seu recrutamento inicial, fez-se explícito que as mulheres soldados seriam empregadas em posições não relacionadas ao combate. Os argumentos para restringir os papéis femininos aludiam às condições físicas assumidas como não adequadas para as tarefas militares, apreensões sobre seu comportamento em um território ideologicamente masculinizado e construções socioculturais sobre o feminino.

Apesar dessas restrições, no entorno internacional demarcado pelos emergentes movimentos feministas e pela agenda das Nações Unidas na projeção das questões de gênero, as mudanças se fizeram sentir dentro das Forças Armadas guianenses. Em 1975, a aceitação de duas oficiais formadas pela *Embry Riddle Aeronautical University*, da Flórida, como pilotos-membro do corpo aéreo da GDF, e o incentivo de estender ao segmento feminino os treinamentos nas escolas britânicas de aviação e de estudos especializados significaram mudanças nas políticas mais conservadoras no relativo à questão de gênero. Em nível nacional, a extensão do treinamento a oficiais mulheres também funcionou como uma porta de entrada para certo nível de profissionalização. Em meados dos anos 70, quatro soldados mulheres foram admitidos no curso regular para oficiais (SOC), como uma precondição à sua promoção a cadetes oficiais. Entretanto, como se sublinhou em outro momento, somente três mulheres alcançaram o posto de tenente-coronel, que é o quarto posto na escala hierárquica (Granger, 2002).

Sobre os princípios atuais da GDF, nominalmente as mulheres têm o mesmo *status* que os homens em termos salariais, de treinamento e de privilégios. A documentação oficial destaca, inclusive, que os soldados mulheres são submetidos ao mesmo regime disciplinário e de sanções que seus companheiros homens.[16] Entretanto, como bem observa Granger, a GDF não dá

---

[16] "The New Road, a short history of the GDF 1966-1976". Disponível em: http://www.gdf-gy.org/TNR5.htm.

garantias de que as oficiais cheguem a exercer todas as possibilidades que a escala de patentes e funções oferece para seus membros masculinos.

Saint Kitts e Navis: na Saint Kitts e Navis Defense Force (SKNDF), as mulheres eram apenas 15 oficiais em 1995, e só uma delas ostentava uma posição hierárquica como suplente, enquanto as restantes engrossavam as reservas. No ano 2000, quando as forças que compunham o exército totalizavam 200 indivíduos, o número aumentou para 39 mulheres, sem que se produzissem mudanças na distribuição de patentes (Phillips, 2002).

Jamaica: a Jamaica Defense Force (JDF) se constituiu no ano de 1962, a partir do que foi o West India Regiment (WIR), por sua vez uma herança do regimento colonial britânico que pode ser traçada até 1975. Segundo o *The Military Balance* (2007), a JDF é formada por sete unidades operativas: uma força combatente, com dois batalhões de infantaria regulares; uma unidade armada de apoio ao combatente, com um segmento aéreo, de guarda-costas e um regimento de engenharia; e uma unidade de apoio aos serviços de combate e um batalhão de logística. No total emprega 2.380 oficiais e soldados ativos, e uma reserva de 953, que servem a uma população de 2.758.520 habitantes. A Unidade de Mulheres que faz parte da JDF se formou em 1976, como uma subunidade do Batalhão de Apoio e Serviços. No momento, a JDF conta com 24 soldados mulheres e a patente mais alta ocupada por mulheres é a de major.

Nos anos recentes, progressos têm sido registrados no relativo à política de gênero dentro da instituição. Mais mulheres tiveram a oportunidade de treinar em academias locais e estrangeiras. Em alguns casos, esses treinamentos favoreceram membros novos. Tal é o caso da tenente Toniann Black, considerada a mais jovem dentro do corpo de oficiais da JDF, e recentemente graduada pela Royal Military Academy Sandhurst, da Grã-Bretanha, onde completou o curso de *Commom Commissioning*. Segundo Black descreve sua experiência, ao ingressar na força, teve a liberdade de selecionar e dedicar-se à academia, para aspirar à posição de oficial em vez de entrar como soldado raso.

A substituta Black treinou por cinco meses no posto de treinamento da JDF em Newcastle, St. Andrew, antes de passar pela RMA. Em uma entrevista concedida a um dos meios de comunicação jamaicanos, Black se referiu à sua experiência de ter sido designada para a posição de sargento maior da companhia como parte dos exercícios finais de seu treinamento, com a responsabilidade de garantir todos de sua companhia. Ao finalizar sua formação, Black foi reconhecida e premiada como a cadete oficial mais promissora. Foi reintegrada à JDF como oficial depois de poucos meses de seu retorno e, no momento, serve de apoio ao assistente adjunto para o Batalhão Central de Serviços, retendo os papéis e responsabilidades do posto para o qual está prevista ser a próxima ocupante. Na opinião da tenente Black, "nada mudou no que diz respeito à minha impressão da Força antes de minha integração. A disciplina e os altos requerimentos que existiam antes se mantêm atualmente. Minha expectativa como oficial da JDF é ser constantemente desafiada e alocada nos lugares que me permitam ver e conduzir-me em diferentes situações; espero aprender com esses desafios" (http://www.jdfmil.org).

Além da JDF, a Jamaica conta também, dentro de suas forças de segurança, com a Jamaica Constabulary Force (JCF), responsável por garantir a segurança pública nacional. Entretanto, a JCF é relevante para nosso estudo, porque as forças empregadas em missões de paz estão inteiramente compostas por agentes policiais e, dentro destas, participaram mulheres policiais. A JCF se formou no ano de 1867, com um efetivo de 984 policiais sob o comando de um inspetor geral nomeado pelo governador britânico na ilha. No ano de 1949, ingressou a primeira policial mulher de todo o Caribe inglês. No ano de 1989, ocorreu a promoção da primeira mulher ao cargo de A.C.P., Mrs. Winnifred Hall-Wray. Nesse mesmo ano, estabeleceu-se o Centro de Investigação sobre ofensas sexuais. Em 1991, foi eleita a primeira mulher para servir dentro da Federação da Polícia. Em 1992, pela primeira vez uma mulher, a comandante substituta Simpson-Clemetson, comandou uma guarda de honra formada somente por oficiais masculinos na abertura do *Home Circuit Court*.

Até o ano de 2001, a totalidade do efetivo das Forças Armadas era de 7.940 policiais, dos quais 1.204 eram mulheres, representando uma porcentagem de 17,8%. No ano de 1998, nenhuma mulher ocupava a posição de comissionado ou de subcomissionado. A distribuição do pessoal feminino dentro da JCF era a seguinte:

Tabela 1 - Distribuição do Pessoal dentro da JCF, 1997-1998

Patente	Quantidade de mulheres	%	Descrição da posição
Assistente do Comissionado	2	15,3*	Encarregada de áreas e sucursais.
Superintendente	3	7,5	Administradores de nível médio. Encarregadas da formação da polícia e de divisões.
Deputy Superintendentes	11	9	Encarregadas da formação e de divisões.
Assistente do Superintendente	4	36,3	Encarregadas de operações sobre fraude, crime organizado.
Inspetores	26	7,8	Encarregadas de estações e unidades.
Sargentos	67	9,1	Encarregadas de estações e unidades.
Cabos	123	11,2	Realiza tarefas gerais da polícia.
Soldados	698	18,3	
Total	942	15,0	

*Relativo ao total dos empregados nessa categoria em toda a polícia.
Fonte: Brown-Campbell (1998).

Em entrevistas internas realizadas por Brown-Campbell, oficiais externaram as dificuldades que enfrentam para serem transferidas para posições consideradas do domínio masculino, como patrulhamento, condução do tráfico, esquadrões especializados, especialmente na área de combate ao crime (*Special Anti-Crime Task Force*) e na reserva móvel, uma unidade de elite no combate ao crime. Em termos gerais, dentro da instituição considera-se que essas são tarefas que as mulheres não podem conduzir com o rigor necessário; existem arraigados estereótipos de gênero que impõem às mulheres a pressão de incorporar códigos de conduta, códigos de vestir e atitudes que, em juízo destas, possibilita maior aceitação de suas capacidades e lhes permite competir no mesmo nível que os homens.

Com frequência, um discurso desdobrado sobre a distribuição natural dos papéis que acompanham o exercício laboral dentro da instituição respalda-se um código de duplo padrão que se resume no clichê de que as mulheres têm "papéis diferentes, mas iguais" (Brown-Campbell, 1998). No referido estudo, perguntou-se a opinião que as oficiais têm sobre suas capacidades para realizar as mesmas tarefas de combate e risco que assumem suas contrapartes masculinas: 87% das entrevistadas responderam positivamente e 13% negativamente. Ante a pergunta mais concreta sobre as funções operativas que estariam dispostas a realizar em áreas de alto risco (patrulha de emboscada, patrulha marinha, guarda-costas para pessoas VIP etc.), 43% das entrevistadas declararam que trabalhariam em todas as áreas, 7% consideraram que fariam tudo, menos patrulha em áreas de risco, e 7% não iriam como encarregadas de um centro de patologia forense (Brown-Campbell, 1998, p.22).

Em julho de 2004, a Jamaica enviou um contingente de dez policiais à Libéria, para integrar, por um período de dois anos, a missão de paz das Nações Unidas (UNMIL) empregada nesse país com uma tropa aproximada de 15 mil promotores da paz, para enfrentar uma guerra civil iniciada nos anos 80, que ceifou mais de 250 mil vidas e deslocou metade da população do país. Desse contingente, o último grupo que retornou continha duas mulheres, a detetive superintendente Oberlene Smith Whyte e a detetive sargento Claudette Duncan.

As participantes valorizaram sua experiência como desafiante e satisfatória, dados os desafios que tiveram que encarar em um país convulsionado pelo conflito, as enfermidades, a escassez e a falta de leis. Consideraram que haviam recebido um sólido treinamento em seu lugar de origem e se beneficiaram da direção de altos oficiais dos países mais desenvolvidos. Tanto a detetive superintendente Oberlene Smith Whyte, que serviu como *deputy chief of staff*, como a detetive sargento Claudette Duncan, manifestaram seu interesse em servir outra vez na mesma missão: "Penso que fizemos um grande trabalho contribuindo na missão de paz, e gostaria de motivar outros policiais a participarem", afirmou a última.[17]

Contexto político e gênero: apesar dos altos níveis de desempenho e formação acadêmica que registram importantes setores dentro da população feminina da Jamaica, eles não se traduzem em um reposicionamento nas esferas de poder e de tomada de decisões. Ainda se observam disparidades no âmbito da representação política. Mesmo tendo sido a posição de primeira-ministra ocupada por uma mulher dois anos atrás, ainda existe uma grande disparidade de gênero na composição do Congresso e dos governos locais, onde as mulheres apenas são 11,7% do total de parlamentares na Câmara Baixa, e 23,8% (seis mulheres de 21) representantes no Senado. No nível dos governos locais também se registra uma consistente subrepresentação de mulheres, onde 15% do total das candidaturas eram de mulheres em 1998, e 19% em 2001. Para as eleições gerais de 2007, o partido People's Nacional Party (PNP) só havia incorporado uma cota de dez mulheres candidatas, em contraste com cinquenta homens. O Jamaica Labour Party (JLP) só incorporou sete candidatas, contra 53 candidatos masculinos (Disponível em: www.edac.org, 2007).

Belize: Belize conta com uma população total de 287.084 habitantes, dos quais a população feminina representa 50%. A porcentagem de lares chefiados por mulheres diminuiu nos últimos anos de 39,3%, em 2003, para 28,8%, em 2006. O emprego de força feminina também decresceu de 20,7%, em 2003, para 12%, em 2007 e a taxa de desemprego de mulheres é duas vezes mais alta do que a de homens (Hon, 2007). Apesar de a Constituição de Belize explicitar a não discriminação por razões de sexo, idade, raça ou religião, a política de gênero no setor de segurança nem sempre favoreceu as mulheres.

No âmbito institucional militar, onde o total da força é ao redor de 1.050 efetivos (*The Military Balance*, 2007), o pelotão feminino se configurou em meados dos anos 80, dois anos depois da constituição da *Belize Defense Force*, com uma força de trinta recrutas em serviços de escritório e almoxarifado, médicos e policiais. Paulatinamente (1997), a tropa feminina aumentou sua representação para cinquenta oficiais, uma ocupando a patente de major, a mais alta até o momento. Algumas voluntárias passaram a formar a força marítima, aérea e algumas como cadetes (Phillips, 2002). A constituição estabelece o tratamento não discriminatório de sexo, raça ou religião.

Apesar da rara ocupação do posto de ministro da Defesa por uma mulher, Hon. Sylvia Flores, o recrutamento de pessoal feminino não tem sido uma das prioridades da BDF, onde se estabeleceram quotas de ingresso para mu-

[17] Jamaica Gleaner, "More Jamaica Constabulary Force (JCF) members for duty in Liberia". August 2, 2006.

lheres. Em agosto de 2003, a instituição aumentou sua força com 88 novos soldados, depois de lhes haver treinado por um período de 16 semanas. Em seu discurso de comemoração ao ingresso dos novos soldados, a ministra insistiu no propósito de seu ministério em aumentar as capacidades técnicas, o capital humano e as diretrizes da força, e declarou:

> hoje estamos formando uma classe de 88 soldados, entre os quais é contundente a ausência de mulheres. Se bem respeito e sustento os limites numéricos impostos pela nossa Constituição, devo também reconhecer a necessidade de que não socavemos a presença de mulheres capazes em cada novo ingresso em nossa instituição. É um fato que a quantidade atual dentro da força regular representa uma carência de mulheres que devemos corrigir nos próximos ingressos e recrutamentos.[18]

Formação e treinamento: os treinamentos dentro da BDF são de três tipos: treinamento inicial, treinamento de campo, treinamento local e intercâmbio, e treinamento no exterior. O pessoal com aptidões para a mecânica pode se especializar como engenheiro. Para fins de promoção, as recrutas se qualificam depois de terem recebido cursos por um período de dois anos. Os candidatos para a promoção devem passar por diferentes exames para ascender a um treinamento sobre liderança e administração, na base de Coral Harbor, e de formação em instituições civis (Phillips, 2002).

No ano passado, cinco cadetes, de um total de 55 graduandos da academia militar da BDF, eram mulheres. A hierarquia da BDF considera formação especializada de seus cadetes um valor agregado à instituição. Assim confirma o Brig. Gen. Lloyd Gillett: "Esperamos que o melhoramento da arquitetura intelectual da força se traduza em uma liderança melhor, uma administração melhor da força e melhores oportunidades para nós, porque também abre portas para um treinamento melhor desses oficiais". Da mesma maneira, a formação é entendida pelas mulheres como um recurso que potencializa sua mobilidade interna. Nos últimos anos, mesmo que de maneira limitada, as mulheres foram incorporadas nos cursos de formação básica. Um exemplo disso é a cadete Jaime Lord, participante de um dos cursos de engenharia: "Tenho a expectativa pela experiência e tudo o que a BDF pode me oferecer relativo ao treinamento, e espero que no ano que vem possa ir à Academia da Força Aérea, para me treinar como piloto". Outro soldado, Justine Swift, é uma das sete cadetes que atualmente se formam nos Estados Unidos. Segundo ela, "é uma honra e um privilégio ser uma das primeiras mulheres de Belize que representam a Belize West Point".

Trinidad e Tobago: A Trinidad and Tobago Defence Force (TTDF) se formou em 1962, imediatamente depois que o país obteve sua independência da

[18] BDF Intake 44 graduates 88 new soldiers. Ministério da Defesa de Belize. Belmopan — 18 August, 2003.

Grã-Bretanha. Atualmente conta com um ativo de 4.212 efetivos, a maioria concentrada no exército de terra. Destes, 3.791 são homens e 421 são mulheres. Essa força serve a uma população de 1.065.066 habitantes.

Participação feminina na força: o ingresso de mulheres deu-se por conta do ditame do ministro de Segurança Nacional, em 20 de junho de 1980 que, seguindo a recomendação do Gabinete, acordava que em maio do mesmo ano se iniciaria e estenderia o recrutamento de mulheres para a força por um período de seis meses (de julho a 31 de dezembro). Previamente, em novembro de 1979, o comandante do corpo de defesa consignou em um memorando interno o seguinte: "as mulheres devem formar uma unidade separada da Força de Defesa (o *Woman Detachement*), estruturada de acordo com as normas do regimento de Trinidad e Tobago, mas desempenhando papel de não combatentes".[19] Essa condição, desde o início, estabeleceu uma diferença salarial entre homens e mulheres, pela qual, dada a condição de não combatente, os membros da vertente feminina recebiam um salário inferior ao dos homens de mesma patente. Outras contradições resultaram tão evidentes no documento, que foram notadas pelos próprios signatários. Assim, outro parágrafo do memorando, relativo aos deveres, diz que as mulheres devem ser empregadas em tantas diferentes áreas quanto seja possível, e não devem ser confinadas a deveres clericais, mas também integradas às atividades da guarda. Obviamente que isso apresentava uma contradição com a condição estatutária de pertencer a um batalhão especial (*Woman Detachment*), o que em si mesmo limitava as possibilidades de promoção para o pessoal feminino. Portanto, a recomendação foi de que essa situação demandava "alta flexibilidade da parte dos responsáveis pelas promoções" ou, em outras palavras, introduzia um elemento de informalidade no tratamento desse pessoal. No que toca ao alistamento, mais parecido com o dos homens, estabeleceu-se um período de três anos para as mulheres, com a possibilidade de realistamento por um período subsequente de três anos. No momento do alistamento, as aspirantes deveriam ser solteiras e estar dentro da idade requerida, condição igualmente demandada aos homens. Entretanto, durante os três primeiros anos de serviço, a gravidez foi tomada como uma condição que as retiraria do serviço. Depois dos três primeiros anos de serviço, as grávidas poderiam ser sujeitas às regulamentações que regem o pessoal feminino dentro de qualquer serviço público.

Atualmente, a força feminina dentro da TTDF se distribui da seguinte forma: 67% (279 oficiais) se concentram no Exército, 30% (128 marinheiros) formam parte da Guarda Costeira, e 3% (14 mulheres) estão na Força Aérea. Em termos de hierarquia, do total de 179 altos oficiais de

---

[19] Memorando TTDF 3/11 Sub 1.

toda a força, somente 18 mulheres ocupam patentes de alta hierarquia, em contraste com 161 homens. Dessas 18 oficiais de alta patente, 13 pertencem à repartição do Exército, três à Guarda Costeira e duas à Força Aérea. No Exército, as patentes que ocupam são tenente-coronel (1), major (1), capitão (2), tenente (4) e segundo tenente (4). Quando analisada a composição etária da força, constata-se a tendência de as mulheres se aposentarem antes dos homens. Assim, o grosso dos membros femininos se concentra nas patentes de idades de 18 a 24 anos, e de 25 a 31 anos, comparativamente com a maioria dos homens, que continua nas forças em grande quantidade até idades oscilantes entre 39 e 44 e mais. Por outro lado, observa-se que as mulheres ascendem mais rapidamente do que suas contrapartes masculinas, concentrando-se a maioria das oficiais entre as idades de 18 e 31 anos, o que, por sua vez, parece ser funcional ao aceleramento de sua aposentadoria, enquanto a maioria dos homens oficiais se concentra em idades entre 25 e 44 anos.

Tabela 2 - Distribuição por idade e sexo nas FFAA de Trinidad e Tobago

Idade	Homens	Mulheres
18-24	992	131
25-31	1.281	188
32-38	642	67
39-44	562	14
45-50	316	12
51-55	7	0

Fonte: Trinidad and Tobago Army, 2008.

De acordo com a TTDF, os soldados mulheres recebem a mesma capacitação que os homens, com possibilidades de modificações determinadas por um corpo de chefes de defesa. Entretanto, o mesmo documento estabelece que o treinamento para as recrutas resume-se a um período de três semanas, já que não inclui manejo de armas e outras capacitações às quais são submetidos os homens. Toda oficial cadete, ou potencial oficial sem experiência militar, deve treinar localmente antes de qualquer treinamento no exterior. Ainda assim, estabeleceu-se que todos os acampamentos militares devem contar com facilidades para o treinamento de um pequeno batalhão de mulheres. A segregação de homens e mulheres civis e militares nas instalações também foi estabelecida como precondição para a incorporação de mulheres nas forças.

Antígua e Barbuda: a Antigua Barbuda Defense Force (ABDF) estabeleceu-se no momento em que Antígua e Barbuda obtiveram independência da Grã-

-Bretanha, em 1981 (Phillips, 2002). Atualmente, conta com uma força de 170 efetivos para a proteção de uma população de 69.108 habitantes (*The Military Balance*, 2007).

Efetivo feminino na ABDF: as mulheres foram incorporadas no momento em que a ABDF se estabeleceu, inicialmente, com um grupo de doze soldados. Similarmente ao padrão de incorporação dos demais países do Caribe, as mulheres ficaram encarregadas de funções administrativas e burocráticas. Em 1996, o pessoal feminino aumentou para 233 e, em 1999, ocuparam posições de alta patente, como oficial assistente e chefia. Até o final dos anos 90, nenhuma mulher havia sido incorporada ao serviço de guarda-costeira (Phillips, 2002).

Treinamento: como na totalidade do Caribe, o treinamento e a formação de alto nível dessa força apoia-se fundamentalmente em escolas e bases internacionais. Parte da chefia se capacitou em Kingston, Canadá, no Canadian Land Force Command and Staff College, e outra no Royal Britannia Naval College, em Dartmouth, Grã-Bretanha. Do pessoal feminino, só uma cadete frequentou o curso especializado na U.S. Coast Guard Academy de Connecticut, Estados Unidos, para uma formação de quatro anos.

Bahamas: a Royal Bahamas Defense Force (RBDF) se estabeleceu em 1979, sete anos depois de o país ter obtido sua independência por meio do Ato de Defesa n.7. Desde 1992, seu principal centro militar se situa no sudeste da ilha de New Province, onde também se encontram instaladas as forças da Guiana Defense Force. Os antecedentes da RBDF partem da *Bahamas Defense Company* e da *Volunteer Force*, estabelecidos durante a Segunda Guerra Mundial e desarticulados depois dela. Um ano depois de sua formação, erigiram uma Unidade Militar de Operações. Atualmente, conta com um pessoal de 860 efetivos, dentro dos quais aproximadamente setenta são mulheres. O orçamento militar representa 1,2% do PIB das Bahamas (Phillips, 2002). Essa Força serve a uma população de 303.790 habitantes, segundo dados do *The Military Balance* de 2007.

As mulheres ingressaram na força em outubro de 1985, como produto de uma decisão ministerial. O primeiro grupo consistia em 16 jovens cadetes que ingressaram para substituir oficiais da marinha encarregados de tarefas administrativas em terra. No início de 1989, entretanto, as mulheres já haviam ocupado diferentes papéis dentro desse serviço, incluindo deveres executados em alto mar e participação no Departamento de Operações da Força (Phillips, 2002). De acordo com Dion Phillips, em 1986, dez mulheres foram estacionadas em navios da Defense Force, e, segundo narrou uma das oficiais em ação, o maior obstáculo que a força enfrentou com essa decisão foi resolver os problemas de acomodação. No ano de 1986, 54 mulheres estavam servindo, cinco delas eram oficiais. A suplente Cheryl Bethel e a chefe suplente Gaye Major foram as primeiras oficiais dentro da RBDF (Phillips, 2002). No mês de agosto do ano 2000, uma das oficiais foi promovida ao cargo de coronel suplente, sendo essa a patente de maior investidura de uma mulher até o momento. Como bem observa Phillips, a RBDF parece ser a única força de defesa da região que envia mulheres para o alto mar de maneira regular.

Treinamento: como nos casos anteriores, a formação especializada dessa Força está no apoio que países como o Canadá, Estados Unidos e Grã-Bretanha oferecem através de suas academias. Também recebem treinamento de outros países caribenhos que compõem o CARICOM e através de sua participação nos exercícios de interoperabilidade. A participação das mulheres nesses treinamentos é limitada. As oficiais femininas que ocupam postos de hierarquia receberam seu treinamento para oficiais na Britannia Royal Naval College e no HMS Colingwood, instituições designadas para treinar mulheres na força naval.

República Dominicana: o ingresso de mulheres pela primeira vez na história das FFAA dominicanas aconteceu no ano de 1961. Em 1966, havia aproximadamente vinte mulheres realizando trabalhos de secretaria e cozinha. Em meados dos anos 70, mais mulheres ingressaram como professoras de inglês nas instituições educativas, tanto no Exército como nas Forças Aéreas. Essa situação se manteve até início dos anos 80. Então, as escassas mulheres que se alistaram foram recrutadas sob a categoria de assimiladas.[20] No ano de 1981, criou-se o Corpo Médico Feminino, que incorporou o primeiro grupo de oficiais composto por quatro mulheres: duas provenientes do Exército, uma da Marinha de Guerra e uma da Força Aérea, com cargos de tenente e capitão. No decorrer dessa trajetória de mais de duas décadas, as mulheres oficiais realizaram essencialmente funções profissionais e, apesar do fato de que seis oficiais foram promovidas à posição de general e general de brigada, nenhuma delas possui funções de mando; nenhuma mulher ocupa posição de direção apesar de cumprirem com os requisitos que esses postos demandam. Nenhuma mulher dirige um batalhão ou uma brigada e, em sua maioria, estão confinadas a posições de auxiliares.

A médio prazo, não parecem existir as condições institucionais ou a disposição por parte de liderança masculina militar e política para posicionar as mulheres em cargos de direção, conforme declarou um oficial de alta patente das FFAA. Por muitos anos, a incorporação feminina não refletiu necessariamente os processos de modernização institucional. Como foi dito

[20] De acordo com a atual Lei Orgânica das FFAA, considera-se assimilados "todo pessoal da classe civil que, amparado por uma nomeação do Poder Executivo, e em virtude de uma profissão, arte ou ofício, preste serviços ou trabalhe na Forças Armadas, ou em uma de suas dependências onde requerem seus serviços, com os direitos, deveres e exceções a respeito dos militares em serviço ativo, exceto as sanções disciplinares e privativas de liberdade, que serão substituídas por multas". Lei Orgânica das Forças Armadas da República Dominicana, Art.33, submetida ao Senado da República em 5 de julho de 2002, p.6.

em outro momento, tais iniciativas corresponderam, e em muitos aspectos ainda correspondem, mais à busca de legitimidade do que a processos de mudanças estruturais,[21] corroborando assim para a observação de Elisabetta Addis, no sentido que "a iniciativa de abrir as Forças Armadas para as mulheres ajudou a restabelecer a legitimidade das FFAA, que em muitos países havia entrado em crise de consenso público durante a década de 1970" (Addis, 1994, p.xxiii).

Reconhece-se, entretanto, que, na última década, as condições de profissionalização militar feminina registraram avanços em certos aspectos. Algumas oficiais superiores consideram que houve avanços no fato de as mulheres agora receberem patentes correspondentes aos anos de serviço, e não à sua formação militar. De acordo com uma oficial com mais de 25 anos de serviço: "Atualmente, as mulheres podem entrar na academia militar, e em alguns casos, têm podido realizar cursos de estado-maior para oficiais superiores. Esses cursos são dirigidos para treinar fisicamente e preparar estrategicamente os indivíduos que eventualmente assumirão posições de mando. Entretanto, para as mulheres que foram beneficiadas com tais cursos, o fato de assumirem posições de direção é outra história".[22]

Na opinião de várias oficiais que ostentam altas posições, "nas FFAA atuais há um tratamento mais igualitário no que diz respeito às patentes". Todavia, em termos reais, essas mulheres poderiam estar exercendo funções de chefes do estado-maior, na direção de academias e instituições de treinamento ou como responsáveis de algumas das divisões. Enquanto alguns oficiais homens alegaram a impossibilidade de que uma mulher dirija uma academia militar "por não existir, no momento, mulheres com formação e capacidades militares suficientes para educar outras", as próprias mulheres consideram "complicada" a possibilidade de que uma mulher comande um batalhão de treinamento para forças de combate ou operações especiais.[23]

Na atualidade, as Forças Armadas contam com um volume de 45 mil efetivos, sendo que, desse número, 6.682 são mulheres. O pessoal feminino se distribui da seguinte maneira em cada força:

- Exército Nacional: 2.369.
- Marinha de Guerra: 1.326.

---

[21] O afirmado é negado, pois seu eventual impacto em ambas as dimensões, especialmente no que diz respeito a efetivamente abrir espaços de participação que tradicionalmente têm sido fechados às mulheres, assim como ampliar a capacidade da instituição militar introduziu inovações.

[22] Entrevista realizada com uma general de brigada, 7.10.2003.

[23] De fato, as próprias entrevistadas desconheciam até mesmo se havia condições adequadas de alojamento nos campos de treinamento nas montanhas para que as mulheres pudessem ter exercícios especializados.

- Força Aérea Dominicana: 2.987.
- A DNCD tem trinta mulheres pertencentes a uma das três instituições.

Promoção: as promoções do pessoal feminino seguem sendo excepcionais. Entretanto, em meados de 2007, a Direção Nacional de Drogas designou a capitã Raysa de La Cruz como encarregada desse organismo na zona nordeste do país. As declarações dadas pela DNCD indicaram que "é a primeira mulher, desde que foi fundada essa instituição, escolhida para dirigir uma divisão tão importante como essa". O diretor do organismo encarregado de executar a política antidrogas na República Dominicana declarou que "esse é um reconhecimento da capacidade mostrada pelas mulheres que trabalham na DNCD. Essa nomeação é uma mostra de que a mulher dominicana tem capacidade, igualmente em qualquer posição. Se olharmos ao redor, há mostras em quantidade, especificamente nas áreas da administração pública e no setor privado. Um exemplo claro são as juízas e fiscais de nossos tribunais e no Ministério Público".

Formação e Treinamento: as mulheres que estudaram como oficiais de combate ingressaram na academia militar no ano de 2001. Somente uma, graduada em El Salvador, é piloto de helicóptero; outra é piloto de avião graduada no país. A primeira tem a patente de primeiro tenente e a outra de segundo tenente, o que significa que as promoções de mulheres a posições de combate são novas. Como generais, há duas mulheres no Exército Nacional, uma médica e outra advogada. Na Força Aérea há duas oficiais, uma engenheira geógrafa e outra médica. Na Marinha de Guerra também há duas mulheres no oficialato.

Legislação relativa à dimensão de gênero: pela primeira vez na história institucional das Forças Armadas dominicanas, definiu-se e publicou-se a Estratégia Militar Dominicana (25.11.2007), a qual inclui uma linguagem e uma perspectiva de gênero que vale ser destacada. "assumimos como princípios institucionais: o cumprimento da Constituição e das leis; o patriotismo; a não-beligerância; a legitimidade; o respeito à hierarquia; a obediência, eficácia e espírito de corpo; o respeito aos Direitos Humanos; a preservação dos recursos da nação; a unidade de ação; o caráter preventivo da ação militar e o respeito à igualdade de gênero".

Esse decreto, de n.2-2008, que data de 2 de janeiro de 2008, põe em vigência o Regulamento Militar Disciplinário. O novo regulamento integra uma linguagem sensível à distinção de gênero ao estatuir que "fica estabelecido no presente regulamento que quando se mencione comandante, superior, subalterno, assimilado, membro ou qualquer outra denominação dentro do ambiente militar, refere-se ao pessoal masculino e feminino das Forças Armadas". Também seu artigo 49 estabelece que "todo tipo de treinamento militar será aplicável a ambos os sexos e somente em casos justificados e determinados por autoridade competente poderá aceitar-se alguma exceção".

Os artigos 46, 47 e 48 do Regulamento se referem ao tratamento especial do pessoal militar em estado de gravidez, sublinhando que estará "excluído qualquer missão que requer o emprego de esforços físicos consideráveis ou que por outras circunstâncias induzam ao aborto ou impeçam o desenvolvimento normal do feto". Um desses artigos expõe a possibilidade de retirar as oficiais de suas funções quando grávidas. Também exime esse pessoal das seguintes tarefas durante e depois da gravidez: treinamento físico ou esportivo, paradas, desfiles, formações militares ou outras atividades que requeiram a permanência em pé, a execução de esforço físico, aguentar ou carregar objetos pesados (armamentos, volumes etc.), atividades que impliquem risco físico, exposição à radiação, a condições insalubres ou contaminantes, manobras militares, serviço noturno de qualquer tipo, provas físicas, práticas ou elevações de tiro. Finalmente, inclui uma norma sobre a não tolerância às práticas de assédio sexual que possam ocorrer dentro da instituição.

Tabela 3 – Equilíbrio de gênero dentro das forças de defesa no Caribe

Força de defesa	**Total das forças**	**Quantidade de mulheres nas forças**	**Em porcentagem**
Guyana Defense Force (GDF)	3.240*	260	7,9
Jamaica Defense Force	3.783	214	5,6
Fuerzas Armadas de la Republica Dominicana	45.000	6.682	14%
Trinidad y Tobago Defense Force	2.700		
Belize Defense Force	1.850*	50	2%
Barbados Defense Force	1.040		
Antigua Barbuda Defense Force	245	23	9%
Royal Bahamian Defense Force	860	54	6%

*Inclui forças paramilitares e reserva.

Tabela 4 - Limitações ao ingresso feminino nas forças de defesa caribenhas e estratégias de combate

Áreas de Problemas/Limitações	Estratégias
1) Políticas inadequadas, leis orgânicas, papéis e regulamentos. 2) Falta de programas de educação para superiores, líderes femininas existentes e futuras gerações. 3) Falta de programas de integração/plano/ oposição a mobilidades ascendentes. 4) Falta de força para tomar decisões/ poucas mulheres em níveis superiores de liderança. 5) Falta de alojamentos físicos (infraestrutura). 6) Falta de aceitação, áreas fechadas/falta de integração. 7) Sistema de corpo. 8) Falta de políticas contra hostilidades sexuais. 9) Esforços escassos de recrutamentos/falta de programas de recrutamento. 10) Parca estratégia de retenção/falta de políticas para a mulher com filhos, mulheres que querem ter filhos e mães solteiras. 11) Falta de instalações para o cuidado dos filhos. 12) Falta de programas de retenção e políticas para manter as mulheres qualificadas. 13) Falta de acesso a trabalhos com armas de combate. 14) Duplo padrão para homens e mulheres. 15) Falta de unidade entre mulher e mulher nos assuntos de modernização militar. 16) Falta de oportunidades de trabalho.	1) Revisão das leis orgânicas, das políticas atuais, e dos papéis e regulamentos existentes. 2) Desenvolver estratégia e plano de treinamento educacional que inclua uma liderança relevante, treinamento técnico e profissional para lideranças superiores femininas e para a "nova geração". 3) Desenvolver um plano de integração que motive os líderes superiores femininos e a "nova geração" a ingressar nas academias. 4) Demandar representação feminina na tomada de decisões. 5) Desenvolver um programa de cuidado para assistir mulheres com filhos. 6) Desenvolver programas educacionais para homens em posições de decisão. 7) Estabelecer um grupo do país caribenho semelhante ao Comitê Assessor da Mulher no Serviço do Departamento de Defesa dos Estados Unidos (DACOWITS). 8) Desenvolver estratégias para abrir campo na carreira militar para as mulheres. 9) Desenvolver um caminho mais definido na carreira militar da mulher. 10) Melhorar a infraestrutura para alojar as mulheres. 11) Oferecer incentivos para reter as mulheres mais bem qualificadas. 12) Colocar a mulher em posições para as quais esteja treinada e qualificada para fazer. 13) Desenvolver estratégias de recrutamento para atrair mais mulheres às Forças Armadas.

Fonte: Memorandum "Primera Conferencia Anual Regional de las Mujeres en las Fuerzas Armadas de Centroamérica y el Caribe", República Dominicana, 15 jan., 2001.

Tabela 5 - Regras para o ingresso das mulheres nas forças de segurança

Legislação nacional	Legislação específica às FFAA e à Polícia
Guiana: • State Paper on Equality for Women (1976) Assegura o tratamento igualitário entre homens e mulheres nos empregos, com o propósito de tornar ilegal a discriminação por sexo no emprego, treinamento, educação e provisão de serviços • Equal Rights Act – ERA- (1990) Converteu em crime qualquer discriminação de gênero, raça, religião e status. • Prevention of Discrimination Act – PDA- (1997) Torna ilegal a discriminação no emprego, treinamento, recrutamento e participação profissional, bem como discriminação com base em responsabilidades familiares, gravidez, matrimônio. Inclui o assédio sexual como discriminação de gênero.	• Defense Act ( )
República Dominicana: • lei 24-97 de 1997. Tipifica e pune a violência intrafamiliar/ doméstica.	- Regulamento Militar Disciplinário. decreto n.2-2008, 09.01.2008, rege matéria disciplinar. - Estratégia Militar (25.11.2007) a partir da Diretiva de Segurança e Defesa, emitida mediante o decreto 189-07 de 03.04.2007, incorpora a equidade de gênero como um dos valores que definem a instituição.
Belize: • Política Nacional de Gênero Aprovada pelo governo em 2003, identifica as desigualdades experimentadas por homens e mulheres e propõe ações para a correção das disparidades de gênero. • Ata contra a Violência Doméstica, 1993 Emenda ao Código Criminal que inclui a violação marital e sentencia os violadores sexuais. • 1996 – Ata contra Assédio Sexual Para proteger as mulheres nos lugares de trabalho e instituições. Foram propostas emendas para facilitar processos em casos de assédio.	
Jamaica: • Domestic Violence (Amendment) Act, 2004 • Actas Contra el Tráfico de Personas (Prevención, Supresión y Sanción), 2007	• Defence Act - Manual of Military Law (1962).
Trinidad and Tobago:	• Defense Act

Tão importante como é esse marco legal, sua implementação tem sido menos assertiva. Tampouco tem estado acompanhada do desenvolvimento de códigos de conduta e menos ainda da definição de políticas de gênero transversalizadas nas instituições.

MISSÕES DE PAZ: UM TERRENO FÉRTIL?

Conceitual e pragmaticamente, as missões de paz se articulam com o objetivo de alcançar, manter e garantir a segurança pessoal, comunitária e intrassocietal de segmentos populacionais expostos a situações de risco e de extrema vulnerabilidade – derivadas de conflitos armados – e violência provenientes tanto de atores violentos armados não estatais, paraestatais e estatais, como de confrontos entre grupos étnicos, religiosos e promotores de limpeza social.

As missões de paz oferecem, provavelmente, o terreno mais adequado para a operacionalização de um conceito ampliado de segurança, o qual transcende uma aproximação militarista e estatocêntrica, na medida em que a maioria das vítimas nesses cenários de guerra é civil e o esforço de restabelecer transcende o do envolvimento de atores oficiais. Essa perspectiva foi enriquecida nessa década com o redimensionamento da segurança humana como um conceito inclusivo, complexo e expansivo, e da conceituação da Reforma do Setor de Segurança[24] como uma proposta holística e articuladora de políticas, mecanismos, atores e procedimentos que compõem o setor de segurança.[25]

---

[24] A reforma do setor de segurança (SSR, em inglês) supõe um reenfoque a partir da aproximação tradicional com ênfase na segurança do Estado, a favor da perspectiva de garantir primordialmente a segurança dos indivíduos. Envolve uma série de instituições oficiais, algumas das quais têm o mandato de exercer a força, caso necessário, em prol da segurança, incluindo-se as forças que integram as missões de paz. Outras instituições estatais são responsáveis por monitorar e acompanhar os processos de administração da força, sendo as mais notáveis as legislativas, os ministérios de defesa e interior, os comitês parlamentares, os ministérios das relações exteriores, entre outros. Também participam as instituições encarregadas de fazer que a lei seja exercida, como sistemas de justiça, sistemas penais, policiais e judiciais. Finalmente, uma série de atores não-oficiais, nacionais e internacionais de caráter civil corporatizado em associações e organizações de caráter comunitário incidem no seguimento, contrapesos, financiamentos e promoção dos processos de reformas institucionais e políticas. Recentemente, produziu-se um consenso entre as comunidades que fazem políticas multilaterais, burocráticas, acadêmicas e societais sobre a necessidade de abordar as reformas de segurança a partir de uma visão compreensiva que inclua o político, o econômico e o institucional.

[25] Por setor de segurança se entende o conjunto de organismos que tem o poder de exercer ou fazer uso legal da força, o que inclui as forças militares e policiais, o setor judicial, oficiais civis, ministros e relacionados.

Desde 1948 até o momento, as Nações Unidas lideraram aproximadamente sessenta operações de paz de caráter multinacional, multissetorial e multiagências, compostas por civis, policiais civis, peritos e observadores eleitorais, ativistas de direitos humanos, comunicadores, entre outros. As agendas dessas missões contêm multiplicidade de responsabilidades, tais como assistência humanitária, concretização de acordos e concertos, supervisão de processos eleitorais, monitoramento de direitos humanos dos indivíduos em risco e violações de diversos tipos. Até o ano de 2007, as Nações Unidas haviam empregado 92.200 pessoas em 112 países, incluindo o Caribe, África, Oriente Médio e Ásia.[26]

Entre as funções a serem realizadas pelo pessoal militar ou policial autorizado por Estados e organismos internacionais correspondentes por efetivar os parâmetros e códigos da missão, as mais comuns consistem em estabilizar situações, monitorar o cessar-fogo, supervisionar o desarmamento de forças combatentes, proteger a população e as entregas de ajuda humanitária, estabelecer o estado de direito e apoiar a reestruturação dos sistemas policiais e jurídicos (ONU-DPKO, 2000).

Nesse contexto, o Departamento de Operações de Paz das Nações Unidas (DPKO) enfatiza o papel positivo desempenhado pelo pessoal feminino envolvido nas tarefas de manutenção da paz, especialmente garantindo proteção em ambientes de crescente vulnerabilidade para segmentos populacionais que incluem mulheres, idosos, crianças, adolescentes e outros agentes pró-ativos. Na perspectiva das Nações Unidas, dada a diversidade de âmbitos que interconectam, e a multiplicidade de atores que envolvem as missões de paz, a inclusão de mulheres nesses processos resultou em uma "diferença positiva", ao melhorar e aumentar o acesso de mulheres locais e contribuir para diversas habilidades no conjunto da missão, redundando em benefícios em prol da prevenção, mediação e solução de conflitos. Isso levou a conhecer o impacto e a necessidade do estabelecimento de um equilíbrio e uma transversalização da dimensão de gênero dentro das missões.

As forças de defesa caribenhas têm tido um reduzido – e pouco conhecido – envolvimento e treinamento em missões de paz. Dentro da região, alguns países participaram de experiências menos ortodoxas de manutenção da paz, as quais não necessariamente seguiram as linhas de consenso do sistema das Nações Unidas.

Como mencionamos no início, entre setembro de 1993 e junho de 1994, os países do CARICOM participaram na missão de paz da UNMIH, composta militarmente por tropas provenientes de 24 países latino-americanos e caribenhos. Entre os últimos, estiveram presentes: Antígua e Barbuda, Argentina, Bahamas, Barbados, Belize, Guatemala, Guiana, Honduras,

---

[26] *Women, War, Peace and Peacekeeping*. Disponível em: http://www.womenwarpeace.org.

Jamaica, Suriname e Trinidad e Tobago. Entre os países que contribuíram com contingentes policiais estão: Argentina, Barbados, Saint Kitts e Nevis, Santa Lúcia e Suriname.

Essa missão foi precedida por uma intervenção militar autorizada pelas Nações Unidas (UNHCR 940) com o mandato de usar todos os meios necessários, incluindo a força militar, para assegurar a saída do governo de fato e restabelecer a ordem constitucional e democrática no Haiti. A operação Uphold Democracy consistiu no emprego de uma força multinacional militar (MNF) liderada pelos Estados Unidos com o objetivo de estabelecer a ordem e o governo constitucional do presidente Jean Bertrand Aristide. Seus objetivos foram neutralizar a oposição armada e criar um ambiente seguro para o governo legítimo, restabelecer a ordem civil e preparar as condições para a nova missão (UNMIH).[27]Apesar de ter sido sugerido que esse formato de operações de intervenção e estabilização pudesse ser classificado como uma modalidade de assistência à manutenção da paz em sociedades de transição e em um contexto de pós-Guerra fria (Dobbings, 1995), elas estão condicionadas ao uso da força, uma contestação polêmica dentro das Nações Unidas. Mais além, essa missão, e as que a seguiram (UNSMIH, de julho de 1996 a julho de 1997; UNTMIH, de agosto a novembro de 1997 e MIPONUH, de dezembro de 1997 a maio de 2000) não tiveram os resultados pacificadores esperados. Os países do CARICOM participantes — Belize, Jamaica, Trinidad e Tobago, Barbados, Guiana, Antigua e Barbuda e Bahamas — formaram parte dos batalhões caribenhos I, II, III e IV que foram empregados a partir de 12 de setembro de 1994 até janeiro de 1996. Como é sabido, os primeiros batalhões formaram parte da força multilateral (MNF), comandada pelos Estados Unidos e os dois restantes na fase seguinte da UNMIH (Phillips, 2002).

Antígua e Barbuda: entre 1985 e 1986, Antígua e Barbuda empregaram forças policiais em Granada como parte da operação Urgent Fury, encabeçada pelos Estados Unidos e apoiada por uns poucos governos do Caribe inglês, qualificada como de manutenção da paz pelos governos participantes e solicitantes. Em meados de 1990, a ABDF empregou um pelotão de doze efetivos em Trinidad, também como parte de uma operação considerada de manutenção da paz, em um cenário de crise produzido após a tentativa de golpe de Estado promovida pelo movimento radical Black Muslims contra o então governo eleito do primeiro ministro A. N. R. Robinson (Phillips, 2002).[28] Apesar de essas intervenções terem sido qualificadas na região como operações de manutenção da paz, é preciso considerar que não respondem

---

[27] BENTLEY, D. *Operation Uphold Democracy: Military Support for Democracy in Haiti.*

[28] A ABDF havia participado também em uma missão considerada de resgate: *Urgent Fury*, em outubro de 1983, com um esquadrão de 14 homens em Granada, logo depois do assassinato do primeiro-ministro Maurice Bishop.

aos critérios estabelecidos pelas Nações Unidas na categorização desse tipo de missão.

Bahamas: foi um dos países do Caribe que participou junto com outras 24 nações nas forças de paz do Haiti no ano de 1994, com o objetivo de restabelecer a constitucionalidade nesse país. Bahamas enviou quatro contingentes (Phillips, 2002).

Tabela 6 - Tropa da RBDF empregada no Haiti

Segundo tenente	Segundo tenente	Tenente comandante	Tenente comandante
Clifford Scavella	Wesley Rolle	Edison Rolle	David Duncombe
35 soldados	37 soldados	37 soldados	38 soldados

Fonte: Phillips, 2002.

Belize: também como parte do expediente caribenho, soldados da BDF participaram no CARICOM I, sob o comando do tenente-coronel Linton Graham, da Jamaica Defense Force. Entre os meses de outubro e dezembro, estiveram a cargo das operações de segurança nas áreas onde as tropas norte-americanas desembarcavam equipamentos para um total de 21 mil soldados. Entre suas missões também esteve a de apoiar a repatriação dos 6 mil haitianos presos em Guantánamo e em Bahamas, assim como em atividades de desarmamento e atividades de reconstrução. Outro contingente de soldados participou no Haiti em 1994. Vários dos participantes dos batalhões receberam condecorações e reconhecimentos em seus países por sua participação nas missões de paz.

A participação de Belize continuou através do emprego de contingentes no CARICOM III e IV, estes últimos treinados no Haiti. A responsabilidade do CARICOM III foi a de assistir aos poderes civis na proteção de atores políticos e nas áreas de segurança relacionadas à preparação das eleições (Phillips, 2002).

Tabela 7 - Força multinacional no Haiti: participação do CARICOM

U.S. Forces – 21.000 - Out. 94	Guatemala – 134 - Out. 94
U.S. Forces – 18.000 - Nov. 94	Costa Rica – 11 - Nov. 94
U.S. Forces – 6.000 - Mar. 95	IPM (non-U.S.) – 665
CARICOM – 295 - Out. 94	Brown & Root
Bangladesh – 1.049 - Out. 94	Svcs Corp. – 1.800

Fonte: Phillips, 2002.

Tabela 8 - Composição das forças do UNMIH

U.S. Forces – 2.400	Índia – 120
Argentina – 15	Nepal – 410
Bangladesh – 1.050	Países Baixos – 135
Canadá – 474	Paquistão – 800
CARICOM – 275	Suriname – 36
Djibouti – 430	CIVPOL – 900
Guatemala – 120	Brown & Root – 1.800
Honduras – 120	

Fonte: Elaboração da autora, a partir dos dados de www.un.org/depts/dpko.

República Dominicana: enviou um contingente de quatro policiais ao Kosovo, como parte da missão combinada, na qual a OTAN participou com funções de desmilitarizar o território e restabelecer a lei e a ordem. A UNMIK começou em junho de 1999, com o mandato de exercer a administração interna, assumir a autoridade executiva, a administração da justiça e a preparação do terreno para o processo eleitoral.

A partir de 2006, a República Dominicana tem participado da missão United Nations Operation in Cote D'Ivoire (UNOCI), na Costa do Marfim, com quatro observadores. A UNOCI se estabeleceu em fevereiro de 2004, para amparar a resolução 1528 e para substituir a MINUCI, uma missão política estabelecida em 2003, com o mandato de implementar os acordos de paz firmados pelas partes. A responsabilidade da UNOCI foi a de usar todos os meios necessários para o fim das hostilidades de grupos e movimentos armados, desmantelar as milícias, DDR, repatriação e reassentamento dos refugiados, identificar a população apta a votar, proteger o pessoal da ONU, monitorar o embargo de armas, apoiar eleições livres e transparentes, e estabelecer a lei e a ordem. O pessoal ativo até novembro de 2007 consistia em 9.159 efetivos uniformizados, 195 observadores militares, 1.130 policiais, 406 civis, 573 locais e 290 voluntários da ONU. Do componente militar participaram 43 países, oito deles da América Latina: República Dominicana, Peru, Equador, El Salvador, Brasil, Guatemala, Paraguai e Uruguai. Nesse destacamento, a República Dominicana não enviou pessoal feminino.

Até muito pouco tempo atrás não era explícito, dentro das normas de segurança e defesa, o papel que as Forças Armadas podiam desempenhar nas missões de paz. A recente estratégia militar estabelece entre seus preceitos "o apoio firme e dedicado a um sistema multilateral eficaz como meio para a resolução de conflitos, com respeito absoluto às resoluções da Organização dos Estados Americanos e outros organismos afins". Ao mesmo tempo, declara como parte de seus procedimentos no campo da diplomacia de defesa "o apoio à paz, mediante a participação em operações de paz, e contribuir para a segurança internacional expandindo a estabilidade de outras regiões".

A Jamaica participou em duas missões: UNMIS, com cinco policiais, e UNMIL, com oito policiais.

UNMIS: estabeleceu-se no Sudão, em 24 de março de 2005, cumprindo com a RCS 1590, com a missão de apoiar a implementação do Acordo de Paz Compreensivo (CPA) entre o governo do Sudão e o People's Liberation Movement/Army (SPLM/A). Esse mandato autorizou o emprego de um efetivo de dez mil militares e um componente civil que incluiu 715 policiais. Os policiais da missão tiveram a responsabilidade de assistir ao desenvolvimento do serviço policial no Sudão, criar uma polícia moderna, eficiente e eficaz, que opere justa e imparcialmente no respeito da lei, dos direitos humanos e respeite os parâmetros internacionais estabelecidos. Os policiais que integraram a missão tiveram a responsabilidade de monitorar e alertar sobre potenciais abusos de direitos humanos e de poder, identificar áreas operativas que requeressem treinamento especializado e estabelecer relações com os líderes e moradores comunitários.

A UNMIL opera na Libéria com a Resolução 1.509, de setembro de 2003, com o mandato de apoiar a implementação dos acordos de cessar-fogo; assumir tarefas de monitoramento dos acordos e investigar violações; promover a segurança da infraestrutura governamental; desenvolver um plano de ação multissetorial e multiagências da DDRR para todas as partes armadas, com especial atenção às crianças e mulheres combatentes; proteger o pessoal das Nações Unidas e suas infraestruturas, instalações e equipamentos; assegurar o livre movimento de pessoal; proteger os civis sob ameaça iminente ou violência física; apoiar as atividades humanitárias e de assistência; apoiar a reforma do setor de segurança e a implementação do processo de paz.

Tabela 9 - Participação dos países do Caribe em missões de paz

MISSÃO	PAÍSES	QUANTIDADE DE EFETIVOS
UNMIH (Haiti) 1994	CARICOM	295
UNMIK (Kosovo) 1999	República Dominicana	4 policiais
UNOCI (Costa do Marfim) Resolução 1.528, 27.2.2004	República Dominicana	4 observadores militares
UNMIL (Libéria)	Jamaica	8 policiais
UNMIS (Sudão)	Jamaica	5 policiais

Fonte: www.un.org/depts/dpko.

Um fator que favorece o maior envolvimento das forças de segurança do Caribe em iniciativas de manutenção da paz é o fato de que tais forças recebem periodicamente capacitação externa e treinamento para atividades do tipo de missões de paz, para situações de crise ou alta insegurança, relacionadas com a atuação em desastres, em situações sociais críticas (crise migratória), intercepção de atividades ilícitas (contrabando de pessoas e drogas), treinamento para manejo de assentamentos humanitários, localizações com refugiados e deslocados e crises políticas. Esses treinamentos, em geral, são promovidos pelos exércitos de interoperabilidade mantidos pelos Estados Unidos, Canadá e Grã-Bretanha. Entretanto, com raras exceções, quase nunca incorporam pessoal feminino condicionado à futura participação em cenários onde o manejo de tais conhecimentos resulta crítico. Tampouco é claro em que medida tais treinamentos incorporam uma dimensão integrada de gêneros. Outro aspecto a considerar, sobre esses treinamentos, é que poucas vezes incorporam os componentes e as diretrizes civis necessárias para oferecer ao componente militar a visão civil nos processos de planificação, negociação, interação e avaliação. Portanto, de acordo com a necessidade de aplicar conhecimentos adquiridos, poderia apresentar inconsistências entre as medidas e ações aplicáveis e a realidade social, política e humana na qual ocorrem as tragédias que supostamente deveriam remediar.[29]

Não há dúvidas que os países do Caribe experimentaram modalidades de envolvimento em iniciativas de manutenção da paz que constituem um referencial de lições aprendidas e podem ser um insumo que incentive uma participação maior da região em iniciativas de segurança cooperativa.

Com base nessas prévias experiências, foi sugerida a possibilidade de formação de uma força multinacional sub-regional, um batalhão do CARICOM especializado em operações de manutenção da paz, o qual se dirigiria por preceitos consensuais estabelecidos pela liderança política regional, a partir de suas visões, interesses e possibilidades, como uma for-

[29] Um exemplo recente que ilustra o quão complexo pode tornar-se o cenário de uma missão de paz é a experiência protagonizada pelas forças holandesas de paz sob o comando da OTAN no distrito de Tarin Kot, no Afeganistão, onde as tropas estiveram envolvidas em tarefas de reconstrução de sistemas, vivendas e viveiros, com a convicção de estarem conquistando os corações dos locais até o momento em que se viram diante de uma insurgência de resistência de talibãs em sua área de operação. "Levou somente uns poucos meses para os talibãs acabarem com um trabalho de inteligência de seis anos encaminhados por forças norte-americanas, e mais ou menos dois anos de esforços de beneficência dos soldados holandeses", assinalou uma fonte noticiosa. As forças talibãs articularam uma presença social e econômica entre os comunitários, que logo expulsaram os militares do território sobre seu controle. Em um ano e meio de presença da OTAN no sul do Afeganistão sua missão mudou radicalmente: de manter e restaurar a ordem e reconstruir as comunidades, ela passou a enfrentar forças de resistência. Isso levou os membros da OTAN a reconsiderar a estratégia que se utiliza.

ma de otimizar os recursos da região e promover uma maior coordenação interestatal e interagencial.[30]

No marco dessas potenciais iniciativas, resulta crucial a inclusão de um equilíbrio de gênero como uma premissa conceitual e operativa. As experiências conhecidas de missões com ativa participação de mulheres, como na África do Sul (UNOAM), oferecem material de referência para redimensionar o componente de gênero no marco de suas instâncias. Promotoras entrevistadas dentro do contingente das Nações Unidas consideraram que a participação de mulheres em trabalhos não usualmente femininos ofereceu às beneficiárias um novo paradigma sobre a questão de gênero dentro das comunidades.[31]

DIMENSÃO DE GÊNERO NAS MISSÕES DE PAZ: VETORES E RECOMENDAÇÕES

No lapso da presente década, ocorreu nos cenários nacionais e internacionais um amplo debate sobre a situação da discriminação e da desigualdade de gênero. Em termos gerais, pode-se dizer que houve avanços em alguns aspectos, como uma visibilidade maior e conscientização sobre a situação de desvantagem econômica, social, política e interpessoal em que as mulheres, crianças e adolescentes se encontram nos âmbitos públicos, privados, institucionais e comunitários. Sem dúvida houve notáveis progressos no desenho e incorporação de legislações que buscam proteger esses segmentos populacionais.

Em contraste com esses avanços, entretanto, observa-se um aumento das taxas de violência, abuso sexual, violações, maltrato, tráfico e homicídio de mulheres, crianças e adolescentes em todo o mundo. As mudanças no padrão de guerras interestatais para intrassocietais trouxeram consigo uma vulnerabilidade maior para as populações civis, no geral sem o poder, no sentido amplo da palavra, para proteger suas vidas e garantir o bem-estar, seu futuro e suas famílias. Isso indica que o desafio de superar os crescentes níveis de discriminação e desigualdade de gênero vai além do desenvolvimento de marcos normativos ou legais e se referem em grande medida à reprodução e perpetração de práticas culturais que se institucionalizaram e que ainda permeiam os paradigmas de reformas. No âmbito da segurança e dos setores público e privado, que a representam através das instituições e relações de defesa, esses processos transformativos foram extremamente lentos e incompletos e, em alguns casos, praticamente ausentes.

30 Coronel Linton Graham (JDF). "CARICOM: A Regional Response to a Nation in Crisis".

31 "Mainstreaming a gender perspective in multidimensional peacekeeping Operations. South Africa case Study", Gender Links, Johannesburg.

Na América Latina e no Caribe, as transformações registradas nesse campo de segurança e defesa foram produtos de importantes iniciativas desenvolvidas tanto pelas Nações Unidas quanto por organizações não governamentais e movimentos locais e regionais focados nas temáticas de gênero. Entre as iniciativas mais importantes estão:

- A Resolução 1.325 das Nações Unidas que impulsiona os governos a "aumentar a representação das mulheres em todos os níveis de adoção de decisões das instituições e mecanismos nacionais, regionais e internacionais para a prevenção, a gestão e a solução de conflitos".
- A partir de 2006 o desenvolvimento do componente GSSR. Nas Nações Unidas, via a iniciativa encaminhada pela INSTRAW para o estabelecimento de um debate, a formação de um grupo de trabalho e o desenvolvimento de instrumentos de trabalho para transversalizar a questão de gênero nos esforços de Reforma do Setor de Segurança.
- As preocupações sobre violência e armas leves que dentro do debate de segurança humana produziu o Women's Institute for Alternative Development (WINAD).

Dito isso, o objetivo de incrementar a participação feminina nas missões de paz empregadas por forças de segurança e defesa do Caribe enfrenta significativos desafios:

Um primeiro desafio é a transformação do tipo de inserção desigual que as profissionais oficiais, soldados e policiais têm dentro das corporações. Como vimos aqui, isso tem a ver com o acesso a condições salariais, de treinamento, de multiplicidade e de execução de papéis, e oportunidades de participar em cenários onde possam fortalecer suas habilidades de maneira igualitária. Em outras palavras, transversalizar a dimensão de gênero no marco das iniciativas de Reformas do Setor de Segurança e Defesa.

É necessário articular esse setor reformado de segurança com a transversalização da dimensão de gênero nas missões de paz. Estas últimas devem ser vistas como cenários de oportunidades para qualificar a participação de seus membros. Por outro lado, é fundamental enfatizar que a participação nas missões de paz não deve implicar uma ampliação do setor militar nos respectivos países.

A participação de soldados e policiais mulheres como parte das tropas de missões de paz requer o respaldo de uma agenda e perspectiva de gênero para produzir efeitos transformadores de alcance mais longo em vez de impactos conjunturais. O aumento do número de mulheres participantes em operações de paz por si só não garante uma mudança qualitativa no impacto potencial das missões em populações afetadas e em instituições de defesa participantes. Mostra disso é a retroalimentação praticamente nula sobre a repercussão dessas escassas participações.

Lições aprendidas de experiências conhecidas em operações de manutenção e construção da paz na África do Sul (UNOMSA) indicam que algumas modalidades oferecem estruturas de oportunidades mais favoráveis para o equilíbrio de gênero, especialmente aquelas que têm um alto componente civil. Essas não necessariamente envolvem tropas na mesma proporção que as de manutenção da paz, mas seus propósitos são menos orientados ao uso coercitivo da força. Também supõem um maior controle civil do processo.

Em sentido geral, a transparência e *accountability* nas missões de paz devem ser um critério que funcione em todos os níveis. Nos países do Caribe, onde a tendência a participar em missões de paz sob o mandato e coordenação das Nações Unidas foi limitada, não aparecem estipuladas em suas leis de defesa, ou ainda nos debates parlamentares, os parâmetros dessas missões para as forças locais. Igualmente, as poucas experiências de participação em missões de paz foram decididas nas altas esferas de poder, a partir do Executivo e no nível da hierarquia militar, sem necessariamente terem sido precedidas por um diálogo nacional ou parlamentar sobre a composição, o alcance e as condições de participação.

O PROCESSO DE INCORPORAÇÃO E O PANORAMA ATUAL DAS MULHERES NAS FORÇAS ARMADAS ESPANHOLAS:

NOTAS PARA A COMEMORAÇÃO DO 20º ANIVERSÁRIO

Bárbara Kristensen[1]

PRIMEIRAS HIPÓTESES E EXPLICAÇÕES SOBRE A INCORPORAÇÃO DAS MULHERES ÀS FORÇAS ARMADAS

Atualmente, especialmente após a consolidação acadêmica dos estudos feministas e do incremento da presença das mulheres nas diversas esferas da sociedade, vêm-se discutindo com muito mais frequência e relevo os papéis e a inserção da figura feminina nas Forças Armadas. No Estado espanhol, principalmente depois de 1988, com a aprovação do decreto-Lei n.1/1988, de 22 de fevereiro e com o polêmico caso de Ana Moreno, a primeira mulher aspirante a ingressar na Aeronáutica, o tema se converteu em estandarte para muitas campanhas políticas e/ou publicitárias e, sobretudo, para aquelas (e aqueles) que buscam uma sociedade na qual, pelo menos na teoria, exista igualdade de oportunidades e direitos entre os gêneros.

A importância que se vem dando nesses últimos anos a esse fato fez surgir diversas teorias que tentam explicar tal fenômeno. No âmbito espanhol, como já recordava Valentina Fernández Vargas (1997, p.125), é preciso ter em mente que a possibilidade de incorporação das mulheres às Forças Armadas está intrinsecamente relacionada com o processo de democratização da Espanha, iniciado há três décadas. Genericamente falando, Segal (1995, p.759), por exemplo, em um estudo sobre a presença feminina no âmbito militar, propõe outras explicações de nível sociológico. Ressalta que se trata de uma instituição socialmente construída como masculina, mas explica uma série de mudanças responsáveis pela existência de mulheres nesse contexto. Nesse sentido, chama a atenção para um elevado número de fatores que determinam a natureza e a extensão da participação das

[1] Observatório sobre Mulher e Conflitos Armados. Instituto Galego de Estudos de Segurança Internacional e da Paz.

mulheres nas tarefas militares, agrupáveis em três possíveis categorias: as esferas militar, cultural e social, reduzidas a duas na concepção de Carreiras (2007, p.390): sociocultural e militar.

Em linhas gerais, a esfera militar inclui as características referentes à situação da segurança nacional e aspectos da organização e atividades militares que estejam intimamente relacionados com os papéis femininos, como, por exemplo, os níveis de tecnologia militar, a *ratio* entre o combate e o apoio desse combate, ou até mesmo as políticas de admissão militar (Carreiras, 2007, p.390). Dentro dessa esfera, Segal (1995) propõe oito[2] postulados que serviriam de base para compreender a inclusão das mulheres nas Forças Armadas. Ainda que alguns não sirvam para entender o fenômeno espanhol, a maioria fornece reflexões importantes a se considerar. A evolução tecnológica, por exemplo, é um desses fatores, já que as armas leves, as armas nucleares e até o desenvolvimento do poder aéreo fizeram do combate uma circunstância mais maleável, facilitando a participação das mulheres.

Essa afirmação de Segal coincide de certa forma com o que explicou Goldman (1973, p.901) a respeito das mulheres nas Forças Armadas estadunidenses: o centro da questão se encontra na mudança das definições dos papéis militares. Assim, com a elevação aos extremos da noção da guerra total, já proposta por Clausewitz, que supôs a ameaça (ou o uso) de uso das bombas nucleares, o significado dos papéis dos combates tradicionais sofreu uma mudança radical, fazendo que as mulheres pudessem atuar em novos tipos de atividades bélicas que requereriam menos esforço físico.

Por isso, de acordo com Moskos (1971, p.24), as mulheres puderam participar no desenvolvimento de tarefas administrativas ou de apoio, diminuindo as diferenças entre a importância dos trabalhos solicitados para ambos os sexos. Como explica Goldman (1973, p.901):

---

2 São eles: 1) No auge de uma ameaça à sociedade, as funções militares das mulheres parecem aumentar; 2) Em sociedades com baixo nível de ameaça à segurança nacional, mas com valores culturais que promovem a igualdade dos sexos, a participação das mulheres na vida militar aumenta; 3) O grau da participação das mulheres em funções de combate será minimizado quando a ameaça for média; 4) Quanto maior for a importância relativa de combate efetivo (especialmente combate no terreno), menor será a participação das mulheres; 5) Mudanças tecnológicas de várias ordens deram lugar a uma maior participação das mulheres nas Forças Armadas durante o século XX; 6) Na medida em que as funções de apoio se concentram nas forças de reserva, em comparação com as forças na ativa, as mulheres terão maior representação nas forças de reserva; 7) Nas culturas em que as mães não são consideradas como mobilizáveis e as reservas constituem uma grande porcentagem das forças militares, as mulheres estarão menos representadas em operações militares; 8) A participação das mulheres tem tendência a aumentar em sistemas de admissão voluntária assim como em situações nas quais as alterações sociais vão no sentido de uma maior igualdade de gêneros.

> [...] por causa da importância da dissuasão, muitas das tarefas logísticas, de inteligência, comunicação e controle, e comando, aquela distinção entre combate e papéis concernentes à conservação e administração da dissuasão ainda operam, mesmo que atenuados.

Por outro lado, é preciso ter em conta, ainda dentro da esfera militar, duas questões que explicam a pouca participação feminina como combatentes: uma aclara que, em se tratando de uma ameaça média, o nível da presença feminina rebaixará; a outra relaciona de forma inversamente proporcional a importância do combate com a necessidade de mulheres nas tropas. Assim mesmo, Segal (1995) explica que as mulheres militares aumentam naquelas sociedades cujo nível de ameaça à segurança nacional é baixo, mas que sustentem valores que amparem a igualdade de gêneros, modelo no que, de alguma forma, poderíamos incluir o caso do Estado espanhol. No entanto, a autora também explica que, em tempos de paz, muitas vezes, são enviadas mulheres a algumas unidades de combate como símbolo de unidade nacional, retirando-as quando há conflagrações.

Em linhas gerais, nos âmbitos social e cultural, Carreiras (2007, p.390) reconhece fundamentalmente "a transformação, acentuada a partir de meados do século XX, do modelo de participação social e política das mulheres, a sua entrada no mercado de trabalho e as pressões democráticas no sentido de valores igualitários e maior equidade". Abordando de forma mais específica a esfera social, inclui os aspectos dos papéis civis das mulheres, assim como outras variantes estruturais da sociedade civil que possam afetar o desempenho de tais papéis. O padrão demográfico, as características da força de trabalho ou até mesmo o estado da economia civil são algumas dessas (Nuciari, 2003, p.282). Dentro dessa esfera, Segal (1995) alerta para as características da população ativa, os fatores econômicos e a estrutura familiar, propondo cinco[3] pressupostos básicos para compreender a sua influência na consolidação do fenômeno. Tais questões estão fundamentalmente relacionadas à escassez ou sobra de mão de obra masculina nas profissões civis e/ou militares e afirmam que as mulheres serão impulsionadas a participar na vida militar quando os homens não forem suficientes. A segregação na esfera civil também é um fator importante, assim como o grau de responsabilidades familiares atribuídas unicamente às mulheres.

[3] 1) Sempre que a disponibilidade de homens não preencha as necessidades de mão de obra militar, as mulheres são chamadas ao serviço; 2) Quanto maior for a porcentagem de mulheres na população ativa, maior será a sua representação nas Forças Armadas; 3) O grau de segregação sexual na estrutura de profissões civis também afeta a participação militar das mulheres; 4) Taxas elevadas de desemprego (especialmente entre jovens do sexo masculino) estão associadas a um contingente de homens para servir de imediato as Forças Armadas e a oportunidades relativamente baixas para as mulheres nesse âmbito; 5) Quanto maiores forem as responsabilidades da família com a mulher comum, menor será a representação da mulher nas Forças Armadas.

Na esfera cultural, a autora chama a atenção principalmente para a construção social da família e do gênero e os valores sociais sobre estes, como o sentimento materno ou a própria relação hereditária, propondo quatro[4] conjecturas fundamentais, principalmente relacionadas com os valores de gênero existentes em cada sociedade, com a influência da Igreja no imaginário feminino ou com a forma de considerar a família. Para Segal (1995), quanto mais tradicional for o modelo familiar, menos participação feminina haverá nas Forças Armadas, ainda que admita exceções nas que os laços entre a identidade étnica e o próprio gênero são essenciais e elementos impulsionadores da participação feminina (o caso das guerrilhas latino-americanas é um exemplo), anulando-se e alterando-se tais valores habituais com vistas à defesa e proteção do espaço nacional.

De todo modo, é importante ter em conta que as contradições culturais e a ambiguidade ideológica implicadas na participação militar das mulheres manifestam-se nas reações tanto dos partidários da manutenção dos valores patriarcais como das feministas radicais, já que a presença de um amplo número de mulheres militares causaria resistência entre o público e desafiaria as noções de masculinidade e feminilidade intrínsecas às sociedades (Segal, 1995, p.769).

No caso específico espanhol, Guitérrez (1998, p.2), sob um ponto de vista mais prático para rever a presença feminina nas Forças Armadas, propõe algumas explicações. Na sua opinião, o reconhecimento de algumas destrezas femininas singulares facilitou a sua incorporação ao estamento militar. Além disso, complementando o afirmado por Segal (1995) explica:

> Em resumo, a escassez de homens jovens provocada pelo descenso da natalidade iniciado por volta de 1960, conhecido pelo eufemismo "crescimento zero da população", fenômeno que, se continuar, converterá o mundo ocidental desenvolvido em uma sociedade de anciãos nos próximos cinquenta anos, ou seja, o notável aumento da "esperança de vida" e o denominado "planejamento familiar" (esterilizações, anticoncepcionais e abortos), provocarão um desequilíbrio com um envelhecimento progressivo da população. Em consequência, haverá cada vez menos pessoas jovens, o que empurrará as mulheres a ocupar postos vagos, entre os quais, os militares.

Tendo em conta tais observações, e reconhecendo a cada vez mais crescente e consciente busca pela igualdade de gênero nas sociedades ociden-

[4] 1) Quanto maior for a ênfase nas atribuições por gênero (e, desse modo, menor a ênfase nas diferenças individuais), mais limitadas são as funções militares das mulheres; 2) Quanto mais igualitários forem os valores sociais sobre gênero, tanto maior é a representação das mulheres nas Forças Armadas; 3) Quanto maior for a porcentagem de fundamentalistas religiosos num país, menor será a representação das mulheres nas Forças Armadas; 4) Quanto maior for o movimento que se afasta das formas familiares tradicionais, especialmente nas que se baseiam na família nuclear, maior será a representação das mulheres nas Forças Armadas.

tais, especialmente nas europeias, além da pressão dos grupos feministas (Guitérrez, 1998, p.2), também se podem somar outros fatores. Como recorda Helena Carreiras (2002, p.89), como motivos impulsionadores da abertura das Forças Armadas espanholas às mulheres, também se deve considerar uma série de estudos comparativos relacionados com a "legislação e experiência de outros países onde a presença das mulheres era já uma realidade consolidada", além de resultados relativamente favoráveis de certas pesquisas de opinião pública realizadas pelo próprio Ministerio de Defensa em 1988, ano da inclusão (Fernández-Vargas, 1997, p.160), que apontavam que a porcentagem de espanhóis que estavam a favor ou contra a incorporação feminina no âmbito militar era praticamente a mesma (39% e 37%, respectivamente).

Além disso, não se podem ignorar os diversos dispositivos e iniciativas levados a cabo por organismos internacionais, como a ONU, que vêm impulsionando cada vez mais uma presença ativa das mulheres nos conflitos, além de exigir (especialmente através da Resolução 1.325 do Conselho de Segurança da ONU) o estabelecimento de uma visão de gênero na resolução e prevenção dos conflitos armados.

Também valem ressaltar as tentativas e a preocupação da OTAN em relação ao tema, nomeadamente através do Committee on Women in Nato Forces, organismo com mais de trinta anos que, entre outros objetivos, busca incrementar o número e facilitar a inserção feminina nesse âmbito, velando especialmente pela formação militar e a qualidade de vida das recrutas (OTAN, 2007a). No Estado espanhol, assim como em outros países ocidentais, é desde 1988 que se vem implantando uma série de políticas e dispositivos legais que colaboram com esse processo de incorporação das mulheres às Forças Armadas, que veremos mais adiante.

POLÍTICAS E DISPOSITIVOS PARA A INCORPORAÇÃO FEMININA ÀS FORÇAS ARMADAS ESPANHOLAS

A incorporação das mulheres às Forças Armadas é um processo longo (ainda inacabado), no qual o reconhecimento e a valorização plena estão pendentes de ocorrer. Entre os países da Organização do Tratado do Atlântico Norte (OTAN), esse fenômeno se deu quase concomitantemente (respeitando-se as dimensões temporais de um processo extenso) com a exceção de alguns países (Estados Unidos, Canadá, Reino Unido, Turquia e Dinamarca) que admitiram as mulheres nos seus exércitos já antes da década de 1970, e o caso específico da Itália, que só o fez em 1999.

Tabela 1 - Anos de admissão de mulheres e de acesso a todos os postos nas Forças Armadas dos países da OTAN

Ano de admissão	País	Ano de acesso a todos os postos
1948	EUA	1993
1949	Reino Unido	1992
1951	Canadá	2002
1955	Turquia	—
1962	Dinamarca	1988
1972	França	1998
1973	Romênia	2001
1975	Alemanha	2000
1975	Bélgica	1981
1977	Noruega	1985
1979	Grécia	—
1979	Holanda	1981
1980	Eslováquia	1993
1980	Luxemburgo	1997
1980	Rep. Checa	2002
1988	**Espanha**	**1999**
1988	Polônia	2003
1991	Eslovênia	2002
1991	Letônia	1991
1991	Lituânia	1991
1992	Portugal	1992
1995	Bulgária	2001
1996	Hungria	1996
1999	Itália	2000

Fonte: OTAN, 2008a.

Além disso, é importante ter em mente que ainda hoje há restrições aplicáveis às mulheres em certos países (França, Itália e Estados Unidos são bons exemplos). No caso espanhol, que comemora os vinte anos de incorporação feminina, foi o então ministro de defesa José Antonio Alonso quem anunciou que "ainda que se deva recordar que, no princípio, se restringia seu acesso a certos destinos, hoje em dia a equiparação é plena, sem limitação alguma" (Alonso, 2007, p.1). Como mostra a tabela anteriormente reproduzida, foi em maio de 1999 que a Espanha, com a Ley de Régimen del Personal de las Fuerzas Armadas, finalmente alcança a igualdade de pleno direito entre homens e mulheres militares, meses antes da diretiva europeia que instava a eliminação da discriminação por gênero (Harries-Jenkins apud Carreiras, 2007, p.392).[5]

Essas limitações ainda existentes seguramente explicam em parte a variação das cifras na incorporação das mulheres dos países que pertencem à OTAN. Tal diferença se deve a uma complexa série de fatores internos de cada país que, de uma forma ou de outra, afetam as políticas e práticas organizativas em distintos graus (Hombrados et al., 2007, p.9). De todas as formas, pese às discrepâncias, todos os países dessa organização estão comprometidos com o incremento da presença feminina e, de fato, estão cumprindo as metas propostas. Em 2000, aproximadamente trezentas mil mulheres eram voluntárias nos exércitos da OTAN, número que cresceu visivelmente com o passar dos anos, especialmente devido ao trabalho realizado pelo citado Committee on Women in NATO Forces, criado em 1976, após uma série de encontros e conferências que tiveram início em Copenhague em 1961 (OTAN, 2007a).

Gráfico 1 – Porcentagem de mulheres nas Forças Armadas da OTAN em 2007[6]

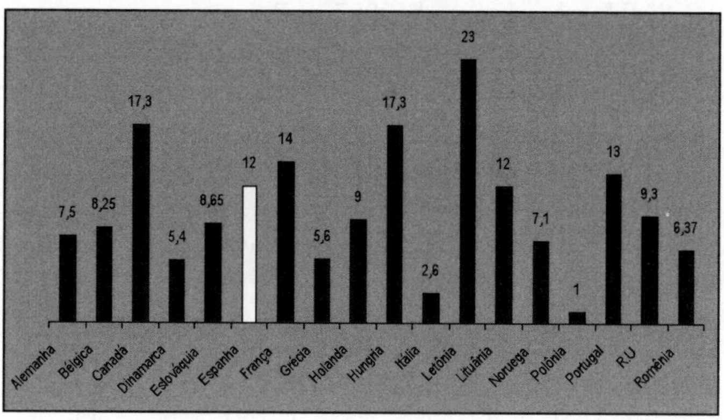

Fonte: OTAN, 2008b.

5 Sentença do tribunal de 11 de janeiro de 2000; caso C285/98, Tanja Kreil.

6 Excluíram-se Bulgária, Estados Unidos, Luxemburgo, República Checa e Turquia por não publicarem os seus dados no último informe da OTAN.

Esse comitê, que se reúne uma vez ao ano, tem como missão aconselhar os líderes e Estados nos assuntos relacionados com a presença das mulheres nos corpos das Forças Armadas da Aliança, buscando promover o emprego efetivo da mulher militar e atuando como um centro de intercâmbio de informações entre as nações da OTAN. As ações do comitê estão dirigidas por um país presidente e se desenvolvem em três eixos – as vice-presidências (ou subcomitês) –, nas quais atuam distintos países. Respectivamente, esses subcomitês têm como objetivos proporcionar recomendações à OTAN sobre como integrar a perspectiva de gênero no planejamento e preparação para o envio de tropas; na educação, instrução e no treinamento e no processo de avaliação interno da própria organização (OTAN, 2007a).

Os resultados dessas recomendações devem estar explícitos em informes anuais de cada país. No seu, a Espanha reconhece que, desde a aprovação do decreto-lei em 1988, a presença feminina nas Forças Armadas é um objetivo de fundamental importância para o país, de tal modo que, atualmente, conseguiu-se um grau considerável de igualdade na incorporação de homens e mulheres ao mundo militar. Esse país também criou, em 2005, o Observatorio de la Mujer en las Fuerzas Armadas e adotou uma série de medidas para cumprir com o indicado pelo Consejo de las Comunidades Europeas (OTAN, 2007b).

O caso espanhol é um caso paradigmático de evolução célere. Em um período de menos de duas décadas, a Espanha passou por um processo contínuo de aumento da incorporação, justificado, em certa medida, pelo aparato criado e revisto sobre as mulheres militares nos seus dispositivos legais (Gómez-Álvarez, 2005). De fato, em 1999 se conseguiu que "a plena incorporação das mulheres ao exército espanhol [alcançasse] seu reconhecimento legal" (Hombrados et al., 2007, p.3).

Gráfico 2 – Evolução da participação feminina nas Forças Armadas espanholas

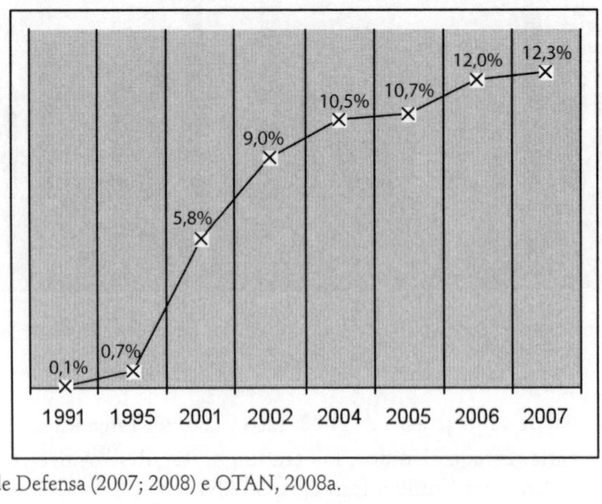

Fonte: Ministerio de Defensa (2007; 2008) e OTAN, 2008a.

Anteriormente a 1988, cabe ressaltar, as mulheres não estavam totalmente excluídas das Forças Armadas espanholas, mas apenas desempenhavam funções auxiliares ou administrativas. Em 1989, a Lei n.17 permitiu que se ampliassem as possibilidades de alistarem-se em todos os corpos e escalas dos exércitos, "renovando a garantia de promoção nas mesmas condições que os homens" (Hombrados et al., 2007, p.14), ainda que se mantivessem distinções em relação aos destinos das mulheres militares. Foi só em 1992, com o Real Decreto 984, que se impuseram outras normas, buscando um grau de igualdade mais avançado: "se bem que os militares de carreira podiam ser unicamente homens, ao contrário, a condição de militares empregados seria adquirida, sem discriminação por sexo, para aqueles que ingressassem voluntariamente nas Forças Armadas profissionais" (Hombrados et al., 2007, p.14).

Sete anos depois, em 1999, finalmente se aprovava a *Ley de Régimen del Personal de las Fuerzas Armadas*. Nesse dispositivo, instaurou-se o acesso aberto para as mulheres "a todos os Exércitos, Corpos, empregos e destinos militares". Nesse mesmo sentido, esse dispositivo também estabelece iniciativas que "compensem as desigualdades biológicas outras que respondam à necessidade de promover a conciliação da vida familiar e castrense" (Gómez-Álvarez, 2005, p.100).

Entre 1999 e 2002, no entanto, desenvolve-se outro dispositivo mundialmente reconhecido que, de alguma maneira, pode ter contribuído para o aumento da presença feminina nos exércitos. Trata-se da Resolução 1.325 do Conselho de Segurança das Nações Unidas, aprovada em 31 de outubro de 2000. Esse documento, conformado como definitivo e fruto de antigas resoluções, declarações, compromissos, conferências, documentos etc., compreendia as distintas necessidades relativas a uma visão de gênero necessária na hora de abordar a resolução de conflitos e o estabelecimento da paz.

A Resolução 1.325 parte do princípio de que as mulheres e as crianças são as mais prejudicadas nos conflitos e, em contrapartida, as que menos atenção recebem. Nesse sentido, afirma-se a indispensabilidade de que o gênero feminino participe das Forças Armadas, pelo menos nas áreas que concernem às mulheres no momento das conflagrações ou acordos de paz. Assim, o documento insta aos Estados a velar para que se assegure "uma representação cada vez maior de mulheres em todos os níveis de tomada de decisão nas instituições nacionais, regionais e internacionais, bem como nos mecanismos destinados à prevenção, gestão e resolução de conflitos", solicitando ao Secretário Geral que se nomeiem mais mulheres como representantes; que se amplie o papel e a colaboração feminina nas operações da ONU; que se proporcionem diretrizes e materiais aos estados sobre a "proteção, os direitos e as necessidades especiais das mulheres, bem como sobre a importância do envolvimento das mulheres nas medidas de manutenção e construção da paz". Além disso, insta-se aos membros que se aumente o apoio financeiro, técnico e logístico para essas causas, solicitando que sempre se adote uma perspectiva de gênero na negociação e aplicação dos acordos de paz, criando uma assessoria para essas questões dentro das próprias Nações Unidas.

Em relação a esse dispositivo, o Estado espanhol criou o *Plan de acción del Gobierno de España para la aplicación de la Resolución 1.325 del Consejo de Seguridad de las Naciones Unidas (2000), sobre Mujeres, Paz y Seguridad*, desenvolvido em conjunto por distintos órgãos políticos, entre eles o Ministerio de Asuntos Exteriores y de Cooperación, Ministerio de Defensa, Ministerio de Trabajo y Asuntos Sociales, Ministerio del Interior, Ministerio de Justicia, Ministerio de Educación y Ciencia e Ministerio de Sanidad y Consumo, além de representantes da sociedade civil.

Partindo de um marco introdutório, em que explica a 1.325, esse plano assume como seus os objetivos da própria resolução, considerando as mulheres e as crianças "*como sujetos activos de los cambios de los que son testigos, entendiendo, al mismo tiempo, que las mujeres no representan un grupo homogéneo y que la consideración de la diversidad de la situación de las mujeres resulta esencial para promover su participación en las diferentes regiones donde se establezcan procesos de paz*" (España, 2008, p.3). Com esse plano, o governo reitera as suas intenções de seguir implementando uma visão de gênero nas suas ações que visem à construção da paz, nas zonas de conflito, nas atividades de Desarmamento, Desmobilização e Reintegração (DDR), assim como fomentar a presença de mulheres em missões pacíficas, na tomada de decisões e nas atividades militares seja no âmbito espanhol, seja nas operações desenvolvidas desde a União Europeia (Política Europeia de Segurança e Defesa – PESD, Organização para a Segurança e Cooperação na Europa – OSCE), a OTAN ou a ONU. Da mesma forma, o Estado também se compromete a promover a participação civil da sociedade espanhola em relação à Resolução 1.325. Para garantir o cumprimento desse plano, propõe-se a redação de um informe anual que preste contas sobre as atividades realizadas nesse sentido, assim como o estabelecimento de mecanismos de coordenação com a sociedade civil para "*intercambiar información sobre acciones realizadas en relación a la Resolución 1.325*" (España, 2008, p.13).

No que se refere aos dispositivos internos, e mais atualmente, em março de 2005, o Conselho de Ministros espanhol adotou várias medidas para melhorar o ingresso, a permanência e a integração das mulheres nas Forças Armadas (Hombrados et al., 2007, p.14; Gómez-Álvarez, 2005, p.101) como, por exemplo, a criação do supracitado *Observatorio de la Mujer en las Fuerzas Armadas*; a adequação de instalações para melhorar a qualidade de vida da mulher militar; a adoção de medidas de caráter conciliador da vida familiar e profissional (como a criação de centros infantis etc.); finalmente, a participação feminina nos órgãos de avaliação para a ascensão. Além disso, fez-se uma proposta de modificação do regime disciplinar para adequar a delimitação conceitual do assédio sexual às disposições da União Europeia, já que ainda havia lacunas consideráveis nesse sentido.

Outras medidas, além desses dispositivos, foram levadas a cabo pelo governo espanhol, como o *Acuerdo de Cooperación y Asistencia a la Integración de las Mujeres en las Fuerzas Armadas* assinado em 2001 entre o Ministerio de Defensa e o Ministerio de Trabajo y Asuntos Sociales, no que se "impulsiona a colaboração do Instituto de la Mujer com o Ministerio de Defensa para assegurar a integração das mulheres sem incidentes, eliminando as condições ou circunstâncias que afetam negativamente a política de não discriminação por razões de gênero", colaborando com a integração da vida laboral e profissional (Gómez-Álvarez, 2005, p.122).

Também se assinou um *Acuerdo Específico* em 2003 orientando a campanha de recrutamento e captação de mais mulheres para as Forças Armadas. Da mesma forma, também se criaram os Consejos Asesores de Personal, órgãos colegiados para estudar e analisar a "*sugerencia y proposiciones de los militares profesionales en el concerniente a la regulación de personal*" (Gómez-Álvarez, 2005, p.122-123). E em 2007 se configurou a luta pela igualdade de gênero como um dos cinco princípios básicos e eixo transversal da *Ley de la Carrera Militar*, aprovada em novembro (Fernández-Vargas, 2008, p.15). Tais dispositivos permitiram um processo relativamente exitoso de incorporação das mulheres às Forças Armadas, sobre cujo panorama atual nos debruçaremos.

O PANORAMA ATUAL DAS MULHERES NAS FORÇAS ARMADAS ESPANHOLAS

Considerando os dados existentes sobre outros países europeus, pode-se dizer que, especialmente devido a todas essas disposições, o sistema espanhol é um dos mais avançados da Europa. Desde 1988, o número de mulheres em todos os corpos cresceu significativamente. Para termos uma ideia, a porcentagem entre o escalão básico (Efectivos de tropa y marinería) das Forças Armadas registrou um incremento anual de aproximadamente 60% desde 1998. Em 1994, por exemplo, as mulheres soldado profissionais representavam 2,18% do total, enquanto em 2001 essa presença se elevou a 12,2% do escalão básico, chegando a 20% em 2004 (Hombrados et al., 2007, p.16). É interessante observar que tais cifras desvelam uma relação entre certas etapas de supressão de limitações e restrições e a própria participação feminina.

Sobre isso, é interessante observar a escala de inclusividade, elaborada por Carreiras (2006) a partir de dados da OTAN. Observando tais índices, a Espanha, com doze pontos (sendo 19 o máximo) encontra-se na oitava das 18 posições, ficando atrás de Dinamarca, Holanda, Bélgica, Reino Unido,

Noruega, Canadá e Estados Unidos, todos países que, como se pode observar com os dados já fornecidos, iniciaram um processo de inclusão em datas bastante anteriores: o mais próximo, Holanda, incluiu as mulheres nas suas Forças Armadas em 1979, onze anos antes do Estado espanhol. No entanto, não deixa de ser curioso observar que, desses, a Espanha é o país com maior porcentagem de mulheres, salvando-se o caso do Canadá, segundo país em porcentagem, com 17,3%, cronologicamente o terceiro país a incluir as mulheres e exatamente no topo da escala dessa inclusividade.

Gráfico 3 – Índice de inclusividade de gênero nas Forças Armadas (0 = menor / 19 = maior)

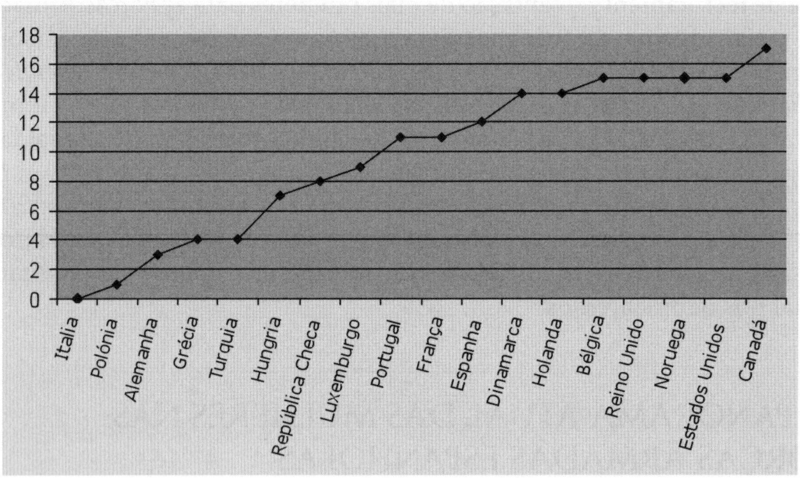

Fonte: Carreiras (2006).

Atualmente, a presença das mulheres nas Forças Armadas espanholas é de 12,3% (15.465 no total), sofrendo um aumento de 0,3% em relação ao ano anterior. Considerando-se a separação de exércitos, é o Ejército de Tierra quem conta com mais mulheres (9.769 no total), seguido do Ejército del Aire (com 2.741 mulheres) e da Armada (com 2.326). Por outro lado, nos Cuerpos Comunes as mulheres são 629, 18,1% dos seus recursos, o que prova que esses corpos continuam sendo a área onde as mulheres, comparadas com as outras, permanecem em maioria (Ministerio de Defensa, 2008). Carreiras (2007, p.395), sobre isso, conclui que nesses corpos se encontram tarefas tradicionalmente femininas, havendo, dessa forma, uma preferência das mulheres a esses campos, reproduzindo no âmbito militar os padrões vocacionais instaurados na sociedade.

Gráfico 4 - Distribuição homens/mulheres nas Forças Armadas espanholas

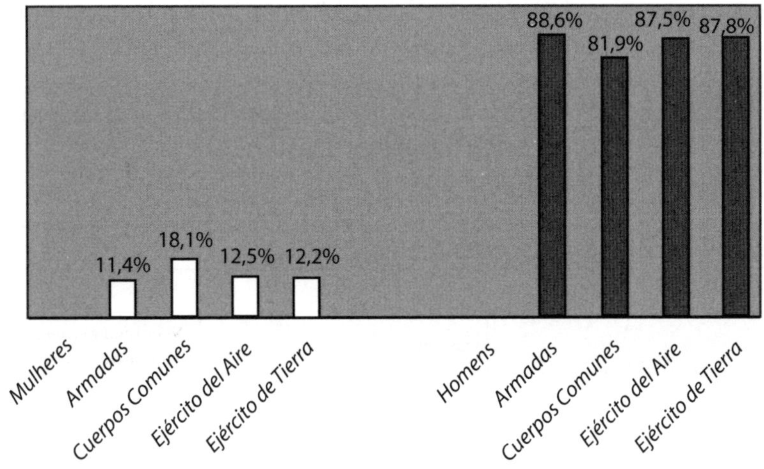

Fonte: Ministerio de Defensa, 2008.

Entre essas militares, estão as enviadas ao exterior atuando em missões de paz, recomendação clara da Resolução 1.325, ainda que, de acordo com diversos estudos (Maniscaldo, 1997; Moskos, 1994; Carreiras, 2007), as militares comumente realizam, na prática, tarefas já desempenhadas em situações rotineiras. No total, e em abril de 2008 (últimos dados disponíveis), a Espanha tem 207 mulheres nessas missões, representando 7,3% do total. Em relação à sua distribuição por exércitos, 88,4% pertencem ao Ejército de Tierra, 8,2% ao Ejército del Aire e 3,4% à Armada, sendo destas 10,6% oficiais, 5,4% suboficiais e 84% de Tropa y marinería.

Justamente a distribuição das militares espanholas por categoria é outro fator a observar quando se analisa a presença das militares espanholas. As oficiais representam 5,61%, tendo como máximo o cargo de comandantes. Entre as suboficiais, são 1,17%, havendo no topo da escala uma brigada e trinta primeiros-sargentos. No escalão básico, são 18%, sendo 748 mulheres primeiros-cabos. Tal distribuição demonstra que, ainda havendo um esforço nítido na elaboração de plataformas e dispositivos que fomentem a incorporação das mulheres às Forças Armadas espanholas, uma vez militares, essas ainda não logram atingir altos escalões como oficiais e têm uma modesta presença como suboficiais. Além disso, conformam 18% do escalão básico, cifra desproporcional em relação às duas outras categorias superiores. Os dados demonstram que das 15.465 mulheres militares espanholas, somente 927, ou seja, 6%, atingem cargos relativamente altos dentro de cada categoria, atingindo o escalão máximo somente em Tropa y marinería, ocupando cerca de 2% do total das posições de mando. Desde a ótica militar, Martín Torrijos (2005, p.189) explica que o fato de as militares não conseguirem alcançar altos postos hierarquicamente falando não se deve a que a instituição militar seja considerada machista. Ao contrário, explica Torrijos, a estrutura do pessoal dos exércitos articula o recurso humano em escalões e, portanto, tanto o homem como a mulher têm as mesmas oportunidades de avançar postos no decorrer do tempo "e em função de parâmetros como o mérito e a capacidade". Cabe questionar, no entanto, que ocasiões se oferecem e objetivamente quais são os méritos considerados para a ascensão no âmbito militar.

Tabela 2 – Distribuição das militares por categoria

	% de mulheres	**Máximos empregos por categoria**	
Oficiais	5,61%	Comandantes	148
Suboficiais	1,17%	Brigada Sargento 1º	1 30
Tropa y marinería	18%	Cabo 1º	748

Fonte: Ministerio de Defensa, 2008.

Também é interessante observar a presença feminina nas academias militares. Em 2004, de acordo com Martínez (2007, p.67), as mulheres representavam tão-somente 6% dos alunos matriculados, acusando-se maior presença nos Ejército de Tierra e Ejército del Aire, assim como Cuerpos Comunes, onde alcançavam um terço. Do total de mulheres, 28% faziam parte dos corpos combatentes, dividindo-se o resto entre o corpo de engenheiros, intendência e especialistas, além dos já citados Cuerpos Comunes. Quanto ao seu perfil sociológico, Martínez aponta que 38% das futuras oficiais são filhas de militares, enquanto essa cifra é de 18% no caso das suboficiais, porcentagens similares aos casos de aspirantes masculinos. Em uma pesquisa recolhida por Martínez Paricio (1997, p.334), revela-se que ao contrário dos homens, que diziam ter escolhido a profissão militar devido à estabilidade e a questões econômicas, as mulheres justificavam a sua escolha com motivos como "fazer um trabalho interessante", "participar da defesa nacional" ou "ser útil aos outros".

Gráfico 5 - Distribuição das reservistas voluntárias

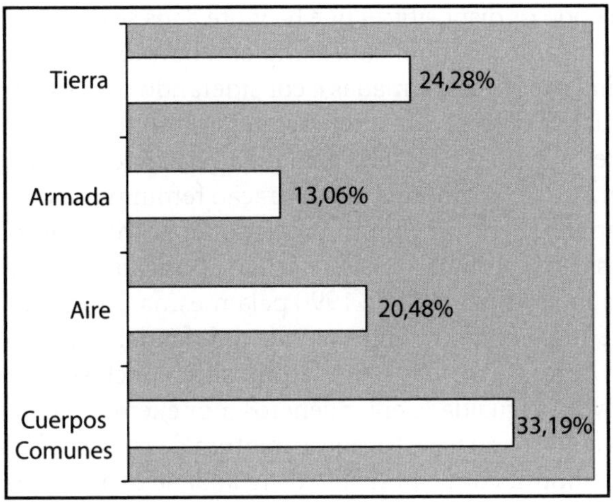

Fonte: Ministerio de Defensa (2008).

Por outro lado, não podemos excluir a presença de mulheres na reserva voluntária. Seguindo as recomendações da OTAN, o exército espanhol mantém, desde dezembro de 2003, esse sistema de alistamento que, não pretendendo ser um corpo militar propriamente dito, busca ser um "sistema de cobertura de necessidades, dispensado para todos os corpos e armas, dentro do qual o reservista regula seu compromisso" (Díaz de Otazu Guerri, 2007, p.430). Nesse âmbito, as mulheres espanholas representam 29,7%, distribuídas conforme mostra o Gráfico 5. Ainda que não haja estudos específicos que expliquem os altos índices de participação das mulheres nesse novo campo da estrutura militar espanhola, conhecendo-se o seu funcionamento, pode-se chegar a algumas conclusões. Primeiro, é importante ter em conta o processo de seleção, feito através do *curriculum vitae* e sem uma prova física específica. Também se deve considerar a flexibilidade temporal que a reserva voluntária oferece, já que é o reservista quem, teoricamente, escolhe a duração do seu período de ativação, geralmente sendo de duas semanas. Além disso, para os graduados, que se incorporam como *alférez* (equivalente a segundo-tenente), oferece-se a opção de exercer a sua própria profissão. Nesse sentido, a reserva voluntária oferece a possibilidade aos civis de fazerem parte da instituição militar durante um tempo que não interfere na sua vida profissional corrente. A essas facilidades, que incentivam a presença civil em geral, pode-se acrescentar a transformação (lenta, mas aparentemente efetiva) pela qual passa a sociedade espanhola no tangente à igualdade de gênero.

DISCUTINDO O PANORAMA

Reconhecendo os dispositivos que há vinte anos se desenvolveram desde o governo do Estado espanhol para a implementação e o incremento da presença feminina nas Forças Armadas e considerando o relativamente exitoso panorama atual da presença de mulheres nesse âmbito, cabe questionar uma série de fatores. Como já o ressalta Valentina Fernández Vargas (2007, p.416), é indiscutível que a esse ponto a incorporação feminina nas Forças Armadas do Estado espanhol entrou em um processo de normalização, podendo-se considerar essa uma profissão *consolidada*, em oposição ao qualificativo "*nova*", utilizado nos finais da década de 1990 pela mesma estudiosa.

Por isso, é lugar-comum, entre os que a defendem, que a incorporação da mulher às Forças Armadas é um fato positivo, inclusive porque há uma série de motivos (a igualdade entre gêneros, por exemplo) que efetivamente demonstram avanços sociais: "desde a abertura de toda profissão ou tarefa à mulher, para cumprir com o princípio de igualdade consagrado na Constituição espanhola até o enriquecimento social e profissional que ele proporciona à institução militar, passando pelo que é um meio a mais para lograr a plena integração social da estrutura militar" (Martín-Torrijos, 2005, p.189).

De fato, desde a sua própria experiência, Gómez-Alvarez (2005), capitã auditora do Corpo Jurídico Militar do Exército espanhol, refere-se nos seguintes termos à participação das mulheres, especialmente nas missões internacionais:

> A participação das mulheres em operações internacionais e em missões humanitárias no exterior tem sido relevante e aportou melhoras às mesmas, permitindo maiores intercâmbios culturais (recordemos operações realizadas em países islâmicos) com outras mulheres e com a população infantil das populações que foram afetadas por conflitos armados, catástrofes naturais ou qualquer outro tipo de contingências.

No entanto, sob um ponto de vista sociológico, costuma-se considerar que as mulheres aumentam a segurança nacional quando há "escassez de homens para levar a cabo as funções militares e quando estas funções são vistas como compatíveis com as supostas características das mulheres" (Calderón, 1991, p.57). Além disso, e utilizando a determinação de Kanter (1977), as militares espanholas estão, estatisticamente falando, na faixa que se considera "minoria simbólica", por não terem ultrapassado 15%. Nessa zona, ainda estão destinadas a adotar estereótipos masculinos com o fim de manter-se no posto ao que conseguiram ascender. A visão prática nos dá o depoimento de uma cabo de infantaria, recolhido por Rodríguez (1998, p.46), que lamenta que a equiparação não se fez devido à condição coincidente de militares, senão porque as mulheres, ao assumirem uma profissão tida por masculina, têm que se inserir nessas dinâmicas "apagando seu sexo".

Refletindo sobre os primórdios da incorporação feminina nas Forças Armadas espanholas, é necessário também lembrar que a política de incorporação das mulheres colocou-se em prática depois de realizar uma série de pesquisas e informes sociológicos para saber a opinião dos espanhóis. A isso deve-se acrescentar, como explica Carreiras (2002, p.90), "a necessidade de transmitir uma imagem de modernização das Forças Armadas", que parece ter exercido um papel fundamental nessa empreitada, especialmente porque "a presença de mulheres ajudaria a melhorar a imagem dos militares entre a população espanhola".

De fato, e de acordo com um estudo mais recente (Hombrados et al., 2007, p.38) de opinião pública sobre a presença das mulheres nas Forças Armadas, ainda persistem desajustes de opiniões. Esses autores creem que "superficial ou formalmente, a opinião pública assumiu a presença feminina nas FFAA sem limitações legais de nenhum tipo, como um ganho na luta pela igualdade". No entanto, são os próprios espanhóis os que seguem impondo obstáculos, alimentando estereótipos e considerando em alguns casos com inferioridade as mulheres militares em relação aos homens, excluindo-as "de tarefas às quais a tradição patriarcal sempre teve um signo nitidamente masculino".

Da mesma forma, é importante ter em conta os postos aos que conseguiram chegar as mulheres no decorrer desses vinte anos de incorporação, chamando à atenção o aspecto hierárquico ou o baixo índice de participação nas funções de combate. Da mesma forma, é preciso reconhecer que o processo célere de incremento da participação feminina nas Forças Armadas espanholas é fruto de um esforço notável desde o próprio governo que, em tempos de paz, instaurou uma série de políticas – incluindo-se campanhas publicitárias – com a finalidade de alcançar certas metas nesse sentido. Assim, deve-se reconhecer, como já explicou Segal (1999b), que a presença feminina nas Forças Armadas em muitos casos está relacionada com ciclos, que se retraem ou expandem dependendo de uma série de características sociais, políticas ou da própria esfera militar que, neste momento, pode – ou não – estar chegando ao seu apogeu.

O OLHAR DOS HOMENS:

RESISTÊNCIA E CUMPLICIDADE NAS RESPOSTAS MASCULINAS À INTEGRAÇÃO DE MULHERES NAS FORÇAS ARMADAS

Helena Carreiras[1]

INTRODUÇÃO

Com base em entrevistas a militares homens em Portugal e na Holanda, realizadas no âmbito de uma investigação comparativa sobre políticas e modalidades de integração feminina nas Forças Armadas, aborda-se aqui a questão da construção da masculinidade em contexto militar, propondo-se uma tipologia de respostas masculinas à presença de mulheres nas Forças Armadas, bem como uma revisão dos argumentos por eles utilizados e posições assumidas face à integração de gênero.

A partir da década de 1970 as Forças Armadas da maioria dos países ocidentais passaram a admitir mulheres em circunstâncias de relativa equidade estatutária face aos seus pares masculinos, atribuindo-lhes progressivamente um conjunto de direitos e oportunidades que anteriormente lhes estavam vedadas. De uma forma geral, as mulheres adquiriram estatuto militar, passaram a integrar corpos mistos e a aceder a um leque alargado de especialidades e posições, vendo reduzirem-se as interdições formais aos níveis estatutário e de desenvolvimento da carreira. Contudo, não obstante a tendência para a eliminação de discriminações e equalização de estatutos entre homens e mulheres, no final da primeira década do século XXI permanecem variadas restrições, e as mulheres são ainda largamente excluídas de áreas e funções ligadas ao combate; têm uma representação limitada em posições de poder no sistema militar; nem sempre são aceitas e confrontam até mesmo reações hostis.

Esse processo de integração militar de mulheres foi descrito como uma revolução (Holm, 1993), como um acontecimento perigoso para a instituição militar (Mitchell, 1998; Van Creveld, 2001), ou ainda, como uma transformação

---

[1] Doutora em sociologia, docente e pesquisadora do Centro de Investigação e Estudos de Sociologia – CIES – Centros de Investigação do Instituto Superior de Ciências do Trabalho e da Empresa (Lisboa, Portugal).

mais profunda que a introdução de armas nucleares (Carrol e Hall, 1993, p.19).[2] Independentemente do impacto que possa atribuir-se à entrada de mulheres no universo castrense – e existem boas razões para pensar que tais descrições exageram os reais efeitos do processo – uma coisa parece clara: essa não é uma mudança apenas "pela duração" dos conflitos, como vinha historicamente acontecendo. Embora a posição das mulheres militares possa ser desigual, embora possam ser alvo de discriminação cultural e segregação ocupacional, elas deixaram de ser periféricas para a organização ou apenas "espectadores passivos da ação no ringue central" (Brownmiller, 1993, p.32).

Em todo o caso, as análises e estudos que têm sido desenvolvidos sobre a integração de gênero nas Forças Armadas têm-se concentrado quase exclusivamente sobre as próprias mulheres. No contexto desses trabalhos, e paradoxalmente, a dimensão relacional do processo acaba por ser desvalorizada na exata medida em que se torna homogênea a categoria "homem militar" e se oculta a heterogeneidade dos posicionamentos masculinos face à mudança organizacional de que também são protagonistas. A esse propósito, parte-se aqui do pressuposto de que existe uma multiplicidade de "olhares" masculinos sobre o processo de integração militar feminina, cujos contornos convém desvendar.

Interrogando os conteúdos e características desses "olhares", este texto começa por rever um conjunto de contributos teóricos em que se problematiza a construção da masculinidade no âmbito militar, bem como a forma como essa construção se plasma sobre os mapas simbólicos com que as sociedades vão conferindo sentido às relações de homens e mulheres com a violência, a paz e a guerra. Em seguida, com base em entrevistas de militares homens em Portugal e na Holanda, realizadas no âmbito de uma investigação comparativa sobre políticas e modalidades de integração feminina nas Forças Armadas (Carreiras, 2006), propõe-se uma tipologia de respostas masculinas à presença de mulheres. Finalmente, analisa-se o conjunto de argumentos e posições assumidas pelos entrevistados relativamente aos principais problemas e dificuldades ocasionados pelo processo de integração em curso.

GÊNERO, MASCULINIDADE E FORÇAS ARMADAS

A dupla associação de mulheres com feminilidade e paz, e de homens com masculinidade e guerra, tem profundas raízes na maior parte das sociedades. Estereótipos de homens como "guerreiros justos" e de mulheres

---

[2] A amplitude do desafio que a participação militar feminina envolveu fica clara no depoimento de J. Vessey, antigo chefe de estado-maior das Forças Armadas dos Estados Unidos, que afirmou: "o influxo de mulheres trouxe maiores transformações às Forças Armadas americanas que a introdução de armas nucleares" (Carrol e Hall, 1993).

como "almas belas" foram sistematicamente utilizados, ao longo do tempo e das culturas, para assegurar o estatuto não combatente das mulheres e a identidade masculina do guerreiro (Elshtain, 1995).[3] A persistência e estabilidade transcultural desse quadro cognitivo, bem como das práticas concretas a que se associa, encontra-se bem documentado e revela, simultaneamente, a forma como as identidades de gênero se constituíram e sedimentaram em torno da questão da violência coletiva.

Esse processo é particularmente claro nas instituições militares onde, através dos seus mecanismos burocráticos e centralização política, o Estado institucionaliza, formal e autoritariamente, padrões dominantes de relações de gênero. Tomando como ponto de partida esse pressuposto, Connell (1987) sustenta que existe um núcleo central na estrutura de poder das relações de gênero, o qual se articula, por contraste, com padrões mais difusos e contestados na sua periferia. O autor argumenta que as hierarquias e mercados de trabalho da violência institucionalizada – forças militares e paramilitares, polícias e sistemas prisionais – são um dos componentes desse núcleo na estrutura de poder de gênero nas sociedades capitalistas avançadas: "Não é por acidente que os meios da violência organizada – armas e conhecimento da técnica militar – estão quase completamente nas mãos dos homens" (Connell, 1987, p.109). Nessa perspectiva, o universo militar constituiu a mais importante arena de definição da cultura euro-americana e do seu modelo de masculinidade hegemônica, onde a figura do herói militar, um especialista da violência, ocupa uma posição central.

É nessa medida que a guerra e as organizações militares, em particular, têm funcionado como um campo social produtor de referenciais sobre papéis sexuais e de uma concepção normativa da masculinidade, a qual por um lado amplifica os modelos socialmente dominantes e, por outro, contribui ativamente para a sua produção e reprodução.[4]

---

[3] Num dos mais completos e documentados estudos sobre a natureza desta distinção, Elshtain (1995) demonstrou de forma convincente que os estereótipos de "almas belas" e "guerreiros justos" são destruídos pela realidade da belicosidade feminina e do amor sacrificial de muitos homens.

[4] No passado, os exércitos usaram sistematicamente o poder dessas imagens masculinas para efeitos de recrutamento e mobilização para a guerra. O caso mais sistemático de tal apropriação na história contemporânea é porventura o culto Nazi da masculinidade. De um modo geral, os regimes fascistas sempre enfatizaram fortemente a masculinidade como mecanismo de mobilização. Como nota Connell (1995), "em termos de gênero, o fascismo constituiu uma crua asserção da supremacia masculina em sociedades que tinham vindo a construir a igualdade para as mulheres. Para atingir esse objetivo, o fascismo promoveu novas imagens da masculinidade, glorificando a irracionalidade (o triunfo da vontade, o "chamamento" do sangue) e a incontida violência do soldado na linha de frente" (p.153). Um exemplo recente de como uma concepção hegemônica de masculinidade é utilizada para sustentar grupos de interesse poderosos refere-se ao lobby das armas: "As organizações armamentistas são convencionalmente masculinas no seu estilo cultural. (...) O lobby das armas não precisa trabalhar muito a inferência de que os políticos que pretendem desarmar-nos estão a desvirilizar-nos. Tanto a nível simbólico como prático, a defesa da propriedade de armas é a defesa da masculinidade hegemônica". (Connell, 1995, p.212).

Diferentes autores têm justamente procurado demonstrar como esse caráter essencialmente masculino da função militar participa na formação de identidades e estereótipos sexuais e como a secular exclusão das mulheres contribuiu para reforçar diferenças e codificar fronteiras entre gêneros. Salientam, designadamente, a relação dialética que se estabelece entre a estrutura e modo de funcionamento das organizações militares e o ideal-tipo de masculinidade prevalecente: se, através de formas específicas de socialização, modelos disciplinares e padrões de autoridade, a instituição participa na construção do arquétipo masculino, este, por sua vez, realimenta o seu funcionamento, de tal forma que os conteúdos associados às definições de masculino e militar se plasmam frequentemente numa notável sobreposição (Carreiras, 1997).

Tradicionalmente, o serviço militar (especialmente na modalidade de conscrição) funcionou como um rito de passagem para a idade adulta, mas também como ritual de diferenciação entre as categorias de masculino e feminino, cuja oposição alimenta muitas das tensões no centro do imaginário militar. A equação homem-guerreiro é aqui operacionalizada através de um modelo em que os parâmetros físicos e o ideal da virilidade adquirem enorme relevância (Messner, 1991). Numa análise sobre socialização militar e masculinidade, Arkin e Dobrofsky (1978) mostram como, desde o momento do recrutamento e ao longo do treino básico, valores associados à força física representam o pré-requisito da masculinidade: "a ênfase em elevados parâmetros físicos envolve implicitamente a crença militar de que a masculinidade é, sobretudo, determinada por um corpo são, e não por uma mente sã" (p.156). Segundo esses autores, o estatuto físico inicial do recruta define o padrão de estratificação na estrutura militar, pois aqueles com um melhor perfil físico são tradicionalmente designados para as carreiras de combate, mais prestigiadas e recompensadoras, ao passo que aqueles com menores capacidades físicas são direcionados para funções administrativas e de apoio. Na medida em que as oportunidades de progressão e desenvolvimento profissional dependem frequentemente do desempenho no âmbito de funções ou unidades de combate, ser designado para essas áreas confere maior *status* e aumenta a probabilidade de atingir os postos mais elevados.

Provavelmente em nenhuma outra área se usou e abusou tanto da associação essencialista entre masculinidade e agressão. O fato de, ao longo da história, a guerra ter constituído uma quase exclusiva atividade masculina é frequentemente utilizado como evidência empírica dessa ligação. David Marlowe (1983) defendeu essa posição argumentando que "a maior capacidade vital do macho, a sua velocidade, massa muscular, capacidade de lançamento, a sua maior propensão para a agressão e a sua mais rápida subida de adrenalina tornam-no mais adequado para o combate físico intenso" (p.190). Adicionalmente, a capacidade de levar a cabo a agressão é muitas vezes associada à natureza dos laços entre homens, os quais são reforçados por uma linguagem própria: "[...] o mundo do soldado é caracterizado por uma masculinidade estereotipada. A sua linguagem é profana, a sua professada sexualidade rude e direta, a sua masculinidade é a sua armadura, a medida da sua competência, capacidade e confiança em si próprio" (Marlowe, 1983, p.192).[5] A par com a linguagem, a proclamação de proezas sexuais, rimas e canções que denigrem as mulheres, posters e filmes pornográficos constituem também símbolos evidentes da arquetípica cultura masculina nas unidades militares. Reforçando a superioridade numérica, encontramos uma cultura masculina, por vezes sexista, que permeia a própria imagem da função militar.

Essa associação entre masculinidade, força e agressão não existe, contudo, isoladamente. De acordo com MacDonald (1987), essas categorias fazem parte de um sistema estrutural de conceitos, uma grelha semântica que sustenta a articulação entre gênero, paz e guerra. Embora o seu sentido e carga moral possam variar, nessa matriz simbólica paz e passividade ocupam frequentemente uma mesma localização oposta a um conjunto que inclui masculinidade, guerra e atividade. Seguindo de perto a análise proposta por essa autora, pode-se afirmar que nessa matriz simbólica, feminilidade, paz e passividade têm frequentemente uma mesma localização, oposta a um outro conjunto que inclui masculinidade, guerra e atividade – conceitos interligados que envolvem na sua órbita muitos outros dualismos, tais como privado-público e doméstico-político. Nesse quadro, a imagem da mulher desempenha um papel crucial na própria definição do militar, na medida em que funciona como alteridade referencial: para além dos modelos masculinos do "herói", do "camarada" ou do "verdadeiro homem", o soldado é muitas vezes confrontado com imagens negativas, de mulheres ou homossexuais, utilizadas para representar as qualidades fracas ou ineficazes do recruta. Afirma MacDonald (1987, p.21):

> Nessa transação, a não masculinidade é equacionada como ineficácia e passividade; e masculinidade como poder e agressão. Contudo, o jovem soldado não se transforma facilmente no lado masculino da equação, pois, na submissão à autoridade que lhe é requerida, ele assume um papel tipicamente feminino. Essa tensão no centro do imaginário serve à organização militar na medida em que a insegurança que gera apenas poderá ser contrabalançada pela prova da masculinidade, de acordo com as linhas traçadas pela ideologia militar.

[5] Importa, contudo, referir que a "invenção" de uma linguagem específica, rica em acrônimos, jargão e metáforas cumpre uma série de funções que naturalmente não se associam apenas a relações de gênero. Madeleine Morris (1999) mostrou, por exemplo, como a linguagem da cultura militar permite aos soldados e marinheiros simultaneamente adequar-se aos padrões de autoridade e ridicularizar os seus superiores, lamentar-se das suas tarefas ou distinguir-se de outros grupos (p.57).

Nesse instável jogo de construção e reforço da alteridade – essencial, como é sabido, à produção das identidades –, a categoria do "outro-mulher" não ocupa sempre uma localização unívoca: ela desdobra-se em múltiplas subcategorias que particularizam atributos específicos e frequentemente contraditórios que a construção social do gênero feminino foi gerando. Com efeito, no universo militar coexistem tradicionalmente diferentes arquétipos de mulher que operam em diversos momentos e circunstâncias, num duplo movimento de mistificação e mitificação que contribui tanto para a produção da diferença quanto para a afirmação da identidade masculina.

Para além do arquétipo da mulher frágil/submissa/passiva que o exemplo ilustra, destaca-se o da mulher objeto sexual, que de alguma forma lhe é correlato e cujo uso e abuso sancionados constituem, segundo alguns autores, um meio comum de confirmação da masculinidade – como modelo fundado numa assimetria de poder, força e dominação – ao remover quaisquer dúvidas quanto à virilidade de cada um nos encontros heterossexuais (Arkin e Dobrofski, 1978). Relacionada com esse estereótipo existe também a concepção da mulher como troféu de caça. Conforme notou Battistelli (1999), ao longo da história os homens sempre demonstraram a mesma perseverança em excluir da guerra as suas mulheres como em incluir nela as mulheres do inimigo. Enquanto as mulheres do próprio clã ou grupo social eram "poupadas" como combatentes, outras mulheres eram procuradas como troféus. Nesse âmbito, o rapto ou a escravização das mulheres do inimigo adquire um enorme significado simbólico, sendo conhecidas as suas consequências desmoralizantes. No contexto da guerra, a violação é considerada a ofensa suprema, por vezes mais forte que a derrota. Susan Brownmiller (1993, p.38) sintetizou essa ideia de forma exemplar:

> Tradicionalmente os homens de uma nação conquistada veem a violação das "suas mulheres" como a máxima humilhação, um golpe de misericórdia sexual. A violação é considerada pelo povo de uma nação derrotada como parte do esforço consciente do inimigo para derrotá-lo. [...] o estupro perpetrado por um vencedor é uma prova indiscutível da condição de impotência viril do vencido. [...] O corpo de uma mulher violada torna-se um campo de batalha ritual, um terreno para a parada triunfal do vencedor. O ato cometido sobre ela é uma mensagem transmitida por homens a outros homens: uma importante prova da vitória para uns e de perda e derrota para outros.

Battistelli chama ainda a nossa atenção para o fato de esse ser um mecanismo relativamente generalizado na guerra, e não apenas em épocas passadas. A violência sexual tem sido utilizada em conflitos recentes, como no caso das violações em massa na Bósnia-Herzegovina entre 1991 e 1995, ou em muitos outros casos perpetrados por soldados de exércitos regulares durante todo o século XX (Battistelli, 1999; Seifert, 1994; Stiglmayer, 1994; Hayden, 2000; Beverly, 1996; Sharratt e Kaschak, 1999).

Mas existe também a imagem da *mulher intocável*, ideologicamente transformada no ser protegido; aquela ou aquelas por quem é suposto lutar, que é necessário defender da violência do combate e dos horrores da guerra. Subjacente a essa categoria encontramos a oposição, frequentemente naturalizada como simétrica, entre o papel da mulher como mãe e o do homem como guerreiro; dar a vida e dar a morte, maternidade e combate, vistas como atividades mutuamente exclusivas e específicas da "natureza essencial" de homens e mulheres: "[face] à imagem do homem naturalmente incapaz de procriar, a mulher seria por natureza incapaz de lutar: a maternidade seria o seu próprio combate [...]" (Reynaud,1988, p.41). Mady Segal propôs uma explicação para a funcionalidade dessa imagem da mulher em tempo de guerra. Assumindo que existe uma diferenciação psicológica entre o "mundo real" e o combate, a qual permite a alguns homens sobreviver ao enorme estresse a que são sujeitos, a autora conjectura que um dos mecanismos de sobrevivência consistirá justamente na preservação da imagem desse mundo, onde as mulheres desempenham um papel central: "As mulheres (ou, pelo menos 'as nossas mulheres') não fazem parte da guerra. De fato, uma das razões pelas quais os homens lutam é pela proteção das suas mulheres, e do resto da imagem do mundo em casa" (Segal, 1983, p.209).

A presença da mulher, mesmo que fundamentalmente cristalizada pela sua ausência, constitui, assim, um elemento estruturante do universo simbólico-cultural sobre o qual se desenham, no contexto militar, valores e representações sobre os papéis socialmente adequados a homens e mulheres, e se instituem princípios de divisão que presidem ao funcionamento das próprias organizações militares.

Tal como essas diferentes imagens femininas podem estar presentes ou ausentes, ser instrumentalizadas ou ignoradas em diferentes situações, também os arquétipos da masculinidade e as imagens do heroísmo masculino foram sujeitos a notáveis variações ao longo do tempo. Com efeito, num determinado momento no interior de uma mesma sociedade podem coexistir vários modelos de masculinidade, alguns mais associados à violência que outros. O mesmo acontece no interior das organizações militares, desde logo devido à heterogeneidade de ambientes que as caracterizam. Algumas unidades e áreas foram sujeitas, mais que outras, a processos de integração de gênero e frequentemente a essa divisão sobrepõe-se uma hierarquia de "masculinidades". É habitual, por exemplo, que os homens colocados em unidades de combate se considerem mais "duros" que aqueles colocados em funções de apoio. Estes últimos, por seu turno, poderão partilhar a ideia de que a masculinidade "machista" de muitos dos seus companheiros pode funcionar como uma compensação para a falta de qualificações tecnológicas.

É justamente devido a essa heterogeneidade que a cultura militar deverá ser entendida em termos da relação entre várias "masculinidades" (Connell, 1987; 1995). É a articulação entre essas diferentes formas – algumas fisicamente violentas, mas subordinadas, outras dominantes e "organizacionalmente competentes" – que poderá ajudar-nos a compreender o estado das relações de gênero nas organizações militares, e consequentemente as diferentes atitudes e reações face à incorporação feminina. Seria de fato impreciso e errôneo supor que as operações militares funcionem hoje na base de tradicionais arquétipos de heroísmo. Com o crescente peso da tecnologia, a "gestão da violência legítima" tornou-se uma atividade baseada em técnicas burocrático-racionais de organização. Devido à multiplicação de funções de apoio, a maior parte dos soldados não é efetivamente combatente e a maioria dos líderes militares subscreveria a ideia de que "não queremos tipos Rambo a guiar os nossos jipes e caminhões de fornecimento" (Connell, 1995). A tendência para a profissionalização e a ênfase nos aspectos técnico-organizacionais a ela associados operaram em muitos dos contextos militares uma refocalização dos padrões de socialização institucional, diminuindo o peso e relevância dos tradicionais arquétipos de gênero como força integradora.

No contexto desse processo de mudança estrutural, o serviço militar perdeu muito do seu poder simbólico na produção de referências de gênero, tal como aconteceu relativamente à associação entre serviço militar e cidadania.

No entanto, diversos indicadores convergem no sentido de que esse deslocamento se referirá mais a uma reconfiguração da tradicional definição de masculinidade que à sua supressão. Arkin e Dobrofski (1978) sustentam essa tese, salientando a forma como o ideal tipo de masculinidade prevalecente passou a incorporar novos conceitos de produtividade e competência profissional sem, no entanto, perder as suas conotações tradicionais.

Depois de quase quatro décadas de integração militar feminina na maioria das democracias ocidentais, vale a pena recolocar a questão. É convicção de muitos autores que têm investigado essa questão que, embora nas últimas décadas tenhamos assistido a significativas mudanças na composição social das Forças Armadas, uma forte relação – ainda que reconfigurada – entre masculinidade e atividade militar não deixou de existir. A prová-lo, encontramos as dificuldades que rodeiam o processo de integração feminina (Carreiras, 2006) ou a prevalência de discursos de diferenciação ao nível da definição de políticas de integração de gênero (Woodward; Winter, 2007). Adicionalmente, tendências no sentido da segregação ao nível do treino inicial (como tem vindo a acontecer nos EUA), políticas relativas à presença de homossexuais nas fileiras ou a persistência de práticas de assédio sexual podem justamente ser vistos como pressões no sentido da reafirmação de um padrão de masculinidade hegemônica. Curiosa e paradoxalmente, essas tendências desenvolvem-se em simultâneo com transformações profundas na definição das missões militares, as quais passam a incluir, de forma crescente, operações internacionais de cariz humanitário e de manutenção da paz. Nas palavras de Mady Segal (2001), "à medida que a organização militar se transforma de modo a ajustar-se àquele que será o seu provável papel no século XXI, forças tradicionais resistem a mudanças que definiram como a 'feminização' das Forças Armadas" (p.576). As questões que aqui se colocam referem-se justamente à forma como têm vindo a configurar-se algumas dessas resistências por parte dos homens militares, mas sobretudo à diversidade de respostas individuais à mudança na composição de gênero na instituição militar. Como caracterizar essa diversidade? Em que medida as respostas masculinas ao nível da interação se articulam com determinações socioculturais e organizacionais mais amplas? Qual a expressão dos tradicionais arquétipos de gênero na configuração das reações masculinas à participação e integração das mulheres nas Forças Armadas?

RESPOSTAS MASCULINAS À INTEGRAÇÃO MILITAR DE MULHERES

Entre o sexismo e a reverência: uma tipologia empírica

No sentido de procurar algumas respostas às questões colocadas, utilizo aqui dados de um estudo comparativo internacional sobre políticas de integração militar feminina em que foram realizadas 25 entrevistas a homens oficiais dos vários ramos das Forças Armadas portuguesas e holandesas.[6] O objetivo da análise não será tanto o de confrontar ambos os países, assinalando similitudes e diferenças, mas o de utilizar esse material discursivo no sentido da elaboração de uma tipologia que possa constituir um instrumento analítico útil para compreender a diversidade de respostas de homens militares[7] às condições e constrangimentos que rodeiam o processo de integração de mulheres nas Forças Armadas.

Tomando como referência a proposta de Battistelli (2000) num estudo sobre atitudes dos soldados italianos face à futura incorporação feminina nas Forças Armadas italianas, foi possível adaptar uma tipologia de reações masculinas à integração de gênero nas Forças Armadas. Embora a associação entre esses tipos não tenha sido explorada por relação aos diversos modelos

[6] No âmbito desse estudo foram também realizadas entrevistas a mulheres oficiais nos dois países, as quais não são objeto de análise no presente texto. As entrevistas, de tipo semidireto, gravadas e de duração média de 1h 30, foram realizadas entre junho e novembro de 2000.

[7] Importa naturalmente não esquecer que aqui se trata apenas de oficiais. O conhecimento empírico das Forças Armadas mostra que a situação hierárquica constitui habitualmente uma das variáveis mais diferenciadoras de práticas e representações, o que inviabiliza uma generalização linear de resultados relativamente a outras categorias de militares.

de masculinidade que coexistem na organização militar, bem como ao seu peso na construção da identidade institucional dos profissionais militares, a hipótese de uma relação entre ambos afigura-se pertinente. Ou seja, supõe-se que diferentes modelos normativos de masculinidade poderão associar-se a diferentes tipos de resposta à situação de mudança organizacional ocasionada pela integração de mulheres no universo militar.

A tipologia que se descreve a seguir constitui um instrumento produzido na sequência de uma análise de conteúdo das referidas entrevistas e, nessa medida, naturalmente suscetível de afinamento teórico e empírico em futuras análises.

Quadro 1 - Tipologia de reações masculinas à presença feminina nas Forças Armadas

<table>
<tr><th rowspan="3">Percepção das diferenças de gênero</th><th colspan="3">Atitude relativa à aceitação feminina</th></tr>
<tr><th rowspan="2">Oposição</th><th colspan="2">Aceitação</th></tr>
<tr><th>Total</th><th>Condicional</th></tr>
<tr><td rowspan="2">Diferença
(subordinação da mulher)</td><td rowspan="2">Sexista</td><td rowspan="2">—</td><td>Machista</td></tr>
<tr><td>Pragmatista</td></tr>
<tr><td>Diferença
(sublimação da mulher)</td><td>Tradicionalista</td><td>—</td><td>Cavalheiro</td></tr>
<tr><td>Igualdade</td><td>[antimilitarista]</td><td>Integracionista</td><td>—</td></tr>
</table>

Fonte: Adaptado de Battistelli, 1997.

Tal como pode observar-se no Quadro 1, cada tipo é caracterizado por uma perspectiva dominante relativamente a duas variáveis: por um lado, *percepção relativamente às diferenças de gênero* – medida em termos de um contínuo entre concepções mais igualitárias e de maior valorização da diferença –; por outro lado, *atitude relativa à integração militar feminina*, entre o polo da total aceitação e o da oposição ou hostilidade. Vejamos os diferentes tipos com mais detalhe.

- *Sexista:* o *sexista* sublinha as diferenças entre homens e mulheres, partilhando uma concepção de subordinação da mulher ao homem e opondo-se à integração de mulheres nas Forças Armadas. A participação militar de mulheres é considerada negativa para a organização em geral e muito particularmente para a própria unidade. Um dos melhores exemplos dessa atitude é revelado pela dramática afirmação de um jovem fuzileiro da marinha:

"No dia em que as mulheres aqui entrarem mando a boina ao chão" (Tenente-fuzileiro da Marinha portuguesa, 27 anos).

O significado simbólico da boina, algo que só se adquire após duras provas de coragem, rusticidade e virilidade, é de tal maneira importante na construção da identidade desse grupo de militares que fazer essa afirmação equivale, de fato, a renunciar à sua identidade militar.

- *Tradicionalista*: tal como o *sexista*, o *tradicionalista* sublinha os elementos que diferenciam homens e mulheres, mas no sentido de sublimação das características femininas. As supostas virtudes femininas são sublinhadas e enquadradas numa concepção idealizada de mulher. A imagem ideal de mulher é considerada incompatível com funções militares e, nessa medida, a sua participação militar é rejeitada:

"Não estou a ver uma mulher combatente no meu ideal feminino, realmente não. Posso aceitá-la, mas não seria a mulher que eu gostava. [Qual é o seu ideal feminino?] Tem que ter uma certa fragilidade. E eu que sinta que consigo ser um suporte dessa fragilidade. Em que ela se sinta segura [...] não consigo pensar o contrário" (Coronel-médico da Força Aérea portuguesa, 48 anos).

- *Pragmatista*: o *pragmatista* assume uma posição semelhante à do *sexista* no que se refere a uma visão desfavorável da mulher em termos das diferenças entre sexos, sublinhando, nesse caso, as suas supostas fragilidades físicas e psicológicas, mas é favorável a uma integração condicional. A ideia prototipicamente pragmatista é a de que a presença das mulheres nas Forças Armadas não é boa nem má; é um fato. Os *pragmatistas* acreditam que as Forças Armadas funcionariam melhor se se mantivessem exclusivamente masculinas, mas, uma vez que as mulheres entraram, a organização é responsável pela sua integração efetiva de forma a assegurar eficiência. Em geral, essa posição associa-se à crença de que as mulheres deveriam seguir exatamente os mesmos requisitos que os homens, incluindo os relacionados com aptidões e treino físicos:

"Vejamos as coisas desta forma. Na Marinha, precisamos de mais ou menos 16 mil pessoas para realizar o trabalho. Se se tiver que escolher essas pessoas apenas entre o grupo dos homens, poderemos ter um problema. Se pudermos abranger raparigas, mulheres para essas funções, teremos um grupo muito maior. Eu penso que isso é bom. Claro... têm que ter todos a mesma formação. Deveremos exigir o mesmo para os mesmos padrões. A minha experiência é a de que não gosto de ter problemas de mulheres a bordo. Não quero ser responsável por isso. Sinto-me melhor num ambiente masculino" (Capitão de logística da Marinha holandesa, 33 anos).

- *Machista*: tal como o *pragmatista*, o tipo *machista* sublinha a inferioridade feminina e favorece a integração condicional. Contudo, ao contrário dos tipos anteriores, não requer que a mulher siga exatamente os mesmos critérios que os homens no acesso às funções militares. Segundo o *machista*, a presença das mulheres é aceitável apenas em funções de apoio, tais como logística e administração. Na sua perspectiva, as características (fraqueza) e presença feminina nas Forças Armadas enfraquecem a tradição, desempenho e valores militares. Nessa medida, elas não deveriam poder ascender a unidades operacionais, ou seja, às consideradas verdadeiramente militares.

"É assim: enquanto não estava cá, isto é, enquanto não pertencia ao regime militar, digamos assim, tinha uma ideia ótima das mulheres se inserirem no sistema militar. Desde que estou cá, e principalmente desde que estou nos paraquedistas, acho que todo esse evoluir decrescente entre aspas, acho que grande parte desse declive que existe e que já vem de algum tempo, foi por causa disso mesmo, foi por causa da inserção das mulheres. No Exército, compreende-se perfeitamente e estou cem por cento a favor, agora nos paraquedistas, não! [...] A imagem da mulher cria fragilidade. Nós, quando falamos com uma mulher, falamos de uma maneira diferente do que se falarmos com um homem e acho que só o lado frágil, só o ar de fragilidade que transparece numa mulher, só isso, faz com que a instrução já seja diferente, seja muito menos exigente. Perde-se o espírito" (Tenente-paraquedista do Exército português, 20 anos).

- *Integracionista*: o *integracionista* acentua a ideia de igualdade entre homens e mulheres, acredita que a presença de mulheres é positiva para a organização e apoia a total integração feminina. Reconhece a existência de problemas, mas sublinha o seu caráter sistêmico mais que individual e salienta a procura de soluções. Essa perspectiva, supostamente neutra em termos de gênero, associa-se frequentemente ao argumento "a melhor pessoa para a função":

"Talvez cada minoria venha a ter diferentes problemas. Acho que muito tem a ver com as circunstâncias. Falo de tornar o tema um 'não-tema'. Para fazer de alguma coisa um 'não-tema' é preciso pôr as pessoas certas no lugar certo, aquele que é adequado ao trabalho [...] Para mim não se trata de ser homem ou mulher, mas de pôr a pessoa certa no trabalho certo" (Tenente de infantaria do Exército holandês, 30 anos).

- *Cavalheiro:* o *cavalheiro* partilha com o *tradicionalista* uma concepção sublimada da mulher (mulher como anjo protetor), mas, ao contrário deste último, favorece a presença feminina nas Forças Armadas, ainda que apenas em funções de apoio:

"Penso que serão mais vocacionadas para os serviços, tudo o que seja ligado à área de comunicações, sei lá... burocracia do gênero: fazer vencimentos, tratar de papelada, justiça, logística, manutenção, correios. [...] A própria alimentação, o fardamento, tudo o que seja de logística e administração, tudo o que exige menos esforço físico. Agora no que diz respeito à parte de carreira... de combate... [...] De uma maneira geral, a própria natureza da mulher não se enquadra com o espírito [...] Penso que a mulher é muito mais carinhosa, acho que as mulheres não se enquadram muito bem dentro da profissão militar, militar-guerreiro. Poderá eventualmente ser militar, sim por que não? Porque em outras coisas não é necessário ser-se agressivo e é tão necessário como aqueles que andam em ação de combate" (Tenente de engenharia do Exército português, 35 anos).

Tipologia de respostas masculinas: contextos nacionais e formas de argumentação

Embora a análise que aqui se propõe não permita nem justifique a identificação de regularidades ou generalizações, dado o limitado número de entrevistas, a sua distribuição por país, bem como os argumentos invocados a diferentes propósitos para justificar as posições assumidas perante a integração militar feminina, apontam para alguns aspectos interessantes e que vale a pena explorar.

Quadro 2 - Respostas masculinas à entrada de mulheres nas Forças Armadas, por país (%)

País / Tipos	Portugal	Holanda	Total
Sexista	23	0	12
Tradicionalista	8	0	4
Machista	23	25	24
Pragmatista	8	25	16
Integracionista	23	50	36
Cavalheiro	15	0	8
Total	100	100	100

Desde logo, importa enfatizar a ideia de que estamos perante tipos-ideais. Os indivíduos foram classificados de acordo com o que se considerou ser a tendência dominante no seu discurso.[8] Existe, contudo, razoável ambivalência e, por vezes, a coexistência de perspectivas antagônicas numa

[8] O fato de apenas terem sido entrevistados oficiais da ativa explica a total ausência de antimilitaristas. A inexistência dessa categoria, presente na tipologia originalmente proposta por Battistelli, deriva aqui da ausência de conscritos, na medida em que seria no mínino paradoxal encontrar oficiais que assumissem explicitamente posições codificadas como antimilitaristas.

mesma entrevista. Por outro lado, há que ter em conta que se trata de uma classificação sincrônica, sendo plausível a mudança de tendência ao longo do tempo. Com efeito, diversos entrevistados declaram ter alterado o seu comportamento no curso dos anos. Embora isso pareça acontecer numa escala limitada, pode ser um elemento importante para explicar as transformações induzidas pela presença feminina nas Forças Armadas.

Os contextos nacionais revelam, por seu turno, uma diferente distribuição dos tipos. Os oficiais holandeses parecem apoiar mais que os portugueses a integração feminina nas Forças Armadas: cerca de metade são classificados como integracionistas, para apenas ¼ dos portugueses, os quais aparecem mais dispersos pelos vários tipos. Embora alguns holandeses sejam classificados como machistas e pragmatistas, a maioria enquadra-se no perfil integracionista. Ou seja, todos aceitam a presença militar feminina, apoiando a integração total ou condicional. Por outro lado, apenas os portugueses são classificados como sexistas e tradicionalistas, o que significa que, não obstante o seu limitado número absoluto, todos os que nessa amostra se opõem à presença de mulheres nas Forças Armadas são portugueses. Por outro lado, é entre os portugueses que encontramos os únicos cavalheiros, ou seja, os que partilham uma concepção sublimada da mulher.[9] Esses aspectos são consistentes com a identificação dos militares portugueses com uma visão mais tradicionalista ou paleomoderna da realidade e da própria instituição, ao passo que os holandeses parecem partilhar orientações mais orientadas para a modernidade. Isso é confirmado por outros elementos na análise das entrevistas, o que simultaneamente permite explorar a natureza dos argumentos utilizados pelos diferentes grupos relativamente à integração feminina.

Se concentrarmos a atenção nos problemas que os militares consideram resultar da presença feminina, uma primeira observação geral é a de que os portugueses tendem a recorrer a explicações naturalistas e essencialistas sobre a diferença feminina, enquanto os holandeses raramente o fazem. Desenvolvem, pelo contrário, um discurso racionalista em que as diferenças, quando identificadas, são atribuídas preferencialmente a aspectos sociais e culturais, tais como o nível educacional das mulheres ou erros organizacionais: deficiência no treino ou seleção inicial. Uma vez mais, a racionalização das diferenças de gênero parece remeter para orientações organizacionais mais gerais: os oficiais holandeses parecem ter internalizado o argumento oficial da "melhor pessoa para a função" coincidente com um discurso moderno no sentido utilitarista; os portugueses, pelo contrário, utilizam com frequência argumentos pré-modernos.

---

9 Um conjunto de fatores indica, contudo, que este resultado deve ser cuidadosamente avaliado: o número limitado de entrevistas, o qual não permite generalizações; possíveis enviesamentos linguísticos; e, sobretudo, algum enviesamento que possa decorrer da distribuição ocupacional da amostra, já que mais portugueses que holandeses provêm de áreas operacionais.

Em todo o caso, independentemente desta diferença de enfoque discursivo, um conjunto alargado de problemas e dificuldades relativas à presença das mulheres nas unidades militares foi sendo identificado ao longo das entrevistas.

Os tipos *tradicionalista* e *cavalheiro* tendem a sublinhar o fato de a presença feminina nas Forças Armadas ser prejudicial para a tradição e valores militares:

"[...] a história era história naval feita por machos. [...] eu estou habituado a ir para o mar o tempo que for, e tenho a minha mulher que está em casa e trata de tudo e fico descansado. O contrário é a negação da nossa história, e da nossa cultura [...]" (Comandante de logística da Marinha portuguesa, 45 anos).

Contudo, as críticas mais negativas são produzidas pelos tipos *sexista* e *machista*, que enfatizam particularmente o fato de a presença de mulheres ser prejudicial para o desempenho militar. Para muitos oficiais portugueses isso é consequência da falta de capacidades físicas das mulheres e das limitações sociais e biológicas a que estão sujeitas, devido à maternidade e às exigências da vida familiar. Se as mulheres não podem cumprir adequadamente as suas funções, quer isso fique a dever-se à sua fragilidade física, à gravidez, ou à necessidade de dar assistência à família e aos filhos, o resultado é percebido como uma sobrecarga de trabalho para os homens:

"Abusivo seria, por exemplo, uma mulher dizer que vai engravidar e que quer deixar de voar. Com essa intenção, temos mais é que aceitar o que os médicos dizem, está grávida, não pode voar. E engravidar é um direito. O não voar prejudica a carreira: normalmente as pessoas querem voar. Mas há situações [...] por exemplo, uma pessoa está com uma vida familiar complicada, o voar implica que se vai embora; uma pessoa antes quer estar cá do que estar a voar. Ela deixou de voar porque ela diz que vai engravidar e então eu agora começo a trabalhar mais porque ela vai engravidar. É chato. Acabam por aceitar mas é chato de início" (Tenente-piloto da Força Aérea portuguesa, 27 anos).

A percepção de inequidade é ampliada no caso de embarques na Marinha ou de missões internacionais (em particular, no caso holandês). A suspeita de que as mulheres utilizam a gravidez para evitar serem mobilizadas nesses contextos é relativamente comum. Da mesma forma, um outro clássico argumento aqui invocado é o de que a presença de mulheres induz alterações comportamentais entre os homens, estimulando, por exemplo, os seus instintos protetores, o que gera receios em termos de segurança:

"[...] os homens mudam na presença das mulheres, se estão num pequeno grupo. [...] Especialmente no princípio, se o homem muda vai tender a ser mais protetor, [a assumir] o papel de pai, ou seja, o que for que quiser chamar-lhe. Isso é um risco operacional. A segurança dos soldados nos Marines é afetada se a eficácia for afetada por causa dessa mudança de papéis [...] Eles não estarão apenas focalizados no inimigo. [...] Como funcionamos em pequenos grupos e condições extremas, não queremos ter tensões de gênero aqui. Penso que eficácia do combate não irá melhorar porque alguns homens irão reagir diferentemente na presença de mulheres" (Comandante dos Marines da Marinha holandesa, 50 anos).

Do ponto de vista da vida quotidiana, especialmente em áreas mais operacionais, a presença de mulheres nem sempre é bem-vinda na medida em que supostamente induz excessiva informalidade e constrangimento: os homens têm que fazer um esforço para se controlarem, *"ter cuidado com o que se diz e o que se faz"*. Novas exigências de privacidade constituem um fator a que se atribui o desenvolvimento de tensões e a desigualdade de tratamento entre homens e mulheres. Oficiais de forças especiais referindo-se a situações de "exercícios de campo" ou ao alojamento a bordo de navios, sublinharam a ideia de que a criação de mecanismos que visam a assegurar a privacidade feminina constitui uma fonte potencial de conflito. Por vezes, esse argumento é central para sustentar a exclusão das mulheres de certas especialidades militares. O relato do oficial dos Marines holandeses acima citado é elucidativo a esse respeito:

"Penso que é uma ótima ideia permitir o acesso de mulheres a posições onde tenham as mesmas capacidades que os homens, onde não sejam limitadas por aspectos físicos, pela privacidade. O requisito de privacidade limita a qualidade do trabalho que tem que ser feito [...] No início do ano fui chamado ao tribunal para defender a Marinha de acusações de discriminação. Fui envolvido, pois os Marines não admitem mulheres. Tive que explicar aos três juízes – dois dos quais eram mulheres – porque estávamos a excluir as mulheres. Expliquei que isso se devia a situações práticas em que não haveria nenhuma privacidade, nem para os homens nem para as mulheres, onde eles vivem praticamente em cima uns dos outros [...] pensamos que isso iria influenciar negativamente o trabalho nos Marines [...] Vou ser muito prático. Operamos em áreas especiais... se for com um grupo de oito Marines e se quiser evitar a desidratação, cada um deles tem que controlar a quantidade de líquido que ingere. Como é que se pode controlar isso? Cada vez que vão urinar, verificamos se está amarela ou branca; caso esteja branca, tudo bem; se estiver amarela significa que não está a beber líquido suficiente, o que significa um risco para o grupo. Se estamos a operar na selva, como na Guiana onde temos operações, cada doze horas verificamos também em certas zonas do corpo (também entre as pernas) se não existem pequenas sanguessugas. Se temos um pequeno e operarmos em grupos de quatro ou oito, então os homens mudam – mesmo os mais jovens. É contraprodutivo. Não existe privacidade para nenhum dos lados, homens ou mulheres. Os homens não se despem com uma mulher presente" (Comandante dos Marines da Marinha holandesa, 50 anos).

Existe também uma forte reação contra o que é identificado como "discriminação positiva" das mulheres, especialmente entre os oficiais mais jovens. O sentimento de privação relativa é frequente: muitos desses oficiais não entendem porque não podem também usufruir de certos "privilégios", designadamente um tratamento preferencial por parte de oficiais seniores, chuveiros especiais etc.

"[...] os sargentos têm um fraquinho pelas mulheres. Por exemplo, se uma rapariga faz alguma coisa mal ele diz 'tudo bem, vamos resolver isso'. Por vezes, se um rapaz faz o mesmo, ele diz 'fizeste asneira, és um idiota' [...] A ideia corrente é a de que o pessoal mais graduado é mais mole com as mulheres, e penso que uma das reações que pode resultar daqui é que entre nós [os mais jovens] vamos ser mais duros com as mulheres; é mais ou menos como dizer 'se fores amiga do chefe não és minha amiga'" (Tenente da administração da Marinha holandesa, 27 anos).

Outros queixam-se de competição desleal (por exemplo, menores exigências nos requisitos físicos):

"Sempre me revoltou [...] os testes físicos de entrada serem diferentes. Eu tive amigos meus que queriam ser pilotos e que se calhar não entraram para entrar uma mulher, que se calhar tinha menos capacidade. Isso irritava-me profundamente. A parte física é completamente diferente e eu não compreendo porque é que há de ser assim. Eu acho, sim senhora, deve ser aberto às mulheres, não compreendo sequer porque é que se criam restrições às mulheres irem para postos de combate, acho que são iguais, têm mesmo é que fazer o mesmo que nós" (Tenente-piloto da Força Aérea portuguesa, 27 anos).

Outros ainda acreditam que a presença de mulheres é a razão pela qual os níveis de exigência são reduzidos, o que é negativo para a instituição como um todo.

Entre os oficiais holandeses reencontramos um discurso mais sofisticado sobre o tema da discriminação positiva. Preferem explicar a desadequação ou insucesso das mulheres em termos de deficiências de seleção e treino, ou seja, identificando responsabilidades organizacionais mais que individuais. Muitos dos erros apontados são considerados resultado de pressões políticas para o recrutamento feminino. De acordo com vários testemunhos, o nível de exigência foi reduzido e as mulheres não tiveram que respeitar critérios de seleção existentes. Consequentemente, foram designadas para funções que não poderiam cumprir, o que gerou, por seu turno, avaliações negativas e estigmatização:

"[...] elas não conseguiam fazer o seu trabalho; não era culpa delas porque não eram adequadas para essas funções; isso tem um efeito negativo que dura por muitos anos" (Capitão de administração do Exército holandes, 42 anos).

"As mulheres têm menos competências que os homens porque *tiveram* que vir para a organização" (Tenente de logística da Marinha holandesa, 33 anos).

Não obstante a variação nos discursos, o resultado desse tipo de argumentação é similar: seja devido à sua biologia, capacidades físicas, empenho familiar ou inadequada seleção e treino, as mulheres não são desejadas nas áreas mais operacionais.

Por outro lado, importa registrar também que muitos entrevistados reconhecem que as mulheres confrontam numerosas dificuldades e hostilidade, que são discriminadas e tratadas de forma rude, especialmente entre os soldados, que são "encapsuladas" em papéis específicos e que têm dificuldade em gerir a ambivalência a elas associada; muitos reconhecem também que os próprios homens constituem parte do problema, tanto pelo fato de não terem sabido lidar com a mudança, ou porque tendem a assumir atitudes protecionistas e paternalistas relativamente às mulheres. Contudo, alguns homens reportam ressentimento pela duplicidade de critérios avaliativos, a qual, em geral, tem sido identificada relativamente às mulheres.

"O que quer que façamos não está certo. Se lhe damos uma missão fácil, estamos a protegê-la. Se lhe damos a missão mais perigosa, dizem que estamos a expô-la a riscos desnecessários. Isso não é nada bom" (Comandante dos Marines da Marinha holandesa, 50 anos).

Até mesmo oficiais explicitamente *integracionistas* estão prontos a aceitar a ideia de que muitos homens sentiram dificuldades iniciais em lidar com a entrada de mulheres. Isso é mais claro entre os portugueses, que identificam uma generalizada resistência devido ao mal-estar e constrangimento iniciais. Para além de notarem a ausência de mulheres mais graduadas que pudessem funcionar como mentoras das mais jovens, esses oficiais reconhecem que "os homens não estavam preparados para isso". O desconforto inicial não se deveria, de resto, apenas ao desafio identitário; lidar com aspectos práticos tornou-se penoso. Muitos entrevistados dão conta da dificuldade em tratar assuntos relacionados com o corpo ou a intimidade feminina. Relativamente ao comportamento sexual, diversas entrevistas revelam também a existência de um fenômeno que parece ser particularmente ampliado no mundo militar: o controle da sexualidade feminina. O comportamento sexual das mulheres é um assunto que frequentemente provoca ansiedade na organização. Um dos exemplos mais marcantes refere-se à interrupção das visitas femininas a bordo dos navios em escala nos portos estrangeiros após a entrada de mulheres.

"Uma noite houve uma conversa entre oficiais. Falamos de diversos comportamentos relativamente às mulheres a bordo dos navios. Eles disseram-me 'as mulheres não são iguais. As mulheres são mulheres e os homens são homens e não podem comportar-se da mesma maneira'. Depois deu vários exemplos. Quando os navios estão no porto, é comum haver visitas femininas a bordo. A partir do momento em que as mulheres passaram a integrar as guarnições, o comandante proibiu essas visitas. Por quê? Ele disse que era para não aborrecer as mulheres! Mas realmente foi porque se eles trouxessem 'amigas', as mulheres poderiam também trazer 'amigos' e isso estava totalmente fora de causa; ele não podia imaginar tal coisa" (Tenente-médica da Marinha portuguesa, 30 anos).

Em diversas outras situações, às mulheres é requerido que se ajustem a normas de comportamento sexualmente adequado. Isso sucede frequentemente através de exigências relativas ao seu corpo e aparência física. Um dos exemplos mais interessantes integra o testemunho de uma jovem tenente da Força Aérea portuguesa numa especialidade operacional, relativamente às pressões de que foi alvo, por parte de um oficial superior, no sentido de corrigir o seu comportamento supostamente demasiado masculino:

> Uma vez virou-se para mim e disse: "sabe X, as mulheres têm o seu lugar aqui dentro, mas há dois erros. Há os homens que não sabem lidar com elas. Nós é que somos o problema porque nós ainda não aprendemos a lidar com vocês de igual para igual. E o outro são vocês, é por serem mulheres. Para imitarem homens não precisávamos de vocês para nada. Se calhar nós abrimos as portas às mulheres porque elas tinham algo que faltava à organização. No geral vocês têm que ser iguais, mas depois há particularidades em que vocês têm que ser mulheres e eles têm que ser homens". Ele começou a ter uma conversa a dizer para eu ser mulher senão deixava de ter um valor real para a organização, porque começava a simular algo que não era. Era o que me estava a acontecer. E a partir daí eu comecei a ter mais atenção, a tentar ser eu mesma, a baixar as minhas defesas. (Tenente, cadete do curso de pilotagem da Força Aérea portuguesa, 27 anos)

Um elemento comum a esses relatos é o fato de que nenhum dos entrevistados parece ter consciência de que descreve fundamentalmente problemas que decorrem de atitudes masculinas mais que de características e comportamento das mulheres.

CONCLUSÃO

A análise proposta neste texto confirma a importância de uma perspectiva relacional sobre o processo de integração de gênero nas Forças Armadas, frequentemente sujeito a apreciações que naturalizam e substantivam os grupos e as suas experiências. Mostra que, embora existam problemas e vivências partilhadas em função do gênero dos indivíduos, esses aspectos comuns não devem ocultar a diversidade de posicionamentos e estratégias que lhes vão correspondendo na prática social. Tal como as mulheres militares, que embora partilhando um conjunto de situações, vivem e reagem de forma diferenciada os dilemas da inserção em meio militar (Carreiras, 2006; 2008), o mesmo acontece com os homens.

Os dados aqui utilizados permitiram afinar e adaptar uma tipologia de reações masculinas à participação militar das mulheres, a qual espelha tanto a variedade de posições e percepções masculinas, como a forma como essas posições parecem associar-se a modelos contrastantes de masculinidade, ou ainda a ancoragem dos diferentes tipos de resposta a determinantes de tipo cultural e organizacional mais amplos.

Embora os limites metodológicos da informação tratada não permitam generalizações decorrentes da relação entre variáveis e possíveis explicações dos diferentes padrões, verificou-se que os oficiais holandeses entrevistados não apenas revelam uma atitude mais positiva que os portugueses face à integração feminina, como se expressam num discurso mais racionalista relativamente ao efeito e problemas da presença feminina nas unidades militares. Desenvolvem argumentos modernos e instrumentais, em contraste com os portugueses, mais suscetíveis de invocar argumentos tradicionais e naturalistas. Embora a explicação destas diferenças não tenha estado entre os objetivos deste texto, tais orientações parecem ser condizentes com padrões culturais e organizacionais globais (Carreiras, 2006).

Fica, contudo, por explorar, a relação entre a tipologia proposta e as diferentes localizações institucionais dos protagonistas. Seria interessante, em futuras pesquisas, investigar a relação entre os vários tipos de resposta e um amplo conjunto de fatores sociodemográficos e organizacionais. Tal pesquisa permitiria testar uma hipótese com a qual termino este trabalho: a ideia de que os diferentes arquétipos de masculinidade que coexistem nas Forças Armadas não se plasmam apenas sobre hierarquias de poder, mas se articulam numa teia mais complexa de determinações, em que intervêm variáveis estruturais (ex: função/ocupação/missão militar; *ethos*/ ideologia associados a tipos de unidade) e variáveis situacionais (ex: modelos de incorporação feminina nesse contexto específico; nível de "intrusividade" da presença feminina; contextos de ação militar: situação de caserna *versus* situação de missão ou guerra; formas de implementação de políticas de integração de gênero). Esse é, simultaneamente, um desafio a outros pesquisadores, na convicção da importância da cumulatividade e complementaridade do trabalho científico.

Parte 2

IGUALDADE DE GÊNERO: UM CAMINHO PARA A PAZ

Roberta Cristina Izzo[1]

INTRODUÇÃO

A igualdade de gênero, traduzida no "*empowerment*"[2] feminino, é considerada, atualmente, condição *sine qua non* para a construção da paz. A participação das mulheres, não somente nas operações de paz em andamento no mundo, mas também, e principalmente, na construção de uma cultura de paz no século XXI, vem sendo largamente discutida e, progressivamente, posta em prática. Devido ao fato de que as operações de paz e de a proposta da cultura da paz remetem as discussões à Organização das Nações Unidas, o presente artigo será fundamentado, em grande medida, nas concepções e práticas desenvolvidas por essa organização, no que concerne aos direitos das mulheres e à construção da paz.

Desde que foi criada, em 1945, a ONU respalda a igualdade de gênero, a proteção e a aplicação dos direitos humanos da mulher, sua emancipação, sua assertividade na governança de nações e na tomada de decisões políticas e, mais recentemente, destaca sua relevância para a construção da paz. Além de dotar-se de comitês, comissões e divisões[3] voltados à causa feminina, a ONU promove conferências, fundos internacionais e programas destinados ao referido fim. Mais recentemente, os objetivos dessa Organização, no

---

1 Graduada em relações internacionais (UNESP-Franca), mestre em história (UNESP-Franca) e pesquisadora do GEDES.

2 Segundo o diplomata José Augusto Lindgren Alves, a palavra "*empowerment*" contém um sentido amplo, que envolve capacitação, participação no poder político, econômico etc., e, justamente por essa abrangência, ainda não foi traduzida oficialmente, no âmbito das Nações Unidas, para o idioma português. O neologismo "empoderamento", segundo o diplomata, tem sido utilizado; a utilização do termo no original em inglês, no entanto, faz-se mais adequada (Alves, 2001, p.212).

3 Podem ser citados como exemplo a Comissão sobre o Estatuto da Mulher, a Divisão para o Progresso das Mulheres, o Fundo das Nações Unidas para o Desenvolvimento das Mulheres – UNIFEM e o Instituto Internacional das Nações Unidas para a Investigação e Formação em Prol do Progresso das Mulheres.

tocante à perspectiva de gênero, são a inclusão feminina nas operações de paz e a promoção da igualdade de gênero, enquanto pilares para o desenvolvimento, concebido enquanto interface de uma "cultura de paz".

Por "cultura de paz" entende-se um novo conceito de paz, objetivo das Nações Unidas a ser gradualmente alcançado nos próximos séculos, elaborado no âmbito da UNESCO ao longo da década de 1990. Trata-se da preconização de um novo modelo comportamental, fundamentado no respeito, na tolerância, no diálogo, na aplicação dos direitos humanos, na justiça e na igualdade de gênero, sem os quais não se constrói um ambiente de liberdade e confiança recíproca, mas de intolerância, medo, submissão e desconfiança.

Abandona-se, desse modo, a concepção de paz como ausência de guerras, baseada na passividade, na privação, na docilidade, e assume-se uma postura ativa, assertiva e crítica diante dos fatos do cotidiano das pessoas e das nações, a fim de que a eclosão da violência física seja suplantada pela negociação, e a chamada violência "estrutural", concebida como perpetuação de desigualdades socioeconômicas, do subdesenvolvimento e da pobreza extrema, que impedem o ser humano de se desenvolver em toda sua potencialidade, converta-se em justiça social e desenvolvimento sustentável. Trata-se, enfim, do esgotamento da lógica hobbesiana, que considera o homem enquanto seu principal inimigo, e da instauração da tão aspirada "paz duradoura", fundada na justiça e na equidade entre os seres humanos.

A construção da paz, nesse sentido, assume duas vertentes: de um lado, uma paz gradualmente construída "nas mentes das pessoas", esteada na consolidação dos valores anteriormente mencionados; de outro, a paz caracterizada como o funcionamento harmônico da sociedade civil. Trata-se, nesse caso, de uma acepção mais "prática" e menos utópica de paz, que se identifica com o ordenamento de sociedades democráticas, instauradas com o auxílio das "operações de paz", em regiões devastadas por conflitos.

As "operações de paz" das Nações Unidas tiveram início em finais da década de 1940. Essas primeiras empreitadas – hoje classificadas como "operações de paz tradicionais" ou de "primeira geração" – eram compostas por contingentes militares de diversos Estados, geograficamente distribuídos e levemente armados, para autodefesa, somente, que deveriam receber o aval das partes envolvidas no conflito ao qual eram destinadas. As funções desses contingentes eram proteger um determinado Estado contra agressões externas, observar regiões de instabilidade, a fim de antecipar potenciais ameaças à paz e à segurança e, preliminarmente, monitorar o cessar-fogo entre as partes, especialmente nas regiões fronteiriças, facilitando o início das negociações de paz nas respectivas localidades.

Paralelamente às operações de paz, distinguiam-se as missões de caráter humanitário, justificadas pela existência de pessoas cuja sobrevivência estivesse ameaçada, tanto por catástrofes naturais, quanto por conflitos. No contexto da Guerra Fria, ou seja, durante praticamente toda a segunda metade do século XX, era possível, nitidamente, diferenciar as operações de paz daquelas de assistência humanitária.

Encerrada a Guerra Fria, no início dos anos 90, constatou-se que os conflitos que estavam ocorrendo no mundo eram, majoritariamente, civis e étnicos. Percebeu-se uma considerável diminuição do número de conflitos violentos entre Estados e um aumento progressivo de violência no interior de unidades políticas.[4] Trata-se, em parte considerável dos casos, de contendas anteriormente financiadas pelas principais potências mundiais que, na lógica da Guerra Fria, pretendiam ampliar as respectivas esferas de influência na composição do xadrez mundial. Findas as polaridades ideológicas e a competição desmesurada pelo poder global, o financiamento de conflitos – no continente africano e em partes da Ásia, por exemplo –, deixou de figurar nas pautas de política externa de ambos os antigos contendores. Desse modo, os conflitos civis e étnicos em andamento afloraram, sobrepondo-se, em número e grau de violência, às tensões entre nações.

Ao reafirmar seu compromisso constitucional de "salvar as futuras gerações do flagelo da guerra", as Nações Unidas vislumbraram, nesse sentido, a necessidade de aparatos renovados que tornassem efetivos seus esforços para a manutenção e a construção da paz no planeta, nesse novo cenário internacional. No âmbito das operações de paz, percebeu-se um aumento quantitativo[5] e qualitativo de intervenções. Desse modo, além do contingente militar, que continuou a monitorar o cessar-fogo entre as partes em confronto, as missões passaram a incluir integrantes civis para auxiliar na negociação de acordos de paz, na reconstrução civil, nos processos eleitorais, entre outras atividades voltadas à reconstrução das instituições necessárias para a conformação do Estado após o encerramento do conflito, características que proporcionaram sua classificação como operações não somente de manutenção da paz – "*peacekeeping*" – mas também de construção da paz – "*peacebuilding*" –, ou "operações multidimensionais".

A "construção da paz" tornou-se uma das principais temáticas, no âmbito da ONU, na década de 1990, e passou a caracterizar as novas gerações

[4] Ou nos territórios que "restaram" de antigas unidades políticas, em decorrência dos confrontos violentos. Trata-se, nesse caso, dos chamados "Estados falidos ou colapsados", que também caracterizam o pós-Guerra Fria, e que justificam as atividades que passaram a ser desenvolvidas pelas missões de paz atuais.

[5] Segundo dados da ONU, 44 operações de paz foram criadas após o fim da Guerra Fria. Até então, 16 haviam sido criadas. Disponível em: http://www.un.org/Depts/dpko/ list/list.pdf. Acesso em: 17 set. 2006.

de operações de paz, a partir das intervenções na Namíbia,[6] em Angola, em El Salvador, no Cambodja e em Moçambique (Nações Unidas, 1995, 03.01). Por refletir as metas de desenvolvimento e de observância do regime internacional dos direitos humanos, a noção de "*peacebuilding*" decorre absolutamente do referido período, integrando o tripé paz, desenvolvimento e direitos humanos, também característico do pós-Guerra Fria.

Entende-se por "*peacebuilding*" a consecução de atividades que busquem consolidar uma paz negociada, mediante estruturas institucionais e atitudes das partes em questão, empreendidas mediante o auxílio na implementação dos acordos negociados e na (re)construção, tanto física quanto institucional, dessas localidades, para impedir a reincidência de conflitos. O referido mecanismo também é passível de ser recomendado com caráter preventivo, em locais onde as instituições estejam em crise e seja identificada uma possível deflagração de conflito violento, sem que ele tenha ocorrido num período recente, ou que tenha ocorrido há algum tempo.

Preliminarmente, o "*peacebuilding*" caracteriza a empreitada de dois novos tipos de "missões de paz": as de segunda e de terceira gerações.[7] Em ambas, as principais características são a não exclusividade de ações militares e de cunho unilateral e, sim, a multilateralidade[8] e o caráter humanitário[9] das intervenções, fatores essenciais para sua legitimação. Diferem, no entanto, na questão do consentimento do Estado ao qual a operação deva ser destinada: no primeiro caso, ele ocorre,[10] e no segundo, o caráter humanitário passou a relativizar a necessidade de autorização de uma ou mais partes para que os contingentes sejam mobilizados.[11]

Diferenciações metodológicas à parte, as missões de segunda e terceira gerações são constituídas, consideravelmente, por civis, com o objetivo da

---

6 A ONU assistiu a assinatura dos acordos para a independência da Namíbia, em 1988. A novidade foi a autorização, nos acordos, de eleições democráticas supervisionadas pelas Nações Unidas.

7 Trata-se de classificações acadêmicas, a fim de viabilizar o trato dos temas em questão.

8 A multilateralidade, durante a Guerra Fria, foi encoberta por ações unilaterais pela dificuldade de obtenção de consenso e pela observância dos blocos de influência.

9 As crises humanitárias decorrentes, em larga medida, da falência de instituições em áreas de conflito e causadoras de instabilidades sociopolíticas e fluxos migratórios passaram a ser a tônica das intervenções no pós-Guerra Fria.

10 O consentimento dos Estados caracteriza os mecanismos de diplomacia preventiva, "*peacemaking*", "*peacekeeping*", "*peacebuilding*" e desarmamento.

11 Nesse caso, destacam-se as sanções e o mecanismo denominado "*peace-enforcement*". Trata-se de medidas coercitivas e por isso não requerem o consentimento das partes envolvidas. Esses conceitos confirmam o "renascimento" do mecanismo de segurança coletiva, especialmente com a Guerra do Golfo, visto que tais medidas, à época da Guerra Fria, poderiam ser consideradas como ingerência. Como podemos perceber, as fronteiras entre operações de paz e intervenções humanitárias no pós-Guerra Fria são fluidas, praticamente indistinguíveis, ao contrário do que ocorria durante o conflito.

reconstrução de locais devastados por conflitos, do auxílio às vítimas da violência perpetrada e do apoio à conformação social e política das referidas localidades. Sob essas condições, a participação de mulheres nessas operações faz-se nítida, desejável e viável, dado que, geralmente, a maioria dos sobreviventes dos conflitos são mulheres e crianças, que necessitam de cuidados que podem ser proporcionados de forma mais adequada por outras mulheres. Não obstante, as demais atividades executadas nessas operações, como observação militar, contingente policial e pessoal para monitorar aplicação dos direitos humanos podem ser plenamente exercidas por mulheres, com a vantagem da credibilidade que a operação passa a transmitir para a população local, especialmente às mulheres e às meninas.

Mediante as características descritas, no tocante às operações de paz no pós-Guerra Fria e ao conceito de "cultura da paz", percebe-se que a participação das mulheres na transformação das concepções culturais e sociais humanas faz-se premente. Nesse sentido, para que a relação entre mulheres e paz seja devidamente evidenciada, alguns aspectos devem ser ressaltados.

Deve-se questionar, em primeiro lugar, o que significa instaurar uma "paz" em determinado local, por que isso é desejável e como esse processo deve ser conduzido para que as mulheres possam, além de atuar em sua construção, desfrutar de suas benesses. Em segundo lugar, deve-se delinear os avanços obtidos no tocante à emancipação feminina, principalmente na segunda metade do século XX, para que se possa, em terceiro lugar, gerar o aporte conceitual capaz de fomentar, nas devidas instâncias – (inter) governamentais, sociais, políticas e institucionais –, ações que garantam a assertividade feminina na construção da paz e o respeito aos direitos das mulheres, de modo que eles se firmem, cada vez mais, nas "mentes dos homens".[12] Foi com base nessas considerações, ou seja, no embasamento da díade "mulheres e paz", e nas indagações acima esboçadas, que se pautaram as discussões apresentadas neste artigo.

Considerando a crescente relevância auferida, ao menos no âmbito das Nações Unidas, à participação das mulheres nas operações de paz e na construção de uma cultura de paz, o presente trabalho tem por objetivo discutir as problemáticas levantadas. Desse modo, apresenta-se aqui uma discussão sobre a importância da participação feminina na construção de um tipo específico de paz, atinente ao conceito de "cultura da paz", e um

[12] A expressão "mentes dos homens" encontra-se no preâmbulo da UNESCO – Organização das Nações Unidas para a Educação, Ciência e Cultura. Inserida no preâmbulo, ela tem por objetivo afirmar que a paz deve ser construída nas mentes das pessoas. Sua utilização no corpo deste texto, além de pretender obter o mesmo efeito, conota a dimensão "masculinizada" de concepções arraigadas e denota a necessidade de convencimento, de fato, nos homens, enquanto gênero, do respeito aos direitos das mulheres e de sua efetiva contribuição na construção da paz.

delineamento dos avanços obtidos, ao longo do século XX, no tocante aos direitos e à assertividade feminina nas esferas sociais e políticas, conduzidos, em grande medida, pelas ações coordenadas entre as Nações Unidas, Estados comprometidos com a causa feminina e a sociedade civil organizada.

Para a escrita deste texto, foram empreendidas análises documentais e bibliográficas. Foram consultadas resoluções da Assembleia Geral da Organização das Nações Unidas, do Conselho de Segurança e da UNESCO. Não obstante, foram analisadas informações obtidas em endereços na Internet de comissões e fundos das Nações Unidas para a Mulher e organizações não-governamentais que atuam pelas causas femininas, de modo que viabilizassem a concatenação de informações sobre o andamento da temática no âmbito da sociedade civil. Finalmente, foram realizadas análises de artigos eletrônicos e publicações sobre os temas propostos.

ANTECEDENTES

Em meados do século XX, os estudos da paz passaram por um processo de renovação conceitual, com o intuito de alijarem-se indagações e perspectivas sobre um objeto presumidamente inalcançável, ensejando, desse modo, a conformação de conceitos tangíveis à realidade humana. A concepção de paz, a partir de então, passou a admitir noções diversas daquelas "tradicionalmente" propagadas, quais sejam: ausência de guerras e inércia, relacionadas ao descanso eterno, à morte, e à famigerada "paz dos cemitérios".

Ao subestimar uma utopia metafísica, os estudiosos da paz iniciaram uma empreitada a favor da valorização de uma paz tangível. Diante da problemática do subdesenvolvimento e suas facetas – miséria, fome, doenças contagiosas, violência urbana, degradação ambiental – passou-se a considerar a paz, numa perspectiva aristotélica, como a plena satisfação das potencialidades humanas, às quais o subdesenvolvimento se apresenta como entrave estruturalmente arraigado. A paz, nesse sentido, passou a ser considerada não somente como a ausência de guerras, mas também de violência. Esta última, por sua vez, passou a ser analisada em suas manifestações físicas – embate corporal –, instrumentais – por meio de armas – e estruturais – que incide indiretamente nas pessoas, por meio das estruturas sociais.

Concebida enquanto ausência de violência, nos termos descritos, a paz passou a vincular-se à justiça social, cuja consecução tornou-se pré-requisito para o alcance do desenvolvimento humano e da plena satisfação das potencialidades humanas. Nesse sentido, o desenvolvimento e a justiça social tornaram-se esteios para a paz. Numa ótica inversa, entretanto, a obtenção do desenvolvimento e da justiça social tornam-se impossíveis em ambientes onde predominam a violência, a pobreza e a injustiça social, compreendida como desigualdades nas relações socioeconômicas, étnicas e de gênero. Eis aqui, nesse emaranhado conceitual, a paz que a humanidade almeja no século XXI: trata-se do funcionamento adequado de estruturas políticas, econômicas e sociais, da prevalência da equidade entre os seres humanos, ou seja, da referência "aos mesmos direitos, responsabilidades e oportunidades a mulheres e homens, meninas e meninos" (ONU, 2000) – que caracterizam a igualdade de gênero –, da preservação do meio ambiente,[13] responsável pelos recursos fundamentais à vida no planeta, e da consolidação de alternativas não violentas à resolução das controvérsias, para que a perpetração da violência, subsumida nas guerras "convencionais" e nucleares, não acabe por erradicar a espécie humana.

Devido às razões expostas, a construção dessa nova paz sugere à humanidade a consecução de duas principais empreitadas: uma capaz de propiciar o apaziguamento e a reconstrução de regiões em conflito bélico e outra, mais sutil, voltada à conformação dos valores da solidariedade, da tolerância, do respeito e do diálogo, a ser empreendida em longo prazo. Por isso, atualmente, fala-se em "construção da paz". Trata-se, nas duas acepções mencionadas, de processos cultural e estruturalmente edificados, traduzidos em valores e instituições capazes de assegurar a convivência harmônica entre os seres humanos. As operações de paz e a conformação de uma cultura humana dedicada à paz, nesse sentido, perfazem as perspectivas delineadas, a fim de que a humanidade possa combater os fatores que ameacem sua sobrevivência e bem-estar. Diante das considerações até aqui expostas, enseja-se a articulação à qual o presente artigo se dirige: a relevância das mulheres na construção da paz.

Conforme anteriormente mencionado, tanto a igualdade de gênero quanto a participação feminina nas operações de paz e na construção de uma cultura da paz são fatores indispensáveis para que a humanidade consiga desenvolver suas potencialidades. Nesse sentido, a promoção da igualdade de gênero e do "*empowerment*" das mulheres são, atualmente, mais que temáticas defendidas em fóruns internacionais e projetos, no âmbito das Nações Unidas, de Estados e da sociedade civil organizada.[14] Trata-se de uma, senão a principal,[15] entre as oito metas a serem alcançadas até 2015, difundidas como "objetivos do milênio".[16] A importância da mulher dentre

---

[13] O que explica a concessão do Prêmio Nobel da Paz de 2007 às causas ambientais.

[14] Cabe salientar que não são todos os Estados que se comprometem a sanar as dificuldades com as quais as mulheres sofrem, dificuldades essas, histórica, social e culturalmente arraigadas em diversos países.

[15] Por ser essencial à consecução das demais, conforme discutir-se-á ao longo deste artigo.

[16] Os oito objetivos do milênio são: erradicar a extrema pobreza e a fome; atingir o ensino básico universal; promover a igualdade entre os sexos e a autonomia das mulheres; reduzir a mortalidade infantil; melhorar a saúde materna; combater o HIV/AIDS, a malária e outras doenças; garantir a sustentabilidade ambiental e estabelecer uma parceria mundial para o desenvolvimento.

as iniciativas destinadas à superação da pobreza, à erradicação da fome no mundo, ao acesso à educação primária para todos – nesse caso, a educação das meninas aufere destaque –, à luta contra o HIV/AIDS e à saúde infantil são fundamentais para que se possam atingir os patamares desejáveis de desenvolvimento e, aos poucos, construir-se uma cultura de paz.

A importância do "*empowerment*" feminino para o alcance dos objetivos relacionados ao desenvolvimento é crucial por, no mínimo, três fatores: em primeiro lugar, são as mulheres as principais responsáveis pela educação das crianças. Mães solteiras, viúvas, ou mesmo as casadas, são elas que, além de passar mais tempo com os filhos, são as responsáveis "naturais" pela transmissão de valores a eles. Não se trata aqui somente da chamada "educação formal" – que, aliás, também é exercida, em grande parte, por mulheres, ao menos no Brasil, principalmente no ensino fundamental e em áreas rurais –, mas também da transmissão de cuidados com a higiene e com a saúde, de valores morais, religiosos e "culturais", ou seja, de tradições dos locais onde vivem e que conformam o que se considera como "educação informal". Desse modo, as mães podem ensinar seus filhos a resolver suas divergências por meio do diálogo, a praticar a tolerância e o respeito ao outro, a desenvolver a consciência ecológica e o respeito ao meio ambiente e, de modo especial, a adquirir hábitos de higiene, capazes de prevenir inúmeras doenças e, assim, contribuir para que a paz seja cultivada "nas mentes das pessoas".

Em segundo lugar, pesquisas vêm constatando uma tendência internacional – muito visível no Brasil – do aumento do número de lares chefiados por mulheres.[17] A capacitação feminina, nesse sentido, faz-se fundamental para que as mulheres possam adentrar no mercado de trabalho e para que consigam sustentar condições, ainda que mínimas, de proporcionar uma infância saudável e digna aos seus filhos. Em terceiro lugar, porém tão ou ainda mais relevante que os outros dois fatores, está a incidência do HIV/AIDS no mundo.

Segundo a Organização Mundial da Saúde – OMS –, o vírus se propaga em um ritmo alarmante entre as mulheres, sendo que elas já configuram 50% dos infectados no mundo todo. As mulheres são vulneráveis por sofrerem abusos sexuais, por não receberem as devidas instruções sobre o uso de preservativos, ou ainda por acabarem contaminadas pelos próprios maridos. Não obstante, podem transmitir o vírus aos seus bebês durante a gestação ou amamentação. Por isso, o "*empowerment*" das mulheres pode contribuir sobremaneira em favor da luta mundial contra o HIV/AIDS.

Outro fator que legitima a inserção feminina na construção da paz consiste na predisposição ao diálogo. Constatou-se, neurologicamente,

---

[17] No Brasil, por exemplo, o IBGE – Instituto Brasileiro de Geografia e Estatística – constatou que, em 2006, 30% dos lares brasileiros eram chefiados por mulheres, contra 21,6% em 1996. Disponível em: http://www.direitos.org.br/. Acesso em: 12 out. 2007.

que, frente a controvérsias, o cérebro feminino tende a optar pelo diálogo em detrimento da utilização da força física. Além desse fator biológico, passou-se a difundir, em finais dos anos 80, que a violência física não é inerente à espécie humana; trata-se, ao contrário, de um comportamento culturalmente assimilado. Tal conclusão fora obtida em 1986, em um congresso realizado na Espanha, do qual participaram neurologistas, psicólogos, cientistas sociais, com o intuito de discutir as origens da violência no comportamento humano.

Considerada precursora do movimento que criou o conceito de "cultura da paz", na UNESCO, ao longo da década de 1990, a chamada "Declaração de Sevilha" – resultante do congresso acima citado – chamou a atenção para a importância do aprendizado da não violência, ou seja, do diálogo como o método preferível para a resolução de controvérsias. A solução negociada, a partir dessas considerações, tornou-se um dos fundamentos para a cultura da paz. Considerando que a mulher, além de preferir "a força da razão em detrimento da razão da força",[18] envolve-se mais diretamente na educação das crianças, sua participação para a almejada "cultura da paz" deve ser destacada.

Ao considerar a importância da participação da mulher para o desenvolvimento e, por meio deste, para a paz[19] principalmente pelas características – social e neurologicamente – a ela atribuídas, as Nações Unidas vêm promovendo a participação feminina nas operações de paz. O foco das atividades dessa Organização é inserir uma perspectiva de gênero em todos os programas de assistência humanitária, principalmente nas operações de "construção da paz" (ONU, 2006, 27.09), o chamado mecanismo de "*peacebuilding*". Trata-se, conforme anteriormente mencionado, do "estágio avançado" das operações de paz, que sucede o cessar-fogo entre as partes, no qual a reconstrução dos então palcos dos conflitos tem início, e no qual a participação feminina tem-se demonstrado necessária e frutífera, devido a três principais fatores: pela legitimidade das atividades conduzidas em operações integradas por mulheres àquelas vítimas dos conflitos, pela habilidade e predisposição feminina ao diálogo – portanto, por facilitar a manutenção do entendimento entre as partes – e, pelo fato de serem mulheres, agirem em favor das necessidades femininas no tocante à reconstrução dos respectivos locais, especialmente no que concerne à saúde.

---

[18] Referência ao título de um artigo publicado pelo ex-diretor da UNESCO, Federico Mayor Zaragoza, no ano 2000.

[19] No decorrer da década de 1990, a interação entre a paz e o desenvolvimento passou a ser largamente aceita. De acordo com relatórios produzidos pelo secretariado das Nações Unidas, a exemplo da Agenda do Desenvolvimento, documento publicado em 1994, o "desenvolvimento é o fundamento mais sólido para a paz", assim como a paz é um requisito para que o desenvolvimento seja alcançado.

GÊNERO NAS OPERAÇÕES DE PAZ

No que concerne à participação das mulheres em operações de paz, à relação entre a díade trabalhada neste artigo – mulheres e paz – agrega-se um terceiro elemento: a segurança internacional. O imbricamento dessas temáticas fez-se evidente a partir do momento em que o Conselho de Segurança das Nações Unidas passou a deliberar sobre o tema, legitimando a participação feminina em operações de paz mediante a Resolução 1.325 do referido Órgão, adotada no ano 2000.

As iniciativas relacionadas à promoção do *status* feminino, entretanto, são anteriores e têm como referências, eminentemente, a Convenção para a Eliminação da Discriminação Contra a Mulher, de 1979, e as quatro Conferências Internacionais sobre a Mulher: a primeira delas, que foi impulsionada pelo movimento feminista, ocorreu na Cidade do México em 1975; a segunda realizou-se em Copenhague, em 1980; a terceira ocorreu em Nairóbi, em 1985; a quarta, em Pequim, em 1995.

A primeira delas se destacou, segundo o diplomata José Augusto Lindgren Alves, por ter "definido claramente os direitos da mulher como direitos humanos" (Alves, 2001, p.211) e por ter elaborado um plano de ação cuja ênfase recaiu na importância da participação feminina na tomada de decisões no interior das Nações Unidas e em outras Organizações de amplo alcance. Quatro anos depois, a Assembleia Geral das Nações Unidas adotou a Convenção sobre a Discriminação da Mulher, que é considerada, ao mesmo tempo, o principal instrumento jurídico internacional de proteção dos direitos humanos da mulher e o documento referente à proteção desses direitos que apresenta o maior número de ressalvas (Alves, 2001, p.242), em função do papel que é reservado à mulher em diferentes sociedades. Ambas as Conferências sobre a Mulher que ocorreram na década de 1980 consideraram as desigualdades econômicas entre homens e mulheres, o que proporcionou o deslocamento temático das reuniões para o desenvolvimento e os consequentes obstáculos à manutenção da paz.

Já a Conferência de Pequim, ocorrida em 1995, definiu um plano de ação capaz de possibilitar o "*empowerment*" das mulheres, pelos compromissos firmados, principalmente, no tocante ao aumento da participação feminina na resolução de conflitos, ao processo de tomada de decisões e no acesso ao poder[20], à proteção das mulheres que vivem em situações de conflitos armados e de refúgio, ao reconhecimento da igualdade de direitos, oportunidades e acesso a recursos, e à "distribuição equitativa das responsabilidades familiares entre homens e mulheres e uma parceria harmoniosa [...]". Assim como suas três antecessoras, porém com maior veemência, a Conferência

[20] A Plataforma de Ação de Pequim estipulou uma representação feminina mínima de 30% nos aparatos governamentais dos Estados.

de Pequim caracterizou-se pela defesa da igualdade, do desenvolvimento e da paz, conforme ilustram, respectivamente, os Parágrafos 13 e 18 da Declaração de Pequim:

> A promoção da expansão do papel da mulher e a sua plena participação em condições de igualdade em todas as esferas da sociedade, incluindo a participação no processo decisório e o acesso ao poder, são fundamentais para a conquista da igualdade, do desenvolvimento e da paz.
>
> A paz local, nacional, regional e global pode ser alcançada e está indissoluvelmente ligada ao progresso das mulheres que representam uma força essencial na liderança, na solução de conflitos e na promoção de uma paz duradoura em todos os níveis.

Após a Conferência de Pequim, o interesse e o acesso das mulheres no tocante à resolução de conflitos – e, consequentemente, na "construção da paz" – aumentaram. Esse fato deveu-se, além da contribuição que essa Conferência proporcionou na definição das contribuições femininas para a conformação de uma "cultura de paz", às alterações das operações de paz que, durante a década de 1990, passaram a integrar mais componentes civis para a reconstrução dos locais devastados por conflitos que nas décadas anteriores. Nesse sentido, justifica-se, com maior afinco, a participação das mulheres nessas operações, pelos motivos já descritos anteriormente.

Com o avanço obtido nas quatro conferências internacionais e com a alteração das atividades desempenhadas nas operações de paz, a inserção feminina nelas passou a ser amplamente discutida. No ano 2000, o Conselho de Segurança adotou a Resolução 1.325, considerada um marco entre as deliberações desse órgão das Nações Unidas, na qual o impacto "único e desproporcional dos conflitos armados para as mulheres foi avaliado" (ONU, 2000, 31.10) e mediante a qual foram logradas consideráveis mudanças na perspectiva de gênero, nas negociações de paz, na prevenção de conflitos, nas operações de manutenção e construção da paz e, principalmente, no reconhecimento das mulheres enquanto agentes importantes para a preservação da paz e da segurança.

A partir da Resolução 1.325, vários outros documentos foram produzidos pelas Nações Unidas, a fim de discutir a inserção feminina nas operações de paz e de propiciar a implementação das deliberações contidas naquele documento. Destacam-se, entre as cláusulas da Resolução 1.325, o apelo do Conselho de Segurança aos Estados-membros para que ampliem o acesso feminino às instâncias de poder; o encorajamento para a participação das mulheres na tomada de decisões para a resolução de conflitos e para os processos de paz; o apelo ao Secretário Geral da ONU para que nomeie mais mulheres para designar os bons ofícios nos acordos de paz e para as operações de paz; a manifestação da vontade dos Estados signatários de estabelecer uma perspectiva de gênero nas operações de paz; o apelo aos Estados-membros para que ampliem o auxílio financeiro, técnico e logístico destinado ao treino e à sensibilização das ações sobre gênero; e o apelo às partes envolvidas em conflitos armados, para que protejam as mulheres e meninas contra violações e abusos de qualquer espécie, principalmente de caráter sexual.

Em 2005, foi elaborado um plano de ação destinado a abranger todas as agências e órgãos do sistema das Nações Unidas e a responder aos principais desígnios da Resolução 1.325, quanto à interação entre as mulheres, a paz e a segurança. O plano contém aproximadamente 269 ações, cujas atividades abarcam "políticas com perspectivas de gênero, estratégias de desenvolvimento, '*capacity-building*',[21] apoio a organizações regionais voltadas à mulher, pesquisas e gerenciamento de conhecimento e serviços de consultoria" (ONU, 2006, 27.09). Deliberações como essa têm sido empreendidas com base na observação de fatos muitas vezes ocultados aos olhares internacionais, em sua maioria, por temor e necessidade. Esse fato tende a camuflar o real comprometimento feminino à construção da paz e à superação das diferenças, conforme relata Noeleen Heyzer, ex-diretora Executiva da UNIFEM – Fundo de Desenvolvimento das Nações Unidas para a Mulher. Heyzer afirma ter conhecido muitas mulheres que, "apesar de terem sofrido muito, aceitaram o desafio de construir uma paz duradoura, reconhecendo que a segurança e as vitórias de um grupo nunca podem ser conseguidas mediante a frustração ou humilhação de outros".[22] Segundo Heyzer (2002),

> eram mulheres como as de Timor-Leste, que criaram grupos de apoio emocional mútuo e esquemas de trabalho para sustentar suas famílias e comunidades. Ministraram aulas de alfabetização – quando a guerra terminou, 90% das mulheres rurais eram analfabetas – e pleitearam lugar nas eleições políticas. No Sudão, as mulheres do norte e do sul tiveram a iniciativa de se reunir, deixando de lado diferenças étnicas e religiosas para dialogar sobre a conformação da paz. Em Gana, as mulheres refugiadas da Libéria adquiriram conhecimentos em construção civil (alvenaria) graças a um programa apoiado pela UNIFEM e construíram um ambiente mais seguro para elas e suas famílias. No Afeganistão, as mulheres se reuniam em segredo para se organizar durante o regime Talibã. Traçaram mapas de ruas e bairros que indicavam a localização de escolas subterrâneas para meninas, ou onde fosse possível encontrar assistência médica ou empregos, que distribuíam em casamentos ou festas de aniversário. Não podemos esperar que as mulheres realizem tudo isso sozinhas; é necessário reconhecer, valorizar e apoiar seus esforços.[23]

---

[21] "Construção de capacidade". O termo é frequentemente utilizado em inglês.

[22] "[...] a pesar de todo lo que experimentaron, muchas de las mujeres que conocí aceptaron el desafío de construir una paz perdurable, reconociendo que la seguridad y los logros de un bando nunca pueden conseguirse mediante la frustración o humillación de otros" Heyser (2002). Tradução livre nossa.

[23] "Eran mujeres, como las de Timor Oriental, que crearon grupos de apoyo emocional mutuo y generaron esquemas de trabajo para mantener a sus familias y comunidades en pie.

Embora as ações da ONU sejam frequentemente criticadas por tratarem as mulheres como "vítimas" dos conflitos armados e da violência, na mesma categoria das crianças (Monte, 2007), o exemplo acima ilustra a superação desse conceito, mediante contribuições efetivas para o "*empowerment*" feminino. Informações extraídas de relatórios da Organização afirmam que seu principal foco é "introduzir uma perspectiva de gênero em todos os programas de assistência humanitária e propiciar suporte operacional".[24] Não obstante, as Nações Unidas demonstram-se comprometidas com o "desenvolvimento de políticas que visem à igualdade de gênero nos programas de reconstrução que sucedem conflitos e de reabilitação, e de treinamentos que promovam a participação das mulheres em fóruns decisórios sobre reconstruções e governança" (Monte, 2007).[25] Traça-se, portanto, o caminho a ser perseguido para que as mulheres, cada vez mais, construam a paz e dela se beneficiem.

CONCLUSÕES

Enquanto um fórum global de debates, as Nações Unidas promovem a reflexão sobre a causa feminina, sobre a inserção das mulheres nas instâncias governamentais, no mercado de trabalho, nos mecanismos de tomada de decisões e na construção da paz, de modo que ações sejam, de fato, empreendidas. Apesar do sofrimento e das discriminações que as mulheres ainda padecem, na forma de estupros, tráfico e humilhações, no mundo todo, e em ocasiões diversas – inclusive por integrantes das próprias operações de paz – e de haver ainda muito a se fazer pela igualdade de gênero, avanços consideráveis já foram obtidos. No que concerne à ascensão feminina nas

Impartieron clases de alfabetización – cuando la guerra terminó, el 90 por ciento de las mujeres rurales eran analfabetas – y demandaron un lugar en las elecciones políticas. En Sudán, las mujeres del norte y del sur tomaron la iniciativa de reunirse dejando de lado las diferencias étnicas y religiosas para dialogar sobre la construcción de la paz. En Ghana, las mujeres refugiadas de Liberia adquirieron conocimientos en albañilería gracias a un programa apoyado por UNIFEM y construyeron un campo más seguro para ellas y sus familias. En Afganistán, las mujeres se reunían en secreto para organizarse durante el régimen Talibán. Trazaron mapas de calles y barrios donde se indicaba la ubicación de escuelas subterráneas para niñas, o dónde era posible encontrar atención médica o empleos, que distribuían en bodas y cumpleaños. No podemos esperar que las mujeres realicen todo esto solas; es necesario reconocer, valorar y apoyar sus esfuerzos". Heyser (2002). Tradução livre nossa.

[24] "The main focus of United Nations activities is on mainstreaming a gender perspective into all humanitarian assistance programmes and on providing operational support in that respect". United Nations (2006). Tradução livre nossa.

[25] "United Nations activities target the development and implementation of gender mainstreaming policies for post-conflict reconstruction and rehabilitation programmes and relevant gender training and promote women's participation in decision-making forums on post-conflict reconstruction and governance". Tradução livre nossa.

instâncias de poder, ao longo do século XX, exemplificam-se o crescimento de mulheres no mercado de trabalho, na chefia de lares e de empresas de grande porte e na participação política mundial, fatos que fazem de Angela Merkel, Michelle Bachelet, Cristina Kirchner, Condoleezza Rice e Hilary Clinton – entre outras – ícones indicativos de que algo no mundo começou a mudar. Deve-se, enfim, cada vez mais, propalar o respeito aos direitos humanos da mulher e o incentivo à eliminação das discriminações, a fim de que a submissão, o tratamento desigual e os abusos contra as mulheres se tornem, ainda que gradual e lentamente, passado: superado, porém jamais esquecido, para que as gerações futuras se voltem aos absurdos perpetrados por seus antepassados e construam uma história diferente, justa, de paz.

DE AFRODITE A MELÍADE? O FEMINISMO NOS ESTUDOS DE SEGURANÇA

Juliana Alves da Costa[1]
Lara Martim Rodrigues Sélis[2]
Samuel Alves Soares[3]

INTRODUÇÃO

As mudanças momentâneas que se seguiram na nova ordem global após a Guerra Fria direcionaram teóricos de variados campos das relações internacionais a atentarem para as particularidades da cultura, identidade, interesse e experiência no âmbito da política mundial. Dentre as questões que emergiram no novo contexto, a do conceito de segurança, em sua visão tradicional e positivista, centrada primariamente no Estado, passou a ser engajadamente debatida.

Apesar do fim da era da bipolaridade, as ameaças à segurança continuam se proliferando e agora envolvem muito mais do que o contexto de supremacia política nos processos de rivalidade entre superpoderes: temas como comunidade de segurança ou segurança cooperativa, defesa não ofensiva, segurança econômica, segurança ambiental, inseguranças da sociedade, ameaças de drogas, direitos humanos e autonomia da sociedade civil foram adicionados nas tentativas de reformular as políticas de segurança, com vistas a enquadrar novos itens na agenda política global.

Enquanto perdurou a Guerra Fria, o discurso da segurança apenas incorporou temas referentes à *capacidade* dos Estados em suas formas ativa e reativa nas relações internacionais, qualificando para tal a tecnologia, a vigilância e a divisão política dos espaços, deixando outras questões marginalizadas. Possivelmente, a razão mais importante para a desvinculação das dimensões teóricas da segurança está relacionada a questões epistemológicas, ontológicas e políticas, implícitas nas assunções positivistas, com destaque, no período, para o neorrealismo.

---

[1] Bacharel em relações internacionais pela Universidade Estadual Paulista – UNESP/Franca.

[2] Bacharel em relações internacionais pela Universidade Estadual Paulista – UNESP/Franca.

[3] Professor do programa de pós-graduação em história da UNESP/Franca e do curso de relações internacionais da mesma Universidade. Pesquisador do Grupo de Estudos de Defesa e Segurança Internacional – GEDES. E-mail: samuel_soares@uol.com.br.

Os estudos sobre segurança quase sempre seguiram uma agenda mais tradicional, orientada para concepções que tinham como centro de análise a esfera militar. Entretanto, com o surgimento e disseminação das teorias pós-positivistas, o conceito de segurança passou a ser contestado em relação ao seu significado. Tal contestação advém do fato de o termo "segurança" conter uma significância moral e não ser dotado de uma acepção neutra, desprovido de preceitos teóricos e morais que comprometam seu entendimento e utilização.

As análises neste campo, com as novas proposições das teorias crítica e construtivista, não mais estavam restritas ao aspecto militar e passariam, dessa forma, a envolver outros setores de estudos, como o político, o econômico, o social e o ecológico. Essa nova fase dos estudos sobre segurança difere das demais rupturas existentes, como as propostas pelas teorias marxistas, por se tratar de uma quebra epistemológica neste campo. O método positivista de análise foi posto em xeque e novas formas de conhecimento científico foram apresentadas por essas vertentes, por vezes consideradas mais "idealistas".

Sendo um conceito derivativo, o termo "segurança" só adquire significado quando existe algo a ser assegurado. No cerne das abordagens tradicionais, pode-se considerar o Estado como o sujeito do ato securitizador. No entanto, essa assertiva simplória tem sido amplamente contestada pelas tendências da política mundial e pelo desenvolvimento intelectual das relações internacionais: há consideráveis elementos para a atual discussão sobre a natureza da segurança e para a consideração da centralidade do Estado.

Dessa forma, tal como proposto por Buzan, é preciso considerar a subjetividade da segurança. O conceito de segurança é elevado a um *status* muito mais amplo e abstrato que aquele anteriormente utilizado pelas abordagens clássicas. O caráter multidimensional dessa nova noção não diz respeito à simples agregação das variáveis, como o era no modelo vigente na Guerra Fria. Segurança cooperativa multidimensional refere-se a tomar o ser humano como um ser completo e central às políticas adotadas, seja no cenário nacional seja no internacional. A segurança amplia-se incorporando fatores como desigualdade econômica, pobreza extrema, barreiras ao comércio, proliferação de armas etc. A dimensão militar é apenas um aspecto, e seu exercício limita-se àquelas situações que exijam o uso da força.

Eis um tema usualmente carregado de sensibilidades e com largo emprego ideológico, eixo centralizador e balizador das ações de governantes e de outros atores relevantes no cenário internacional e adstrito aos patamares da *alta política*. A temática da segurança tradicionalmente esteve vinculada ao âmbito da sobrevivência estatal em um sistema anárquico, cujo pendor hobbesiano impelia a que os *homens* fossem identificados como os formuladores das ações decorrentes e necessárias. Eram, os homens, e continuam a ser, também notados por suas habilidades para prover a todos os atributos da segurança, inclusive, no limite, com o sacrifício da própria vida, quando imolam seus corpos e vontades ao exercício da prática da violência contra inimigos no campo de batalha. A glória e o prestígio da guerra têm sido uma marca masculina. Somente quando se tornou mais evidente e abjeto, já no final do século XX, o número espantoso de mulheres vítimas da guerra, quer pelo seu impacto direto, quer pelas tragédias familiares nas quais restava às mulheres a junção dos fragmentos da mortandade, quer ainda quando milhares foram vítimas de estupros, é que o feminismo – enquanto uma perspectiva epistêmica – adentrou no campo das relações internacionais. Mais tardiamente na área da segurança, da guerra e da paz.

O propósito deste capítulo é retomar premissas centrais do feminismo, buscando identificar seus postulados aderentes à temática da segurança. De antemão é preciso apontar que não se trata de contrapor ao mito da masculinidade, e seus acompanhamentos retumbantes de virilidade e predisposição à guerra, a passividade e a candura da feminilidade, outra mistificação própria de uma leitura linear da realidade social. Busca-se, ao contrário, identificar os motos próprios do feminismo e suas possibilidades analíticas para a compreensão de fenômenos humanos indeléveis, como a guerra e a violência, mas nem por isto condenados, *ad aeternum*, à repetição.

O GÊNERO COMO CATEGORIA ANALÍTICA

A abordagem feminista das relações internacionais é grandemente tributária de um arcabouço teórico desenvolvido em outras áreas das ciências humanas. Como se tornou perceptível durante os séculos XIX e XX, a denominação "feminismo" veio designar uma integração inovadora entre consciência intelectual analítica de uma categoria empírica – a mulher – com a consecução de uma longa jornada de atividade política, que visava se referir a uma declarada necessidade de transformar intensamente a concepção do papel histórico desse objeto e sujeito de estudos. A compreensão do processo de trasladação do feminismo para o meio da teoria das relações internacionais exige a identificação das assunções básicas admitidas pelas feministas enquanto seu *stand point*.

Convocar a mulher enquanto variável em uma sistematização teórica implica sua delimitação, considerando as noções de *gênero* e *sexo* que, embora semanticamente distintas, são usualmente relacionadas como sinônimos. O contorno de cada vocábulo se mostrará imprescindível para a devida compreensão das contribuições do feminismo no campo das relações internacionais. Esses dois conceitos não são intercambiáveis e a socialização do indivíduo humano é causa desta separação. De acordo com Steans (1998), o termo "sexo" significa a carga genética, propriamente biológica que separa cada espécie em dois tipos diferentes, demonstrando a fêmea e o macho com atribuições fisiológicas dessemelhantes. Gênero, por sua vez, é toda uma construção social, erigida por meio do processo perene de movimento paralelo e interconectada por relações materiais e ideológicas, que se interpenetram para criar uma identidade do feminino e do masculino. Os elementos identitários predominantes derivados da justaposição das duas noções na sociedade buscam enquadrar funcionalmente o homem em oposição à mulher.

A revelação entre a dicotomia do papel social atribuído ao feminino e ao masculino foi descortinada, entretanto, apenas em estudos recentes, motivados pela depreciação, comumente violenta, do entendimento da mulher enquanto agente igualmente capaz e imprescindível de seu meio e de sua época. Segundo Steans (1998), no âmbito das ciências sociais, entre as décadas de 1920 e 1930, o estudo sobre gênero esteve confinado às questões relativas aos traços de personalidade e de funções compreendidas como inerentes a cada sexo. Dessa forma, se inter-relacionavam tais esquemas e se entendia, ainda que tacitamente, uma equivalência entre suas designações. As formas explícitas de divisão sexual do trabalho, assim como os personagens sexuais predominantes eram, pois, compreendidos como reflexo da correspondência entre características de sexo e as funções do gênero em seus aspectos biológicos.

Os anos 60 foram um relevante marco para a transformação do entendimento acerca das relações entre "gêneros", as quais sofreram uma radical mudança nas dimensões teórica e material. A perspectiva da atuação feminista eminentemente política, animada para a destituição do poder de pressão exercido em prol da submissão da mulher, de quem se esperava uma conduta passiva, aliou-se a uma avaliação intelectual altamente impactante das premissas centrais das comunicações societárias então existentes. As análises feministas passaram a questionar o gênero enquanto categoria integralmente derivada de caracteres biológicos – propondo uma crítica ao papel que a estes convenha assumir – ao evidenciar seu propósito político e refutar a naturalização do que é também, e em grande medida, um construto social que responde a interesses coletivamente compreendidos. Um grande número de feministas aponta, antes, para as ideias de gênero como uma atribuição da sociedade, as quais porventura são úteis a esta última para a manutenção de desigualdades entre os sexos, em que será a mulher a perdedora por excelência.

As reflexões feministas contribuíram para a elucidação do poder, visto como um instrumento social ideologicamente assistido por um aparato de crenças e símbolos conformes, que estará intrincado nas interações entre os sexos e deverá, portanto, configurar enquanto componente causal daquela análise teórica. As noções de gênero são uma arquitetura social, cuja qualidade intersubjetiva é, muitas vezes, encoberta por uma abordagem pautada em critérios pretensamente naturais, num trabalho de constante legitimação do *status quo*. Entendendo, pois, a vinculação entre a posição social inferior da mulher e os papéis sexuais convencionalmente atribuídos, evidencia-se a dificuldade de superação dessas disparidades, dado o profundo enraizamento do complexo sistema de estereótipos suportados por instituições e práticas estruturadas e reproduzidas.

As relações de gênero obtêm seu significado último quando inseridas no âmbito das vinculações socialmente delegadas, as quais, por sua vez, constituem e organizam as instituições da sociedade enquanto convenções a serem prezadas, e a partir das quais se pode compreender uma série de significados compartilhados no campo da ação, intervindo no imaginário, ao passo que por meio dele são subentendidas. As questões de gênero se vinculam às estruturas de dominação, estando aquelas presentes não somente nas relações individuais, familiares ou identitárias. A hegemonia social do masculino, pelo contrário, compõe também os mecanismos públicos.

Outra noção cunhada pelo feminismo, e que a ele é bastante cara, é a de patriarcalismo. De acordo com algumas feministas, ao longo do processo histórico, as diversas sociedades foram se estabelecendo em torno de princípios que reificavam a posição dos machos dominantes, de forma a que também no plano das ideias, os atributos a serem entendidos como necessários eram aqueles identificados com a masculinidade, e mesmo naquilo que nela há de mais violento. Tais feministas ressaltam que o homem enquanto figura suporte da família, unidade social primária, será receptáculo da expectativa de atuar como assegurador de sua sobrevivência, e, por conseguinte, da proeminência devida a esse papel. Ao fim, patriarcalismo se refere à dominação das mulheres pelos homens, por meio da valorização do corpo e da atividade do masculino, que perpassa todos os âmbitos da gestão pública e privada. Esse termo possui eminente relevância ao não ser tributável apenas à condição cultural ocidental, e resistir a diferentes formas de organização social dos bens materiais e morais.

O feminismo nas ciências sociais, como também no estudo das relações internacionais, apresenta uma vasta pluralidade de instrumentos teóricos, advindos de múltiplas escolas da análise sociopolítica. Não há, portanto, uma filiação que agrupe indistintamente a abordagem feminista, através da qual se possa entendê-la, sem que se cometa uma grave distorção de seus propósitos. Não poderia ser diferente, visto que enquanto movimento político ou atividade acadêmica, o feminismo se comprometeu a transformar as condições vigentes, que são profundamente marcadas por hegemonias setoriais, capazes de alienar os direitos de maiorias.

Assim sendo, não há qualquer razão para que se pretenda haver *um* feminismo, porque fazê-lo seria incorrer numa segunda castração das possibilidades de expressão da mulher em sua rica diversidade. A permissividade do feminismo a escolhas teóricas díspares parece ser, no entanto, uma força propulsora de sua integração, assim como fonte de uma grave fragilidade. Tal desequilíbrio surge ainda quanto ao que possa se referir à noção de mulher, que é de onde se ergue todo o edifício feminista.

Muito embora seja possível afirmar que, de forma geral, o feminismo enquanto corrente teórica fundamentalmente *crítica* irá associar a identidade do gênero feminino ao seu contexto sócio-histórico, a dinâmica de tal construto social – que é a mulher como agente político – não é compreendida de forma equivalente pelas diferentes escolas de pensamento. O feminismo crítico, o feminismo construtivista ou o feminismo pós-moderno irão descrever a formação do indivíduo e da coletividade de forma suficientemente particular em cada variável. A vertente construtivista se baseará na socialização, na interação dos indivíduos e suas organizações nas condições espaço-temporais para a delineação da identidade. Já o espectro pós-moderno se pautará na construção do discurso das verdades socialmente fundadas. Para as pós-modernistas, os influxos do poder explicam a elevação de determinada simbologia social, a qual se quer fazer ouvir e apontar os caminhos da conformação societária. Segundo elas, o papel da mulher na sociedade foi, sobretudo, um denso discurso social construído dentro de relações de dominação.

A TEORIA FEMINISTA: DEBATES ONTOLÓGICOS E EPISTEMOLÓGICOS

A dicotomia fato-valor, ou melhor, a ideia de que os fatos são valorativamente neutros e que, portanto, podem ser analisados conforme padrões de objetividade, foi o pressuposto central para toda a produção do conhecimento ocidental moderno. Entretanto, essa oposição vem sendo contestada pelo argumento de que possui um caráter ilusório, ideologicamente interessado e direcionado a propósitos funcionalmente úteis.

Admitir o sexo e as diferenças sexuais enquanto algo naturalmente originado, anterior ao gênero, oferece condições para a dicotomia natureza/cultura, da qual advém a díade fato/valor. Tal visão acerca da naturalidade das diferenças sexuais constitui um suporte fundamental para um modo de pensar característico do Iluminismo, cujas dicotomias (racional/irracional, público/privado, homem/mulher), na visão de Susan Heckman (1990), espelham seu viés machista, no qual mulher é identificada com a realidade irracional e, portanto, inferior.

Para o feminismo, o significado dos conceitos sexo e gênero influenciam a construção e a ordenação do conhecimento, bem como das experiências, exercendo assim papel central na percepção da realidade e dos problemas que a compõem, agindo, com isso, nas soluções criadas. Entende-se, dessa forma, a inexorabilidade das relações de poder envolvidas na conceitualização daqueles vocábulos, que não podem ser, então, prescin didos de seu aspecto político.

Ao se referir ao gênero como uma categoria analítica, deixando de reduzi-lo à conotação empírica, as teorias feministas conseguem inserir a variável de poder – produzida pelas relações genéricas – em âmbitos diversos. De acordo com Carpenter (2003), há estudos que adotam a problemática de gênero como categoria de análise sem, entretanto, constituir um discurso feminista. Nesse sentido, os trabalhos sobre gênero que busquem apenas explicar a variação de comportamento não são necessariamente pesquisas feministas, uma vez que essas últimas se destacam por disporem de uma orientação normativa. Assim, dentre as múltiplas formas possíveis de feminismo, há um ponto de convergência (e originalidade) entre elas, que se trata, essencialmente, de uma agenda política apoiada num comprometimento histórico com o projeto de emancipação da mulher.

É justamente dessa adequação entre teoria e prática – enquanto aspectos internamente relacionados – e, especificamente, do reconhecimento de uma autoprodução social, em que a fraqueza da mulher só o é por efeito de um homem com potência, que se pode compreender a dificuldade de diálogo entre as teorias de relações internacionais tradicionais com aquelas vinculadas ao feminismo. O arcabouço político declarado desse corpo teórico é considerado, por aqueles ligados à tradição cientificista, como um desvio dos padrões de neutralidade sob os quais se reclama uma construção objetiva, falsificável e empírica.

O discurso feminista aplicado às relações internacionais surge na década de 1980, inserindo-se no terceiro debate, em termos da elucidação de Lapid (1989, p.235).[4] A discussão metodológica se tornou notória nesse período, atingindo diretamente as questões de gênero, posto que estas envolvem uma mudança nas delimitações ontológicas e epistemológicas tradicionais da área. A natureza do mundo social e as relações entre esse mundo e o conhecimento produzido deixam de ser definidas como uma realidade externa e objetiva, como pressupõe o olhar naturalista e materialista. A epistemologia objetivista, caracterizada pela noção de explicação científica do real, realizada por meio de proposições empíricas, é então contestada pelas abordagens pós-positivistas. Os pós-positivistas propõem a inserção da variável subjetiva, na medida em que o mundo passa a ser compreendido como um construto de ideias, conceitos e linguagem. Substitui-se, assim, a atitude apoiada numa intenção explicativa pela ideia de entendimento da ação social, a qual aspira antes à interpretação da realidade, do que o alcance de explicações causais para seus fluxos e efeitos. Dessa forma, através da diferenciação entre trabalhos puramente explanatórios daqueles

[4] O fim da promessa positivista-empiricista para uma ciência cumulativa comportamental recentemente forçou os acadêmicos de aproximadamente todas as disciplinas sociais a reexaminarem as fundações ontológicas, epistemológicas e axiológicas de seus esforços científicos. O "terceiro debate", no campo das relações internacionais, faz paralelo a essa agitação intelectual, e se constitui em um esforço disciplinar ainda em maturação, a reconsiderar opções teóricas em uma era "pós-positivista".

considerados normativos, buscou-se contrapor o substrato político das teorias feministas de relações internacionais à imparcialidade das teorias validadas no campo, estabelecendo a marginalização das primeiras por um critério de cientificidade longamente legitimado.

Como indicado, o feminismo possui perspectivas metodológicas divergentes daquelas utilizadas pelas teorias de RI convencionais. Os trabalhos do feminismo não se encaixam na metodologia usualmente requerida pelas convenções científicas *tradicionais*; isto é, não se comprometem com o método positivista, o qual assume o mundo social enquanto passível de análises causais, na medida em que entende seu componente de regularidades, advindo de uma existência *apriorística*, que possibilita o desvelamento de verdades. Tais "verdades científicas" passam a ser entendidas como construtos humanos, em que a ideia de universalização se vincula, na verdade, a um processo de centralização de perspectivas, implicando necessariamente na marginalização de "outras verdades". Dessa forma, a consolidação e coerência da ciência são conseguidas pela produção e reprodução de alteridades oprimidas.

De modo geral, a teorização feminista no campo das relações internacionais tem sido caracterizada por metodologias descritas como pós-positivistas, reflexistas ou interpretativistas. Estas utilizam uma variedade de métodos (aqui entendidos como técnicas específicas de análise do objeto), que se estendem desde pesquisas históricas, etnográficas, a análises de discursos, e estudos filosóficos. Ademais, os estudos feministas convergem quanto à perspectiva metodológica contrária às bases androcêntricas sobre a qual a disciplina de RI tem sido edificada. Propõe-se, assim, o questionamento acerca do que é validado como "conhecimento", introduzindo o sentido de processo, em que a produção intelectual resulta de um movimento dialético entre textos, ideias e experiências empíricas.

Como esclarece Rupert (2007), uma ontologia social, sob a perspectiva da práxis, deve ser compreendida como um produto social dinâmico, historicamente concreto e contestável. A teoria feminista se diferencia tanto das teorias tradicionais, como de algumas formas do construtivismo, por não operar com uma ontologia trans-histórica da estruturação, nem pensar a construção agente/estrutura em termos de uma epistemologia do positivismo científico. Na ótica feminista, a atividade de teorizar está, por conseguinte, vinculada às práticas sociais, de forma a que os compromissos epistemológicos sejam atrelados a um contexto sociopolítico concreto.

Dessa forma, define-se o conhecimento como componente do processo de produção identitária dos indivíduos, e assim a validade de uma teorização passa a envolver a intersubjetividade dos seus receptores, os quais, por sua vez, possuem autoconsciências variadas e percepções diferentes sobre a natureza de suas ações sociais. Por isso, ao considerar o conhecimento ocidental – dentro do qual operam os estudos predominantes sobre relações internacionais – como reflexo dos interesses de grupos sociais particulares, detentores da hegemonia societária, as teorias feministas tomam frequentemente como objeto de suas pesquisas os problemas relacionados à exclusão e às distorções decorrentes desse contexto. Busca-se, portanto, declarar as parcialidades que influam no processo de legitimação do conhecimento no campo das RI e compreender seus efeitos sobre a subordinação da mulher e de outros grupos sociais.

Para melhor desenvolver essa crítica feminista, cabe atentar às contribuições de Thomas Kuhn, visto que atribuem uma qualidade social, ou comunal, à atividade de teorização, na medida em que essa é exercida por grupos de acadêmicos que compartilham certa visão acerca da natureza do tema ao qual se dedicam. Daí entender a imersão da produção científica nos parâmetros de um paradigma dominante, cujo papel é antes o de constituir a realidade, do que meramente o de descrevê-la.

Programas de pesquisa apoiados em métodos científicos devem, na visão predominante, submeter-se a critérios de objetividade, que confirmem sua validade empírica. Segundo Tickner (1997, p.612), os trabalhos estruturados fora desses padrões – como o feminismo de forma geral – são colocados à margem, entendidos como ateóricos, meros criticismos, cujas assunções não são compatíveis com a realidade até então aceita como constituinte da política internacional e suas práticas.

Tal ontologia tradicional envolve, desde as primeiras tentativas de sistematização do conhecimento na área, reflexões estadocêntricas, com vista a compreender os comportamentos num ambiente anárquico. Entretanto, para os céticos quanto às contribuições cientificistas (behavioristas), a assunção convencional do Estado como detentor de uma existência concreta, passível de atos autônomos, consolidou, no campo das relações internacionais, a preponderância da metodologia individualista, a qual pressupõe a objetivação dos conceitos, tendo em vista que reduz a complexidade dos fenômenos internacionais à relação de entidades a-históricas. Afinal, como afirma Bourdieu, o positivismo naturaliza seus objetos de estudo, reificando as práticas sociais.

A teoria feminista e o pós-positivismo possuem conexões claras, mesmo que não estritas, como a crítica à metodologia empiricista, e às tentativas de transposição de instrumentais científicos das ciências naturais para o complexo social (busca por regularidades nos fatos sociais, considerados neutros). Por admitir o conhecimento enquanto emancipação, a pesquisa feminista se preocupa com questões referentes à subjetividade do pesquisador, aproximando-se assim da tradição crítica/hermenêutica, no sentido de que objetiva, antes, construir um conhecimento autorreflexivo que leve a descortinar e dissolver as estruturas de dominação, as quais continuam a ser produzidas e reproduzidas, em grande parte devido ao embasamento positivista, concentrado em produzir predições que possibilitem o controle – características das ciências empírico-analíticas.

As teorias feministas se opõem à continuidade programática do campo e propõem questões diametralmente diversas daquela. Sendo assim, buscam investigar até que ponto as formas da política internacional, bem como a organização da economia global, interferem na posição desvantajosa da mulher, nos âmbitos sociais, políticos e econômicos. Da mesma forma, sugerem um novo olhar sobre as questões da *high politics*, problematizando as condições causais de insegurança, as quais passam a incluir os efeitos das estruturas permeadas por desigualdades de sexo, raças e classes. Por extensão, a dicotomia público/privado volta a ser debatida, já que, na visão feminista, o sistema de valores advindos do Iluminismo adequa as noções de objetividade com a masculinidade, delegando ao homem o papel de pesquisador e de objeto de estudo. Nesse sentido, os trabalhos científicos ocidentais têm se focado na vida pública, usualmente identificada com o homem. A separação entre público/privado demonstra, então, seu viés de instrumentalidade para uma forma de conhecimento útil à estrutura patriarcal do capitalismo.

Tal ferramental, evidente nas teorias de RI de viés racionalista, serve para privilegiar questões relacionadas à economia e à política – como esferas autônomas –, em contraposição àquelas do domínio privado, coligadas à mulher e aos assuntos referentes à moral, assistência ao indivíduo, dentre outros. Em linha contrária, os estudos do feminismo propõem, à organização política democrática, uma revitalização, no sentido de ampliar a participação dos indivíduos (homens e mulheres) nas decisões públicas. No âmbito internacional, a admissão dessa permeabilidade externo/interno oferece novas variáveis à dinâmica motivacional do sistema, como cultura, identidade étnica e pobreza.

CONTRIBUIÇÕES TEÓRICAS DO FEMINISMO: UMA CRÍTICA À ORTODOXIA

Tendo em vista as considerações gerais efetuadas acerca das assunções primárias do feminismo em abordagens críticas, passemos agora a um debate propriamente teórico entre essa escola e as teorias das relações internacionais tradicionais, a saber, o realismo e o neorrealismo e também algumas abordagens pós-positivistas.

Uma vez informado que o feminismo, em seu engajamento crítico, dispõe-se em várias de suas vertentes para posições ontológicas e epistemológicas desligadas e contrárias ao positivismo nas ciências sociais, subentende-se que as premissas de sua elaboração teórica serão em grande medida distintas daquelas apontadas pela ortodoxia desse campo. A percepção de que há uma série de comportamentos intrínsecos às unidades do sistema internacional, mesmo quando não entendidos enquanto leis inescapáveis, dá ao sistema um trânsito de movimentos desligados do concerto dinâmico da história. Ora, o feminismo é, antes de tudo, a ação na história, capaz de evocar transformações, ao reformar as estruturas existentes nos planos das ideias e da materialidade sociais. O feminismo também não poderia se entender como neutro ao encontrar as invariáveis do sistema porque se julga interessado em que, ao atingir renovadas ideias, estas últimas possam modificar as condições existentes de subestimação da mulher. Enquanto nega a dicotomia entre sujeito e objeto, a mulher se vê em ambos os lados, concomitantemente. É ansiosa por entender o método pelo qual se legitima no tempo a dominação de sua "classe", experimentando esta inferiorização, que não poderia deixar de ter influência em sua atividade intelectual. Não se pode separar uma relação que é dialética.

O feminismo nas relações internacionais não tem como propósito apenas demonstrar a precariedade do entendimento positivista que se pretende neutro nas teorias tradicionais. Uma vez ultrapassada a barreira do combate epistemológico, o qual é um empecilho ao diálogo respeitoso das partes em debate, o feminismo também possui contribuições relativas ao que, em termos de produto teórico, implicaram as considerações científicas positivistas em RI.

Não seria estranho que, então, começássemos a traçar paralelos entre as referidas abordagens pela unidade por excelência do sistema internacional: o Estado. As feministas não desconsideram que seja este um ator de incontestável proeminência. Pelo contrário, grande parte de seus trabalhos é baseada propriamente na consecução dos negócios do agente estatal, tendo como ponto de partida a identidade que lhes compete. No entanto, o feminismo não coaduna com a perspectiva realista de que o sistema anárquico tem propriedades que lhe são inerentes, de forma que, ao não haver qualquer salvaguarda confiável acerca da sobrevivência de suas unidades-parte, caiba ao Estado ser interessado, acima de tudo, em preservá-la. Nesse sentido, o feminismo se identificaria com a afirmação de Alexander Wendt (1995), do construtivismo tradicional, de que a anarquia será aquilo que os Estados dela fizerem e não um cenário intratável de luta hobbesiana dominada pela eterna insegurança. O feminismo assumirá que a instabilidade do meio anárquico é produto da linguagem pela qual os Estados se socializaram e se retribuíram expectativas negativas. Próximas aos estudos construtivistas, as análises feministas pensam segurança como produto das ações dos atores num processo de permuta cultural, linguística e conceitual. Todavia, questionam a posição daquela abordagem em manter os Estados como agentes principais, e o âmbito estritamente militar, como área de análise.

Outro apontamento do feminismo, ainda em concerto com o construtivismo, indica a impropriedade do neorrealismo em se deter quase exclusivamente nas prerrogativas da organização estrutural do sistema anárquico no comportamento dos Estados. O neorrealismo, ao fazê-lo, ignora a pluralidade dos atores que possam ser compreendidos enquanto internos ao sistema e ainda negligencia tanto a forma como possam se relacionar tais agentes como os novos entendimentos intersubjetivos daí derivados que poderão modificar substancialmente a qualidade de dada integração. A identidade do Estado entendida pelos seus pares e, principalmente, por si próprio, será, também, o substrato pelo qual se podem perceber seus interesses e motivações quando impulsionado a agir ou chamado a responder. De maneira inequívoca, a constatação do Estado de sua posição sistêmica, enquanto enunciação própria ou juízos alheios, não pode deixar de moldar tanto a linguagem por ele proferida como a estratégia de ação por ele concebida.

A articulação do interesse último do Estado como sendo um chamamento mandatório, portanto a ele exógeno, o transforma em coisa da anarquia, o reifica e desloca a responsabilidade pela perpetração da violência em uma dimensão que não pode ser atingida porque tentá-lo seria não entender a lógica da pressão estrutural sistêmica, que é transnacional e desligada do eventual contexto histórico. O feminismo não pode absorver, sem contradição, tal perspectiva porque se entende enquanto agente histórico-social dentro do Estado-nação. Uma vez que a identidade do Estado será determinante para sua atuação no sistema internacional, e esse construto social pressupõe a atividade feminista, há uma permeabilidade entre o interior e o exterior que irá transpô-las, junto a todo o resto, para o âmbito das relações internacionais, e estas não podem ser absolutamente impassíveis, nem mesmo em seus temas mais delicados, como a segurança.

O discurso feminista se opõe ainda ao Estado racional neorrealista porque subentende que tal teoria admite as formas de violência em âmbito internacional, em que um agente nega ao outro a qualidade de sujeito, quando não compreende que dele pode absorver algo, tal como deve ocorrer em qualquer contato. Uma unidade subjuga a outra ao compreendê-la como objeto, ao qual não se solidariza, interpretando-a como uma ameaça. Quando Kenneth Waltz afirma que o sistema internacional, formado pela convivência justaposta de unidades egoístas, é espontaneamente criado sem que os Estados tenham conscientemente acordado com uma estrutura que vai constrangê-los, parece desconsiderar que, mesmo a contragosto, os Estados se socializam. A socialização constrói significados compartilhados, porque redimensiona, em cada interlocução, o entendimento que os atores derivam das informações angariadas durante esse processo. Dessa forma, será também interpretado e confirmado um conjunto de expectativas, que definem os interesses a serem introduzidos na negociação, bem como as formas como os agentes se determinarão um em relação ao outro.

O feminismo resgata dessa concepção de Estado das RI características convencionalmente patriarcais, ou seja, ao passo que o Estado é coisa, se lhe imputou, sem contestação, as mesmas peculiaridades que são valorizadas como tipicamente contidas na personalidade masculina e, portanto, dominante. Se isso é verdade, o Estado será uma gigantesca sublimação do valor do feminino, o transformando em outro, insignificante e desprezível perante o "Leviatã". Como alternativa, as feministas, ao passo que identificam o patriarcalismo nas atribuições do Estado, o representam como um processo conflituoso de indivíduos e ideias, promovendo assim uma desnaturalização de suas particularidades. O Estado, tal como o homem, forte e porventura agressivo, não se coloca assim porque é próprio da natureza dos fatos que o seja, dado o simples desenvolvimento temporal de seus sentidos instintivos (ao que seria saudável seguir). O Estado está assim porque no progresso de suas interações, na dinâmica do confronto entre a multiplicidade de práticas e valores plausíveis diante da necessidade da ação, venceram e se reproduziram métodos que entendem como ajustada à realidade aquele tipo de conduta política. Dessa forma, a legitimidade do uso da violência não foi um regalo da natureza anárquica aos vulneráveis Estados nacionais: antes ela é um bem social porque é patrimônio da interação de atores e da defesa de sua permanência.

Nessa mesma linha, o feminismo irá requalificar também o poder, objeto de desejo do homem e do Estado, segundo o Realismo de Morgenthau. O poder não é para as feministas um bem tangível e quantificável do qual o Estado possa se apossar; o poder é a qualidade de exercer influência durante a interação social que se revolve a cada enunciação. Os Estados não são entidades objetivamente criadas no espaço. Até suas instituições supostamente concretas fazem parte de um todo maior, que lhes dá vida e significado: o Estado é uma comunidade imaginária. E em suas organizações internas, será também importante a interpretação, carregada de subjetividade, que lhe dará o homem de governo, de forma que entre os fatos e a compreensão há a distância de uma vida.

Entretanto, uma vez que se utilizam com frequência da identidade enquanto instrumento de análise, as feministas verão em sua construção uma possibilidade de explicar a mitificação acerca da ruptura entre o interior e o exterior dos Estados. Toda identidade se forma de maneira dialógica, a dizer, em uma solidificação de fluxos internos em contato com o mundo, de forma a ser um produto dessas duas forças. Ao mesmo tempo, para que se firme, a identidade irá também se fixar em suas particularidades a fim de que haja efetivamente um eu, contido no mundo e não apêndice dele. Dessa forma, a identidade encara sempre algo que é e algo que não é. Ao fazê-lo, aquilo de que não quer tomar parte se torna propriedade sua pelo oposto e também a define. Isso ocorre com o indivíduo e parece, de alguma forma, acontecer com os Estados. As unidades do sistema internacional, ao passo que nele se socializam, são sua produção. Todavia, cada Estado pretende de algum modo exercer uma pressão em direção ao exterior e forjar alguma separação entre os dois lados: assim o faz para salvaguardar sua qualidade enquanto agente único. E o mundo e as demais unidades se tornam, ao menos no plano das ideias, outros pelo olhar do observador interior. Os momentos de conflito são prova disso ao testemunharem a pretensa defesa da identidade nacional, mãe da história do país.

Nos processos identitários correntes, a mulher sempre foi o outro, sobressalente do homem. Se os valores masculinos são aqueles valorizados e dignos de respeito, à mulher é negada uma identidade primordialmente positiva. Antes de tudo, a mulher não é um homem, e por essa falta poderá sofrer graves consequências. Tão violenta quanto esta perspectiva é aquela outra que enxerga uma massa nacional harmoniosa. Para o feminismo, neutralizar o discurso ao introduzir a imagem de uma nação equilibrada e coesa é obscurecer todas as desigualdades que circulam nesse espaço e que são o substrato que o sustenta.

Muito embora o feminismo nas relações internacionais compartilhe uma série de entendimentos com o construtivismo tradicionalista, a primeira abordagem em vertentes críticas ou pós-modernas poderia apontar para certo grau de manutenção por parte da segunda de uma avantajada distinção entre a política interna e a política externa dos Estados. De fato, o construtivismo tem se preocupado majoritariamente com a influência das instituições intergovernamentais ou nacionais como origem de crenças e novas compreensões do real e com as mudanças que decorrem dessas socializações. Entretanto, não tem dado suficiente atenção a como se forma a identidade desses novos atores ou dos Estados, de forma que se possa melhor compreender suas motivações e o caminho a ser por eles traçado. Posto dessa forma, pode-se entender que o construtivismo perpetua a hegemonia das estruturas do sistema, de onde se bombardeia o Estado com pressões diversas, as quais vão moldar seu comportamento, sem que se entenda a ligação e a constante troca entre as partes envolvidas neste processo. Isso não é, no limite, muito diferente daquilo que o neorrealismo de Waltz nos apresenta. Os agentes da ação retornam ao patamar de objeto epistemológico e se apagam enquanto sujeito determinante da realidade.

Já o feminismo, que se pretende teoria e sujeito histórico, busca compreender como se dá o processo contínuo de formação das instituições, organizações internacionais e nacionais, a fim de que nelas identifique os símbolos e contradições sociais, as quais lhe ofereça um sentido para além de suas constituições formais.

UM OLHAR FEMINISTA SOBRE A SEGURANÇA

O conjunto de mudanças nos anos 80 aparentava se constituir em largo espectro. No campo da segurança, divisava-se um período auspicioso, o qual poderia inaugurar um patamar diferenciado nas relações internacionais, em que os conflitos fossem menos constantes. Em parte do sistema internacional, as estruturas sociais vigentes foram modificadas, permitindo a emergência de novas concepções sobre a segurança internacional. Até então as estratégias de defesa nacional, ao levarem em conta os vizinhos como prováveis adversários, sucumbiam ao atrativo da confrontação, cenário mais provável para as definições de natureza estratégica e militar. O quadro das novas ameaças, multifacetárias, deu vazão a outra perspectiva, cuja racionalidade induzia os atores nacionais à possibilidade de considerarem o outro como parceiro e mesmo aliado.

Essas modificações são plenas de rupturas, inflexões e variados temores e muito distantes de serem consideradas institucionalizadas. Ao contrário, o período posterior se revelou pleno de antagonismos, muitos dos quais resolvidos pelo confronto bélico. Isso porque, entre outras razões, pela permanência da lógica que orientava e orienta os Estados, advinha de concepções clássicas de segurança, centradas no Estado, e muito menos nos cidadãos. Adotar medidas acautelatórias em segurança tem significado prover os Estados de mecanismos adequados para a sua sobrevivência em um ambiente internacional anárquico, e as ações produzidas por variados países no campo da defesa e da segurança tendem a um simulacro especular do comportamento das grandes potências. A racionalidade de cada ator os impele a um mimetismo realista.

Ao longo do tempo, a teoria da soberania permitiu aos governantes traçar uma fronteira intransponível entre as regras internas e as externas, entre a ordem social de uma e anarquia internacional da outra. De um lado, no Estado weberiano impõe-se o reino da racionalidade, a possibilidade de escolhas ótimas aos indivíduos e, no horizonte, vislumbra-se a democracia. De outro, o Estado westphaliano, reino da destruição, em que o cálculo racional dos Estados reside no conflito. Existe um "Nós" e um "Eles" claramente distinguidos, um estrangeiro e um nacional. As teorias realistas supervalorizam essas distinções e muitas vezes confundem-se a alteridade e a inimizade.

Guild e Bigo (2003) advogam que as teses liberais, ao contrário, relativizam essas visões de fronteira. A fronteira ganha em porosidade e é destacado o seu papel de passagem, de um ponto de junção positivo. A noção de fronteira deixa de considerar o território pelo senso de borda, de limite, de cápsula. Ainda que atentem mais para temas como a imigração, essa distinção é plausível para a compreensão das mentalidades de distintos atores responsáveis pela delimitação do campo da segurança.

Em que pesem as reformulações teóricas a partir da década de 1980, as abordagens tradicionais não conseguiram apreender a complexidade das mudanças, com destaque para as novas perspectivas para a segurança internacional e da defesa nacional. As leituras dos pós-positivistas, por outro lado, ampliaram as perspectivas analíticas na área. O construtivismo, em particular, ajuda a explicar a transformação em curso com base em princípios de causalidade endógena, colocando a ênfase no processo de construção histórica e social e na relação agente-estrutura.

Distintos atores participam ou estão diretamente envolvidos na formulação das políticas de defesa e segurança. As mudanças em curso não são apenas o efeito, direto ou não, de estruturas condicionantes, mas revelam a atuação dos atores e de seus interesses. Cabem indagações sobre essas formulações, ao final definidoras das ações consideradas cabíveis para produzir a sensação da segurança. Como concebem a segurança e a defesa nacional? Como definem os interesses nacionais? Quais os pontos de partida ao estabelecerem esses interesses? Note-se a relevância da "construção discursiva da ameaça", elemento central das proposições da Escola de Copenhague (Buzan et. al., 1998).

Para alguns autores, a segurança deixa de ser enxergada como uma percepção para ser concebida enquanto um ato da fala. Não deixando de contemplar o seu aspecto conflitivo e das lutas políticas, a segurança passa a se inserir no âmbito das propriedades discursivas que autorizam a tomada de medidas excepcionais, para além do que está intersubjetivamente compreendido como um procedimento político convencional.

As implicações dessa mudança são importantes porque a análise de uma percepção é indissociável de uma referência concreta que estabelece seus limites. A objetividade que permite o reconhecimento de um ato de securitização é o estabelecimento intersubjetivo da definição de uma ameaça existencial. A securitização, enquanto um ato discursivo, é uma prática autorreferenciada (Buzan et. al., 1998). Um tópico é compreendido no campo da *segurança* não necessariamente por causa da existência de uma ameaça real, mas porque ele é apresentado como uma ameaça. Assim, a exata definição e critérios de securitização são constituídos pela intersubjetividade estabelecida por uma ameaça com uma suficiente ênfase de que pode ter efeitos políticos substanciais. Porém, um discurso que indica uma determinada situação como uma ameaça existencial a um referido objeto não o torna imediatamente securitizado. Buzan et al. (1998) denominam essa situação como um "movimento de securitização", pois um tópico somente é securitizado se e quando a audiência o aceitar como tal. Por isso, o caso da securitização é uma negociação entre um agente-securitizador e uma audiência, e somente assim o agente-securitizador poderá conseguir a permissão para não levar em consideração as regras vigentes, isto é, para tratar a situação pelo estatuto da excepcionalidade, em que não é mais possível seguir os regulamentos políticos institucionalizados.

Autores como Didier Bigo não consideram suficiente a concepção de segurança como um discurso autorreferente, ou, de outro modo, os atos dos discursos não são perfeitos (Balzacq, 2003-2004). O itinerário metodológico de Bigo persegue uma abordagem mais objetivada do discurso, isto é, a objetivação dos interesses por trás dos discursos, o que não é atingido, para o autor, com base em uma análise psicológica, da personalidade ou da individualidade dos atores. É no seu entorno e nas suas imbricações históricas que reside a marca da objetivação discursiva. É através do entendimento do *habitus* dos profissionais que lidam com a segurança que Bigo apresenta o mapeamento de suas disposições e de seu posicionamento no campo da administração da segurança. Os atores capitalizam os ganhos simbólicos auferidos no discurso da luta antiterrorista, por exemplo, como ocorre em países centrais. Em países periféricos, o processo é similar e tende a um discurso heterônomo reformulado, mas passível de ser identificado pela confluência entre a alteridade e a inimizade política.

O que se avizinha, nessa perspectiva, é que cabe uma análise mais acurada das ideias. Nas estruturas sociais, as conexões entre os atores as definem e ensejam comportamentos e práticas. No caso da segurança, as ideias sobre os papéis de cada um se metamorfoseiam, e estas estruturas sociais podem ser pensadas como "distribuição de ideias" (Wendt, 1995). Contemporaneamente, a questão ganha novos contornos, a exigir novos condicionamentos para a defesa, já que a segurança internacional apresenta novos perfis, multifacetários, decorrentes das novas ameaças (Saint-Pierre, 2003), que fragilizam fronteiras e as tornam mais porosas, e menos evidentes os riscos que advêm de dentro e de fora dos países. Portanto, o que se apresenta é a possibilidade de identificar os atores que administram a segurança e a defesa e os que se tornam seu objeto, verificar as conexões de intersubjetividade que permeiam as suas relações, de modo a descortinar seus discursos e ponderar sobre os seus interesses.

No início da década de 1980, com o chamado Terceiro Debate, emergiram formas mais reflexivas de investigação teórica nas teorias das relações internacionais que submeteram as abordagens ortodoxas – realismo, liberalismo e marxismo – a um minucioso exame crítico. No rol dessas perspectivas alternativas, a teoria crítica apresentou-se como uma das mais importantes, questionando a pretensão das teorias internacionais, comprometidas com o positivismo. Diversas questões epistemológicas, ontológicas e normativas, que anteriormente foram marginalizadas pelas correntes vigentes, acabaram sendo amplamente consideradas por essa abordagem.

Novos temas se tornaram prioritários, tais como a problemática da mudança nas relações internacionais, o questionamento da centralidade do Estado como ator racional e único, o meio ambiente, as questões culturais, a integração das estruturas econômicas, o conceito de sociedade civil global, dentre outros (Nogueira; Messari, 2005). Para englobar tais temas, a teoria crítica veio então como um projeto de emancipação e de autorreflexão, orientado para contestar as formas de dominação vigentes e promover tanto a justiça como a igualdade (Burchill; Linklater, 1996). Portanto, uma abordagem crítica para as relações internacionais é reflexo da insatisfação com as teorias dominantes, que limitam a compreensão e a análise das mudanças em curso na política internacional.

E é nesse ponto que o feminismo incorpora-se ao debate. Embora tributário, em grande medida, das rupturas produzidas pelas abordagens pós-positivistas, seu *ethos* analítico apresenta singularidades, embora seja considerável o leque de *feminismos*.

Segurança, violência e desproteção são conceitos fundamentalmente ligados às instituições sociais e suas formas organizativas. Estas que, por serem edificadas num processo de socialização, são questionáveis do ponto de vista de suas motivações criativas, assim como são passíveis de mudança. Frente a essas considerações, a teoria feminista das relações internacionais busca se desvencilhar de assunções concernentes às prerrogativas da anarquia do sistema internacional, por possuírem estas um caráter de asserções apriorísticas e desconectadas da complexidade de contextos históricos. Estruturam, pois, seus trabalhos sobre a problemática da segurança a partir da crítica ao estadocentrismo e à dimensão militar das concepções tradicionais.

Nesse sentido, questionam o papel do Estado enquanto provedor da segurança, interrogando a validade da concepção, segundo a qual a proteção dos indivíduos é definida meramente em termos de seu pertencimento a uma comunidade nacional. Para a corrente feminista, o sentimento de insegurança varia conforme o contexto social, político e econômico de cada pessoa ou grupo. Logo, a segurança será analisada de acordo com outras formas de identificação coletivas e particulares, como raça, gênero, classe e etnia, o que, por sua vez, desdobram-se em questões sobre subdesenvolvimento, racismo, preconceitos e pobreza.

A definição da segurança em termos realistas preza pela manutenção da ordem social e da comunidade no seu aspecto nacional. O indivíduo é, portanto, alvo secundário da proteção, visto que não partem dele as preocupações centrais quanto à defesa, que o atinge por extensão das ações gerais. O Estado-nação, como entidade que conecta o indivíduo ao Estado, à região e ao global, torna-se o centro das ações nos complexos de segurança.

Por creditar a subordinação da mulher às diversas formas de hierarquias sociais, a teoria feminista, ao pensar segurança, busca o fim das violências em termos psicológicos, estruturais e, até mesmo, ambientais. Constrói-se, assim, em oposição à ortodoxia do campo, uma definição multidimensional da segurança, a qual parte antes do indivíduo ou comunidades, do que do sistema internacional. Este que, na forma do Estado moderno, representa um forte mecanismo de manutenção das desigualdades estruturais, causa das inseguranças e relevante objeto do estudo feminista.

Trabalhando com ontologias diferentes daquelas usualmente requeridas pelas pesquisas tradicionais, a construção teórica feminista desfaz as delimitações sistemáticas clássicas, interligando variáveis pertencentes a níveis de análise distintos. Em consequência, são denunciadas por operar em domínios não correlatos com o internacional, revelando a dificuldade de diálogo entre perspectivas apoiadas em realidades e epistemologias tão díspares. Na ótica feminista, para que se alcance uma compreensão integral das formas de insegurança contemporâneas, é necessário um estudo que se estenda desde o âmbito doméstico ao global, indo muito além das fronteiras dos Estados. Por isso, os instrumentos convencionais se mostram pouco pertinentes ao feminismo, o qual requer a introdução do gênero como categoria de análise, dada a essencialidade do entendimento acerca dos impactos da estrutura política e econômica internacional na vida cotidiana dos homens e mulheres.

Por conceberem o Estado como processo, tal pensamento substitui a estaticidade do discurso realista, evitando os reducionismos e reificações dessa abordagem. Questionam, assim, as bases sobre as quais se apoiam os estudos tradicionais referentes à segurança, que se estabelecem pela construção da imagem do "Inimigo", veiculado como legitimador do uso da violência. Essa última, entendida como mecanismo unívoco de defesa de um interesse nacional preestabelecido, é notoriamente criticada, na medida em que a noção de militarismo nega a condição humana do adversário, concebido pela forma negativa – oposição.

Ora, a desumanização trazida pelas demais escolas positivistas se reflete na descrença para com os projetos de segurança pensados pelos esforços de desarmamento, ou pela promoção dos direitos humanos. Tal posicionamento é contraposto pelas feministas, cuja discussão parte da crítica à própria ideia de que a insegurança advém de uma natureza humana essencialmente agressiva, que mimeticamente produz um sistema de Estados violentos, envoltos por um ambiente anárquico. Isso porque o apelo por ações bélicas subsequente a esse pensamento gera um ciclo vicioso entre insegurança internacional e corrida armamentista, cujas consequências recaem sobre a sociedade, em que os custos da militarização não são distribuídos igualmente entre os indivíduos e grupos sociais.

O impacto deletério dos conflitos militares sobre a população civil é um dos focos de análise feminista, preocupada mais com as consequências e o desenrolar das guerras do que com suas causas. Os danos econômicos, as situações de rapto, violência sexual, desamparo infantil, dentre outras situações decorrentes da guerra, exemplificam assuntos aos quais o estudo feminista afere atenção. O uso generalizado da mulher como ferramenta de guerra, assim como os elevados índices de violência doméstica a que é esta é submetida em sociedades militarizadas, demonstra a pertinência da inserção das questões de gênero nos estudos sobre a segurança, compondo a variada e promissora matriz analítica do pensamento feminista.

Para Steve Smith (Booth; Smith, 2005), tal matriz pode ser dividida em três linhas gerais. Uma delas, representada por Cynyhia Enloe, debruçar-se-ia especificamente sobre a problemática da mulher nos estudos internacionais, através de uma leitura não hegemônica, visto que pautada em paradigmas diversos daquele academicamente aceito. Carol Cohn, Miriam Cooke e Ângela Wollacot comporiam, por sua vez, um segundo grupo, focado na reflexão acerca da linguagem dos discursos estratégicos, buscando demonstrar suas características androcêntricas. E, por último, teríamos a vertente representada por Jean Elshtain e Nancy Hartsock, centrada nos discursos tradicionalistas que correlacionam a imagem do homem à guerra e a da mulher à paz.

Na perspectiva feminista, a intervenção militar para mediar conflitos será compreendida de maneira assaz diversa daquela indicada pelas teorias tradicionais das relações internacionais. Enquanto para estas últimas, a utilização de meios militares será um instrumento do poder possuído pelo Estado frente à compreensão objetivamente formulada de uma iminente ameaça, o feminismo irá constatar neste recurso a presença de uma prática social intersubjetivamente erigida pelos processos de formação da identidade coletiva de cada nação. De acordo com o feminismo, se há uma marcante presença da guerra no cenário internacional, isso se deve ao fato de os agentes estatais serem estimulados a dinâmicas ofensivas ao entender nestas um hábito assentado das relações internacionais, quando um Estado é incapaz de, por outros meios, obter êxito na consecução de seus propósitos.

Portanto, a cultura de cada nação também será origem determinante das crenças compartilhadas por seu setor militar, que, de qualquer forma, retira grande parte de sua autoridade do consentimento coletivo. A percepção clássica da mentalidade militar não é capaz de estar destituída do sistema de valores que lhes promoveu enquanto indivíduos e grupo, muito embora o serviço militar tente proclamar e imprimir a cada um de seus membros uma nova tradição, tendente a se opor aos princípios gerais da sociabilidade humana. Compreende-se, então, as escolhas nacionais como resultantes de toda uma série de atribuições culturalmente evocadas; em contraposição, as teorias ortodoxas irão apontar para a capacidade do Estado de promover uma análise da *realidade objetiva* em uma síntese absolutamente racional, como se fosse possível a ele atribuir características humanas. Essa racionalidade pressupõe a equação de indicadores concretos, sem a intervenção ativa de elementos advindos da subjetividade do sujeito. Na percepção teórica ortodoxa, inserir a cultura no campo das variáveis de análise seria incorrer numa possível irracionalidade do Estado.

Essa variável subjetiva inserida pelo feminismo pode, entretanto, mostrar-se problemática em alguns aspectos. A identidade do sujeito ou do Estado é resultante de um processo recorrente de socialização que tende a reproduzir e a transformar significados. Entretanto, a identidade irá habilitar toda a percepção do sujeito sobre si próprio e seu meio, de forma a delimitar e dar sentido à sua existência como tal. Dessa forma, cada indivíduo se apega aos seus caracteres identitários porque eles são a informação do seu propósito de vida. Se o indivíduo se pauta nessas crenças interiores e coletivamente relacionadas, já que elas são a base sobre as quais se soerguem suas atividades diárias, é possível que não seja por ele desejável ou possível se destituir do cerne destas qualidades. Há, pois, certa resistência à mudança, que não se dará de forma indolor ou sem causar alguns desequilíbrios, mesmo que momentâneos. Isso pode ser, no limite, uma barreira à influência que o feminismo pretende executar tanto no âmbito de sua formulação teórica quanto da sua atuação política com vista a fortes câmbios sociais, os quais possam conceder à mulher um papel renovado e não inferior na sociedade.

Ao próprio processo de resolução de conflitos pela via bélica é, então, conferido caráter social, em que as noções de masculinidade, feminilidade e a relação entre elas desempenham função importante para a perpetuação de valores belicosos, ou mesmo sua expansão a áreas a que tradicionalmente eram desconectados, como negócios privados, política governamental, educação e lazer. Quando entendidos como processos, e não como eventos, o militarismo e a guerra podem ser relacionados entre si e com outras construções, como as questões da divisão de trabalho, colonização e opressão, possibilitando, com isso, o desenvolvimento da reflexão feminista.

Com o deslocamento do foco teórico do Estado para o indivíduo, pretende-se analogicamente substituir o estadocentrismo das preocupações sobre segurança por um olhar mais humanístico, fundado na pessoa, sem, para tanto, recorrer a definições abstratas. Essa compreensão deve, pois, pautar-se no indivíduo enquanto membro de uma coletividade, pertencente a um contexto histórico, social e cultural. Busca-se com isso uma definição de segurança alargada, não baseada numa ideia de paz negativa, já que as condições necessárias para propiciar seguridade não se restringem à ausência de violência armada, envolvendo situações equânimes de justiça social e econômica. Enfatiza-se a imprescindibilidade de esforços na promoção da educação, do respeito às culturas, aos direitos humanos e às liberdades fundamentais.

Nessa mesma linha, destacam-se os estudos relacionados à "segurança-humana" originados com o Programa das Nações Unidas para o Desenvolvimento (PNUD), em 1994. Ao objetivar um enfoque mais humanitário – em clara oposição às pesquisas nucleares ligadas ao *mainstream* do campo –, tal concepção pretendia elaborar um entendimento das ameaças à humanidade num sentido global, desvinculado-as dos limites nacionais. Consequentemente, as preocupações com a segurança humanitária passam a incluir áreas como a da alimentação, a da saúde, a ambiental, a pessoal e a comunitária, assimilando como perigos potenciais os índices de crescimento populacional desordenados, os desrespeitos étnicos, as disparidades econômicas e seus efeitos subsequentes, como imigrações, degradação ambiental, tráfico de drogas e terrorismo internacional. Por outro lado, cabe ressaltar que o significado de "segurança humana" é ainda pouco delimitado, sendo a polissemia exagerada de significados prejudicial à sistematização da teoria.

O feminismo, o construtivismo, a Escola de Copenhagen, a teoria crítica, a pós-estruturalista e a perspectiva "humana", nas palavras de Smith, constituem vertentes envolvidas com os estudos da segurança crítica, cuja relevância se deve, principalmente, à contestação que fazem sobre as definições tradicionalmente elaboradas sobre o assunto. Por encadeamento lógico, esses questionamentos acabam gerando outros, acerca de premissas convencionais anteriores – como a centralidade do Estado, os interesses nacionais e as formas de emancipação – os quais, por ultrapassarem o foco puramente militar, interrogam a pré-concepção ontológica do significado da segurança. E, embora esses desdobramentos conceituais possam levar a certa fragilidade quanto ao recorte do estudo na segurança, não há dúvidas de que agregar debates inovadores a essa temática mostra-se bastante interessante, na medida em que oferece completude às linhas teóricas que se pretendam bons instrumentos analíticos do cenário internacional contemporâneo.

Grande parte da imprescindibilidade da leitura crítica sobre os estudos estratégicos derivou-se, também, do caráter político desse debate. Admitir a significação moral daqueles conceitos relacionados, e a carga valorativa que lhes é imputada, implica na constatação de que, conforme a terminologia adotada para o estudo de segurança, diferentes realidades serão trabalhadas e diferentes projetos políticos serão, portanto, concretizados.

Nessa discrepância, conforme o debate interno do feminismo, a categoria da mulher deve ser salvaguardada. É reiterada a perspectiva feminista de vinculação da mulher a um longo estabelecimento de sustentação cultural, que se dá por meio de um *processo* social e não por requisitos objetivamente coordenados pela natureza. Com isso, sustentam-se as reivindicações de que a figura feminina possui uma forma fluida e que, portanto, é passível de mudança. Entretanto, se a identidade social for aceita como apenas um discurso criado com propósitos políticos claros, a mulher em si poderia, então, ao menos em tese, desaparecer junto à decadência da fonte dessa gramática. Se a mulher enquanto categoria for inexistente do ponto de vista concreto, porque derivada primordialmente da dimensão das ideias perpetuadas por conexões de poder, o feminismo, ao seu turno, também se destituiria de uma significação prática ampla.

Mesmo que se assuma uma perspectiva crítica influenciada por Pierre Bourdieu ou Habermas e Robert Cox, no sentido de que a produção e a compreensão do conhecimento também são produtos de confluências de interesses historicamente estabelecidos, negar a existência da mulher enquanto um substrato empírico pode significar o desabamento das assunções normativas do feminismo. Nesse sentido, a falta de univocidade do feminismo quanto a suas prerrogativas centrais parece ser irreconciliável. Entretanto, o que não se abstrai é a perpetuação de uma *experiência* de ser mulher, a qual é permeada de prejuízos e preconceitos advindos de sua pretensa fragilidade física e da incapacidade do substrato social de assumir que, como afirma Bourdieu, é o próprio contexto que habilita sua forma de pensar e não apenas as predisposições imutáveis nele presentes.

O feminismo reposiciona o *habitus* em que se inserem os discursos e as práticas da segurança. Insurge-se aos ditames consolidados, revigora conceitos, alerta para idiossincrasias aderentes a um quadro teórico limitado pela miopia ontológica. Traduz a perspectiva dos oprimidos, daí seu alento e posicionamento normativo. Seu vigor reside na ruptura epistemológica. Apresenta debilidades e fissuras, porém, ao transgredir, obriga a novos exames, a renovadas análises.

Sua busca é ultrapassar a carga ideológica e artificial que divide homens e mulheres, e apresentar o humano como seu objeto central – portanto, o âmago da proposta da segurança –, mas sob uma perspectiva feminina. Repõe o debate em novos termos, não mais entre "Homem, o guerreiro" e "Mulher, a linda alma", como intitulou Elshtain (1987), tampouco a perspectiva de serem as mulheres doadoras de vida, ao passo que os homens são seus perdulários. Para o feminismo não se trata de substituir a imagem de Afrodite, inculcada na mentalidade social, ou dessa imagem criar as condições para a redução da violência. Menos ainda extrapassar para outro altiplano, mimético e igualmente grave e delituoso, da construção da mulher como uma nova Melíade da cena internacional.

REFLEXÕES FEMINISTAS ACERCA DAS RELAÇÕES INTERNACIONAIS

Lídia Maria Vianna Possas[1]
Sarah de Freitas Reis[2]

INTRODUÇÃO

A esfera das relações internacionais, a exemplo das demais ciências humanas, é constituída por uma pluralidade de abordagens teóricas resultantes da existência de diferentes visões acerca do mesmo objeto. Embora seja, por vezes, interpretada como um problema,[3] tal pluralidade tem o efeito de enriquecer o campo de estudos na medida em que coloca em visibilidade novos atores e fenômenos, refletindo a complexa realidade da qual as relações internacionais tentam dar conta. O convívio de diferentes paradigmas é, portanto, uma característica das RI, e muito contribui na medida em que amplia a discussão e a percepção a respeito dos diversos atores que compõem a sua trama.

Tradicionalmente, os Estados foram considerados os atores centrais dessa trama; ao longo do tempo, outros tipos de atores adentraram o cenário internacional, demandando um esforço teórico no sentido de compreendê-los e incluí-los nas análises. São sujeitos como as mulheres, que embora sejam partícipes da esfera internacional, estiveram por muito tempo invisíveis (Halliday, 1999). E foi para jogar luz a essa atuação e superar a invisibilidade que as autoras feministas adentraram o campo das RI, especialmente a partir da década de 1980.

---

[1] Professora de história do Brasil e América Latina e coordenadora do Grupo de Pesquisa "Cultura e Gênero" da Universidade Estadual Paulista (UNESP) – *Campus* de Marília.

[2] Graduada em relações internacionais pela Universidade Estadual Paulista (UNESP) – *Campus* de Marília, membro do Grupo de Pesquisa "Cultura e Gênero" e assessora técnica do CFEMEA – Centro Feminista de Estudos e Assessoria.

[3] Nas palavras de Gonçalves (2001, p.92), o "surgimento de tantas teorias, ao mesmo tempo em que revela a grande vitalidade dos estudos sobre as relações internacionais, revela também as inegáveis dificuldades que cercam o trabalho de reduzir a termos simplificados e abstratos uma realidade tão abrangente e tão multifacetada, que se vai tornando cada vez mais complexa à medida que as conjunturas se sucedem".

Considerando a relevância de se colocarem em pauta essas novas (e ainda pouco conhecidas) perspectivas, o presente artigo tratará dos estudos feministas na área de relações internacionais e de algumas de suas contribuições.[4] Para tanto, partimos da revisão bibliográfica não apenas de autoras feministas, mas também das demais perspectivas nas RI. Apresentaremos os aportes do feminismo ao campo, notadamente de que forma ele tem contribuído para as relações internacionais, no intento de torná-la uma área mais humanizada, inclusiva e, por consequência, mais global.[5]

Inicialmente é preciso ressaltar que o feminismo, enquanto perspectiva teórica, não pretende dar *respostas* a todas as questões das relações internacionais. Em vez disso, assume que é preciso fazer *outros tipos de perguntas* para que seja possível dar conta da realidade internacional de uma forma mais completa.

Uma das primeiras perguntas que as feministas fizeram ao adentrar no estudo das relações internacionais foi "onde estão as mulheres?" (Tickner, 2001b).[6] Com isso, constataram não apenas a ausência feminina, mas também a ausência de questões ligadas ao gênero; até então, ambas figuraram como irrelevantes ao estudo das RI.

Desde então, essas autoras despenderam um esforço significativo no intento de denunciar tais ausências e chamar a atenção para a importância da inclusão tanto das mulheres enquanto sujeitos das RI, quanto da temática do gênero na agenda internacional. Para isso, pautaram-se em uma das maiores críticas trazidas pela teoria feminista às ciências humanas: a divisão entre os espaços público e privado.

PÚBLICO *VERSUS* PRIVADO

Para as feministas, a construção do mundo tal como o conhecemos passou pela delimitação de duas esferas opostas: a pública e a privada. Elshtain

[4] No interior da vertente feminista existem numerosas subdivisões, com estudos que perpassam temas como globalização, democracia, economia, segurança, política e teoria de relações internacionais. O presente artigo aborda os dois últimos; para uma visão geral dos temas trabalhados pelas autoras feministas, ver: Pettman (2005); Halliday (1999); Nogueira e Messari (2005) e Carlsnaes, Risse e Simmons (2001).

[5] A concepção de relações internacionais como "globais" é colocada por autoras como Youngs (1999) e Tickner (2001b). Para elas, a adoção de termos como "relações globais" ou "relações mundiais" reflete melhor a mudança pela qual o campo tem passado, já que um foco "estatista" das RI tem cada vez sido menos justificável, dada a variedade de atores que compõem o cenário atual.

[6] No prefácio de sua obra, Tickner (2001b) questiona: "Por que o assunto da minha disciplina é tão distante das experiências vividas pelas mulheres? Por que as mulheres têm sido notadas apenas por sua ausência nos mundos da diplomacia e militar, e na elaboração de política externa?" Esse é um questionamento comum às autoras feministas da área e serve de ponto de partida para suas análises.

(1981)[7] afirma ser essa divisão o princípio fundamental na ordenação de praticamente todas as sociedades. A autora entende o público e o privado como duas das "noções básicas" que servem para estruturar e dar coerência a todos os modos de vida conhecidos.

> O público e o privado, portanto, como forças "gêmeas", ajudam a criar um ambiente moral para os indivíduos, singularmente e em grupos; ditar normas de ações válidas e apropriadas; estabelecer barreiras à ação, particularmente em áreas tais como a tomada de vida humana, a regulação das relações sexuais, a promulgação das tarefas familiares e obrigações, e a arena da responsabilidade política. O público e o privado estão [...] ligados a outras noções básicas: natureza e cultura, macho e fêmea, à compreensão de cada sociedade em relação ao significado e papel do trabalho; sua visão sobre a natureza; seus conceitos de ação; suas ideias sobre autoridade, comunidade, família; sua noção de sexo; suas crenças sobre Deus e a morte e assim por diante. (Elshtain, 1981, p.5. Tradução nossa)

Uma vez que se tornou base para a construção das sociedades, enfatiza-se que a separação entre essas esferas não é natural. Acredita-se, ainda, que foram constituídas de maneira "generificada".[8] Dessa forma,

> [...] o mundo privado é subserviente ao público: o privado como a esfera da domesticidade, reprodução social e relações pessoais, e o público como a esfera das atividades tradicionalmente conhecidas como políticas e econômicas, tomada de decisão e guerra. Enquanto a influência das mulheres está concentrada no privado, os homens dominam o público. As identidades socializadas de gênero seguem esses padrões dominantes, sendo as mulheres identificadas em termos que as ligam à esfera privada, opostas aos homens, cujas identidades são relacionadas à esfera pública. (Youngs, 1999, p.47. Tradução nossa)

As feministas entendem, portanto, que o estabelecimento de identidades de gênero é uma forma de politização da diferença entre homens e mulheres, que resulta em grandes divisões de trabalho, tratamento e lugar. Foi da associação do privado com a esfera da reprodução social que resultou a restrição das mulheres a esse âmbito, e por consequência o domínio pú-

---

7 Jean Bethke Elshtain (1981) faz um levantamento de como a ciência política construiu, ao longo dos séculos, uma divisão generificada dos espaços público e privado, retomando todo o pensamento político ocidental desde Platão, Aristóteles até Hegel e Marx. A autora posteriormente transitaria da ciência política para as relações internacionais, destacando-se pela análise da teoria e prática da guerra sob uma perspectiva de gênero (Griffiths, 2004).

8 Ao trazerem para o português o termo em inglês "*gendered*", as estudiosas feministas das ciências humanas no Brasil passaram a atribuir-lhe a tradução como "generificado(a)". Trata-se da atribuição de uma identidade associada ao gênero a determinados espaços, funções ou papéis sociais.

blico (esfera das atividades políticas, econômicas e da guerra)[9] permaneceu por muito tempo alheio a elas. A historiadora Michelle Perrot (1998, p.8) respalda esse ponto de vista, ao afirmar que:

> O lugar das mulheres no espaço público sempre foi problemático, pelo menos no mundo ocidental, o qual, desde a Grécia Antiga, pensa mais energicamente a cidadania e constrói a política como o coração da decisão e do poder. "Uma mulher em público está sempre deslocada", diz Pitágoras. Prende-se à percepção da mulher uma ideia de desordem. Selvagem, instintiva, mais sensível do que racional, ela incomoda e ameaça.

A inserção das mulheres no meio público sempre foi dificultosa. Embora autores, como Hobsbawm (1995), afirmem que uma "revolução social" (1945-1990) trouxe mudanças na natureza das atividades e papéis da mulher na sociedade, pode-se dizer que ela não eliminou o divisionismo entre essas duas esferas.[10]

É por essa razão que não devemos ignorar tais questões e tratar o espaço social como neutro de gênero (Youngs, 1999). Em vez disso é necessário desconstruir a noção de que esses espaços são naturais; ao transcender e desnaturalizar tais divisões, é possível perceber mais claramente as identidades e papéis atribuídos a cada uma delas e compreender uma das mais importantes afirmações feministas: de que a política não se restringe ao espaço público; ela diz respeito também ao privado:

> Um dos mais simples e poderosos *slogans* da teoria feminista é que o pessoal é político. Tem sido um aspecto intrínseco dos esforços teóricos feministas redefinir o político, para retirá-lo de seus parâmetros patriarcais, romper a poderosa divisão público/privado que trabalha para mantê-lo [o político] como esfera masculina e excluir as mulheres de suas práticas, seus benefícios e seus processos de definição e redefinição. (Youngs, 1999, p.32. Tradução nossa)

---

9 A historiadora Françoise Thébaud (1995) escreveu sobre o papel da guerra na redefinição dos papéis de homens e mulheres. Para ela, a eclosão da I Guerra Mundial exigiu a "nacionalização das mulheres", ou seja, a adesão daquelas mulheres, antes restritas à esfera privada, às causas da nação (principalmente como mão de obra para suprir as vagas dos homens convocados para o combate). Elas, então, adentram significativamente na esfera pública; algumas das análises do período creditam a isso o "rompimento" dos papéis tradicionais e atribuem à guerra a emancipação das mulheres. A autora contesta essa visão, acreditando que se tratou apenas de um "parêntese". Ela enfatiza que, com o fim do conflito, o retorno à "normalidade" exige que essas mulheres retornem à sua posição anterior, recuperando os papéis tradicionalmente desepenhados.

10 Para o próprio Hobsbawm (1995), embora se pudesse esperar que grandes mudanças (como a entrada em massa de mulheres no mercado de trabalho) transformassem as relações entre os sexos ou as esferas pública e privada, nem sempre isso ocorreu. O autor pondera que, mesmo assim, houve algumas modificações significativas nas expectativas das mulheres sobre elas mesmas e na expectativa do mundo sobre o lugar delas na sociedade, traduzidas em um pequeno avanço na ampliação do acesso e legitimação das mulheres como sujeitos atuantes no espaço público.

Essas reflexões são pontos de partida para a crítica feminista no campo das relações internacionais. Sabendo que a divisão entre os espaços público e privado repercute tanto na teoria quanto no cotidiano das pessoas, as autoras feministas puderam explicar por que a temática de gênero esteve ausente da agenda das relações internacionais e porque as mulheres não foram vistas como atores nas RI. Vejamos, então, como as autoras trataram essas duas questões.

PAUTANDO AS QUESTÕES DE GÊNERO NA AGENDA INTERNACIONAL

A temática ligada ao gênero sempre esteve excluída da agenda das relações internacionais. Segundo Tickner (2001a), os estudiosos consideravam o gênero um problema intranacional, e por isso irrelevante ao estudo das RI. Além disso, a predominância de assuntos de segurança militar tendeu a dominar as relações internacionais desde sua fundação; obscurecidos pela rivalidade Leste-Oeste, uma variedade de assuntos (como conflitos étnicos, globalização econômica, democratização e direitos humanos) começou a ocupar a agenda da disciplina apenas no fim da década de 1980 (Tickner, 2001a). A emergência desses novos temas deu às mulheres uma maior visibilidade, e a temática do gênero passou a ser entendida como mais relevante (Tickner, 2001b), notadamente a partir do que se convenciona chamar de Terceiro Debate (1980-...) nas relações internacionais.

Fortemente influenciado pela virada pós-estruturalista (1960) nas ciências humanas, o Terceiro Debate (1980-...) refletiu esse momento, caracterizado pelas crescentes indagações acerca dos fundamentos do conhecimento nas ciências humanas. Sistemas de explicação racionalizantes e voltados para o estudo de macroestruturas passaram a ser repensados desde a década de 1960 por intelectuais (como Jacques Derrida, Michel Foucault, Gilles Deleuze), que abriram novos caminhos na contracorrente dos grandes sistemas de explicação da linguagem e do pensamento (Dias, 1998). Com o pós-estruturalismo, os estudos passam a envolver (principalmente devido às contribuições de Foucault) uma compreensão do ato da comunicação como o "poder de dizer como são as coisas", o chamado poder do discurso.[11]

[11] O poder do discurso é bastante enfatizado pelos estudiosos pós-estruturalistas. O "poder de dizer como são as coisas" torna-se evidente ao se analisar a linguagem, cujo conteúdo revela uma seleção do que pode ou não ser exprimido. Assim, configura-se uma situação de inferioridade que "é calar-se quando alguém nos explica que as coisas ocorrem de maneira diferente de como as sentimos, interiorizar o que se vive quando não há palavras para dizê-lo, porque o código vigente não lhe dá essa possibilidade" (Dumont, 2001, p.10. Tradução nossa).

Essas reflexões impactaram as relações internacionais anos depois. Ao proclamar o começo de uma "era pós-positivista" nas RI, Yosef Lapid utilizou em 1989, pela primeira vez, o termo "terceiro debate", caracterizando a emergência de uma série de perspectivas (teoria crítica, sociologia histórica, pós-modernismo, feminismo) que desafiariam as metodologias convencionais do campo das RI (Tickner, 2001b).

As discussões introduziram principalmente a questão da *teoria como forma de discurso*. O discurso passa a ser visto não simplesmente como uma forma explicativa, mas considerado também uma forma de prática;[12] esse argumento se fundamenta na concepção de que parte da realidade se constrói e ganha significado como resultado da própria atividade de produção de conhecimento, já que determinados temas entrarão na agenda (ou não) em função das seleções que os cientistas fazem de seus objetos de estudo e dos sistemas conceituais a serem utilizados na análise (Rocha, 2002). Isso permitiu aos analistas entenderem o poder envolvido na produção do conhecimento, estimulando-os a levantar questões na tentativa de "desconstruir" a teoria em relações internacionais (por que, onde, para quem foi produzida, com que propósitos e a quem é direcionada), questões que se tornaram fundamentais no desenvolvimento de um corpo teórico orientado para a reflexão sobre a própria forma de se construir o conhecimento.

Sob essa perspectiva, os estudiosos passaram, também, a questionar a concepção de Estado como uma realidade política que existe independentemente das ideias a que as pessoas aderem. Em vez disso, propuseram um "repensar" das relações internacionais que buscasse os agentes, os múltiplos sujeitos, as influências práticas e os preconceitos que influenciam aquilo que antes era tomado como "dado" ou "natural" (Sylvester, 1994). A naturalização (realista) do Estado (como ator racional confrontando uma realidade externa e objetiva) passou a ser criticada como uma premissa que obscurece as relações sociais inerentes aos Estados e as identidades envolvidas na sua construção. E, uma vez que o ato de entender a realidade não pode ser desvinculado da forma como é construída essa realidade, chegou-se à constatação de que "[...] se não resta dúvida de que o pensamento sobre as relações internacionais é fruto de uma época determinada, podemos dizer que ele serviu para legitimar agentes específicos e para dispor [...] seus padrões de comportamento" (Rocha, 2002, p.135).

---

[12] Ao discursar no encontro da International Studies Association na condição de presidente, Tickner (2006) faz uso dessa concepção para chamar à responsabilidade os estudiosos. Para ela, todos precisam refletir criticamente sobre a forma pela qual o conhecimento que ensinam a seus alunos vem sendo construído historicamente, e se questionar para saber se o conhecimento que vêm construindo e ensinando não está contribuindo para "dividir o mundo". Sua preocupação é com a exclusão de perspectivas (como as pós-modernas e pós-coloniais) que vêm sendo rejeitadas pelos estudiosos neoconservadores, resultando em uma espécie de "fundamentalismo teórico" no campo.

O teor crítico do Terceiro Debate abriu, portanto, um leque de possibilidades. Partindo do pressuposto de que a própria construção do conhecimento é uma forma de legitimar certos sujeitos e definir o que pode ser dito (ou não) nas relações internacionais, as feministas encontraram na análise do discurso um dos métodos mais frutíferos para suas reflexões.

Elas destacam que, para as relações internacionais, o mundo é visto principalmente em seu semblante público – um mundo abstraído de dinâmicas de gênero público/privadas, em que o Estado, ou o "homem racional em grande escala"[13] é o meio dado para se entender tanto a ação e estrutura quanto suas interações. Essa versão estatocêntrica do mundo destaca, portanto, o público sobre o privado, a presença do público sobre a ausência do privado. Isso se verifica de forma muito clara, especialmente nas críticas de Youngs (1999) de que o realismo, por exemplo, não dá conta de abarcar questões que não envolvam o Estado como ator preponderante. A autora opõe as duas formas de análise (tradicional e análise de gênero), considerando que:

> Enquanto os pontos de vista dominantes estatocêntricos se restringem ao mundo dado e assumido do poder público – as esferas de tomada de decisão das atividades econômica e política que são geralmente dominadas por homens e delineadas pelo patriarcalismo –, as críticas de gênero vão muito além, analiticamente falando, para investigar a história mais profunda da sustentação do poder e explicação do que está além daquele mundo da alta política e alta economia. (Youngs, p.31. Tradução nossa)

Tradicionalmente acredita-se que o "mundo público" corresponde completamente à realidade social. As feministas tentam revelar que, em vez disso, essa realidade não está "engessada" em uma política ou economia estáticas; trata-se de processos que envolvem pessoas, operando através de circunstâncias territorial e espacialmente definidas, articuladas por práticas discursivas e materiais associadas às relações de poder.

> As críticas de gênero têm assim revelado uma esfera *escondida* do poder, que tem uma longa história na análise feminista. É aquela que conecta o público e o privado, as mulheres e os homens. Ela busca explicar o poder patriarcal do mundo público e as formas nas quais ele define diferentemente os papéis e contribuições de homens e mulheres em contextos sociais e culturais contrastantes e suas formas relativas de poder através de classes ou hierarquias sociais. (Youngs, 1999, p.31-32. Tradução nossa)

[13] Youngs (1999), ao recuperar e fazer uma análise crítica de Hobbes em sua obra, afirma que o Estado – centro do paradigma hobbesiano – é conceitualizado como um "homem artificial" (o Leviatã). A autora considera essa uma das metáforas mais presentes na história das relações internacionais, que identifica o Estado como a única categoria racional em um mundo caótico, o único princípio ordenador capaz de proteger os seres humanos das ameaças internas ou externas. Essa concepção do Estado como "*rational man at large*", ou seja, um homem racional em larga escala, segundo ela, reforçou a associação entre masculinidade e estatocentrismo.

Isso levou as feministas a demandarem que, para se ter uma completa compreensão da realidade, é preciso olhar para além desse "mundo público", o que significa pensar o espaço privado como relevante:

> Não é suficiente estar dentro da história na medida em que observamos as decisões dos governos e suas instituições e os resultados. Não é suficiente estar dentro da história na medida em que reconhecemos a relevância de desenvolvimentos no capitalismo global em tal contexto. Não, é necessário ir mais fundo do que isso e incluir a "*minutiae*" das vidas de pessoas ordinárias. (Youngs, 1999, p.112. Tradução nossa)

É por meio dessas críticas que as análises de gênero procuram revelar que áreas-chave como segurança, identidade e sexualidade não podem ser claramente separadas em categorias de público e privado, individual e institucional. Na esfera da prática, Tickner (2001b) cita um exemplo das implicações desses oposicionismos: considerados como parte da esfera privada, abusos de gênero (como a violência doméstica) não são considerados públicos e, portanto, não entram no rol dos abusos de direitos humanos. Ou seja, fecham-se os olhos no nível internacional para problemas que, aparentemente não concernem à esfera do "público". A autora afirma que, com certas exceções, o discurso baseado nos direitos tem ignorado a opressão na esfera privada, tendendo a reforçar a distinção público-privado e a desvalorização dos direitos das mulheres.[14]

Cientes disso, as feministas propõem, então, que se investiguem as conexões entre os espaços e categorias ao longo do tempo. É necessário, antes de tudo, levar o espaço privado em conta, estabelecendo ligações entre os níveis individual, social e global. Ou seja, o "local" não para nas portas de nossas casas, nem o "global" (Youngs, 1999); devem-se levar em conta não apenas os papéis públicos e atividades, mas também as formas de experiências privadas, pessoais ou familiares. Em suma, se o "global" deve ser significativo, ele deve representar a experiência humana global, incluindo a experiência

[14] Na tentativa de trazer à luz esses preconceitos de gênero, Tickner (2001b) discute o sentido do conceito "Direitos Humanos" que, para ela, é um dos poucos que articula temas sobre as vidas das pessoas e vai além dos confinamentos do Estado e, por isso, considerado uma estrutura útil para lidar com perspectivas de gênero. No Brasil, tem-se um ótimo exemplo de atuação governamental nesse sentido: após ouvir os vários movimentos e grupos de mulheres, a Secretaria Especial de Políticas para Mulheres colheu as contribuições das mulheres para uma legislação mais contundente que fizesse frente à violência doméstica. O projeto foi aprovado e sancionado em 2006: a Lei n.11.340, também chamada Lei Maria da Penha, foi resultado de queixas de uma brasileira (Maria da Penha Maia) à Comissão Interamericana de Direitos Humanos da OEA que, por sua vez, condenou o Brasil por negligência e omissão em relação à violência doméstica. A lei altera o código penal, prevendo penas mais rígidas para o crime (Ide, 2006). Por meio disso vê-se que os assuntos da esfera privada têm adquirido um caráter público, e despertando a atenção nesse nível, têm inspirado a adoção de medidas que protejam de forma mais eficaz tanto os cidadãos como as cidadãs.

das mulheres em todas as posições sociais, em todos os países do mundo[15] (Youngs, 1999). Com isso, as análises feministas têm aumentado a percepção dos envolvimentos privados de mulheres na reprodução social, que são ignorados em detrimento dos papéis públicos dominados por homens – vistos como sustentadores da economia política e manutenção de segurança.

Ainda, as feministas têm enfatizado como os papéis sociais e subjetividades das mulheres têm sido definidos e influenciados por sua associação com a esfera privada ou doméstica, e a elas tem sido dado limitado acesso ao domínio público. Isso seria sanado, sob a concepção de Youngs (1999), ao se considerar o "global" como uma categoria significativa; apenas assim seria possível passar a uma concepção de economia e política que reconheça tanto as relações econômicas quanto as políticas como pertencentes não apenas a um dos lados dos espaços público/privado, mas como existentes *através* desses espaços. Seria possível então perceber a presença das mulheres e sua atuação em ambos os espaços, resultando em uma compreensão efetivamente global das relações internacionais.

MULHERES: *AUSENTES* OU *INVISÍVEIS*?

Uma vez abertas as fronteiras conceituais do campo teórico e conscientes da generificação presente nas sociedades, bem como das divisões espaciais nelas contidas, as feministas buscam ir além. Notando os números desproporcionalmente baixos de mulheres em posições de elite (de elaboração da política externa dos países, por exemplo), bem como sua ausência histórica do discurso acadêmico das RI, acreditam ser isso um demonstrativo da existência de diversas barreiras; e se dispõem a buscar formas de superá-las.

A ausência feminina tem sido objeto de indagação não apenas das próprias feministas; estudiosas como Halliday (1999) e Nogueira e Messari (2005) apontam as mulheres como ausentes tanto da esfera acadêmica quanto da prática em relações internacionais. E, na tentativa de responder a essa questão, as estudiosas têm realizado pesquisas no sentido de revelar *onde* e *como* atuaram essas mulheres ao longo do tempo nas esferas ligadas às RI. Sylvester (1994, p.86) afirma que, embora não sejam muito frequentemente lembradas, as mulheres atuaram por causas internacionais:

[15] Longe de ser uma mera proposta metodológica, o apelo das feministas para que se leve em conta o "privado" nas análises tem repercutido, segundo Tickner (2001a), em estudos de economia política internacional mais abrangentes; estes passaram a incluir o trabalho doméstico das mulheres que, em países subdesenvolvidos, são contratadas a baixíssimos salários pelas grandes corporações para executar tarefas manuais; trata-se de uma esfera que, apesar de ser frequentemente ignorada nas análises tradicionais, afeta a vida de milhões de pessoas e impacta significativamente a economia.

> Muitas feministas publicamente seguiram a causa do sufrágio feminino lado a lado com a causa da paz internacional, e a causa do interesse nacional ao lado do feminismo. Ativistas da paz, por exemplo, tiveram um grande êxito na política do pós-Primeira Guerra Mundial quando a União das Mulheres pela Paz persuadiu o senador republicano Lynn Joseph Frazier de Dakota do Norte a introduzir em 1926 uma emenda constitucional tornando a guerra ilegal. Não nos lembramos disso como uma parte do esforço idealista. [Tradução nossa]

Ela ainda ressalta outro exemplo: a primeira mulher no congresso norte-americano, Jeanette Rankin, era uma pacifista convicta e foi o único membro do congresso a votar contra a participação dos Estados Unidos tanto na Primeira quanto na Segunda Guerra Mundial. Também escondido da visão "oficial" estão o Partido Pacifista das Mulheres, nos EUA, a Conferência Internacional de Mulheres Socialistas, e o Congresso Internacional das Mulheres. Todos esses pediam pelo fim da guerra.

Mas elas não lutaram apenas pela paz. Havia também mulheres realistas, que se engajaram na Seção das Mulheres da Liga da Marinha para dar apoio às preparações da guerra nos anos precedentes a 1939. Algumas mantiveram o movimento das Filhas da Revolução Americana para enfatizar sua crença de que apenas por meio de uma defesa nacional suficiente a América do Norte estaria segura, em paz,[16] e seria capaz de tomar sua parte no conselho de nações (Sylvester, 1994). Estes são apenas alguns dos exemplos de atuações que, segundo as autoras, ficaram ofuscados na história oficial.

No nível das Organizações Internacionais, Tickner (2001b) encontra um quadro não muito positivo: segundo ela, durante o tempo da Liga das Nações (1920 a 1946), nenhuma mulher serviu o Conselho da Liga ou teve assento na Corte Mundial. Nos primeiros anos das Nações Unidas, a presença feminina foi mínima; as mulheres totalizavam menos de 5% dos delegados da Assembleia Geral da ONU em 1946. Elas participaram de planos para a fundação das Nações Unidas, mas foram canalizadas para comitês que lidavam especificamente com a igualdade para as mulheres ou assuntos sociais. Apesar do comprometimento com a igualdade de gênero, isso teve pouco efeito no início da ONU.

Os níveis verificados de participação nesses âmbitos têm sido, geralmente, mais baixos do que em instituições do Estado. Tickner (2001b)

[16] Acerca da tendência em se associar as mulheres com a paz é interessante observar a crítica colocada por Tickner (1999), onde afirma que "a associação das mulheres com a paz" e com uma suposta "superioridade moral" teve (e ainda tem) a função de mantê-las fora do poder. Segundo ela, a associação entre mulheres e a paz pode favorecer estereótipos de gênero que caracterizam os homens como ativos, mulheres como passivas; homens como agentes, mulheres como vítimas; homens como racionais, mulheres como emocionais. Esses estereótipos prejudicam as mulheres e sua credibilidade como atores em assuntos de política internacional e segurança nacional, servindo para desempoá-las e mantê-las em seu "lugar" (supostamente localizado fora do "mundo real" da política internacional).

menciona que, mesmo havendo o objetivo de atingir a porcentagem de 25% de mulheres atuando no Secretariado da ONU, esse índice não foi obtido, e a representação feminina em posições mais altas é ainda mais difícil, segundo ela, já que os Estados são relutantes em pôr mulheres nos postos mais altos.

A autora aponta que, na verdade, as mulheres geralmente se concentraram em níveis mais baixos de pessoal, e é difícil para elas subirem a posições de administração mais altas. Na Assembleia Geral e no Conselho de Segurança, por exemplo, as mulheres são minoria: em 1997, lideraram as delegações de apenas sete dos 185 países-membros (Tickner, 2001b). Disso resulta que suas vozes e perspectivas têm sido virtualmente excluídas das maiores decisões políticas e de segurança nos últimos cinquenta anos, e a baixa taxa de participação feminina na ONU sugere que as tentativas das mulheres de ganhar poder nesse nível têm tido, em muitos casos, menos êxito do que no nível nacional.

Algumas respostas à questão de onde estão as mulheres também vêm sendo encontradas em estudos relativos à democracia. Essa temática é não apenas um dos campos mais férteis para a pesquisa feminista, mas também um dos seus focos centrais. Isso porque, embora abra espaço para a participação de grupos antes marginalizados, para as feministas, a democratização ainda é um conceito generificado. A esperança de uma participação política mais igualitária pela via democrática confronta uma realidade ainda muito distante disso, já que existem pouquíssimos Estados em que as mulheres ocupam posições de poder político proporcionalmente aos homens.[17] As análises mostram que elas estão marginalizadas dos centros reais de poder, ou seja, permanecem desiguais mesmo depois de receber o voto e outros direitos formais. Acredita-se que isso se deve à adoção de uma definição estreita de democracia, focalizada no sistema político como separado da economia e da sociedade civil; disso resulta que ela ignora atividades que estejam fora da arena política "convencional". Trata-se do espaço público, no qual as mulheres ainda precisam operar dentro de organizações, estruturas e agendas masculinizadas (Tickner, 2001b).

Seria necessário definir, então, um tipo diferente e mais completo de democracia, que não dependesse essencialmente das características da esfera pública masculina. Isso implicaria na adoção de dois caminhos: de um lado, rejeitar a noção de que os cidadãos devem deixar seus corpos para trás

---

[17] Há um abismo entre o número de mulheres e de homens que ascendem aos governos nacionais: num total de 192 países, apenas 13 mulheres encontram-se na chefia de Estados. Tomando em conjunto o legislativo e o executivo, temos que a média mundial de participação política feminina está em torno de 16% e a paridade não foi ainda alcançada, sendo Ruanda o país que mais se aproxima dela atualmente, com 48,8% de mulheres na câmara baixa. (Female..., 2007; Women..., 2007).

quando entram na vida pública, e que a democracia deve ser reconceitualizada tendo-se em conta as diferenças de gênero.

Outro caminho possível seria a inclusão, nas análises, de esferas de atuação política diferentes dos canais políticos "regulares". Segundo Tickner (2001b), é justamente nessas arenas que as mulheres estão mais propensas a se envolver, como nos movimentos sociais. Certas feministas internacionalistas já fazem isso, buscando olhar além do Estado para construir instituições e redes que são mais propensas a diminuir hierarquias sociais e de gênero; ativistas frequentemente buscam "desviar" do Estado trabalhando tanto nos níveis local e global e juntando forças transnacionalmente para lutar pelos direitos das mulheres. Essa forma de participação política compõe o que tem se chamado de "globalização vinda de baixo": movimentos que, segundo Tickner (2001b), começaram a articular um novo sentido de democracia ao incluir práticas sociais e culturais e que, mesmo sendo localizados, não estão especificamente atados a um único país. Tais movimentos, segundo a autora, tentam estabelecer a ligação entre o doméstico e o internacional, entre o público e o privado, buscando redefinir o significado do "político" para incluir políticas não institucionais nos níveis global e local. Para esses movimentos, a política inclui a experiência diária das pessoas e faz parte de sua agenda tentar mudar as relações de poder em todos os níveis.

Assim, as análises feministas demandam que tanto os espaços políticos sejam redefinidos de forma a poder incluir as mulheres de uma forma mais significativa, e também que a própria noção de política se amplie para além das esferas convencionalmente delineadas. Apenas dessa forma é possível *incluir* aquelas que não tomam parte na esfera política e *visibilizar* aquelas que já atuam politicamente.

CONSIDERAÇÕES FINAIS

A opção por se analisar as relações internacionais sob uma perspectiva teórica feminista é tanto uma questão política quanto metodológica.

Entende-se que é uma opção política no sentido de que, ao falarmos sobre as RI de um ponto de vista determinado, jogamos luz a alguns sujeitos e questões em detrimento de outros. É evidente, portanto, que a perspectiva feminista tenha um propósito político no estudo das relações internacionais, assim como as demais perspectivas no campo (ainda que não assumam) também o têm.

A escolha por abordar o feminismo também passa por uma questão metodológica; como dissemos, as feministas não se preocupam tanto com as respostas às questões das relações internacionais. Antes, querem saber quais perguntas estão sendo feitas. Preocupam-se em saber em que medida as questões das relações internacionais vêm (ou não) contribuindo efetivamente para a construção de um mundo mais justo e equitativo.

E, como não se pode querer dar conta das questões internacionais em sua totalidade ignorando-se metade do mundo, a "cegueira" das relações internacionais em relação às mulheres e às questões de gênero foi o que estimulou e continua estimulando os estudos feministas na área. Neste artigo, focalizamos esses estudos a partir de duas problemáticas específicas: por que as questões de gênero estiveram ausentes da agenda das RI, e por que as mulheres não foram, por muito tempo, consideradas partícipes dessa esfera.

O ponto-chave para responder a essas indagações encontra-se na compreensão de que a divisão culturalmente estabelecida entre os espaços público e privado relegou as mulheres à esfera privada, doméstica, de reprodução social, negando-lhes o acesso legítimo aos espaços públicos. Como essa divisão espacial repercutiu não apenas no cotidiano das pessoas, mas também no plano de análise teórica, vimos a construção de uma disciplina de relações internacionais pautada apenas no mundo público e em uma visão estatocêntrica.

Nesse sentido, o feminismo inova ao propor outras formas de análise das relações internacionais para que, de fato, elas atinjam uma compreensão *global*: a necessidade de se desviar do foco estatocêntrico e do espaço público, incluindo também as questões do espaço privado como relevantes. Coloca, também, a necessidade de se olhar para a política e para a economia como processos não exclusivos da esfera pública, considerando que eles influenciam e são influenciados pela esfera privada. Isso levaria as relações internacionais a serem, provavelmente, uma área mais *inclusiva*.

E, ao realçar o fato de que, em última análise, os processos e interações repercutem na vida das pessoas e são por elas influenciados, os estudos feministas dão um caráter mais *humano* às relações internacionais. Representam, por isso, um olhar diverso e necessário a uma disciplina predominantemente preocupada com macroestruturas, processos e atores.

A PRESENÇA DA MULHER NA DIPLOMACIA BRASILEIRA NO INÍCIO DO SÉCULO XXI

Viviane Rios Balbino[1]

O presente capítulo analisa a sub-representação feminina na carreira diplomática brasileira. O texto baseia-se na pesquisa que originou minha dissertação de mestrado em diplomacia.[2] Aqui são apresentados os fundamentos teóricos e alguns resultados a que se chegou com a pesquisa empírica realizada, que incluiu uma análise quantitativa da presença de mulheres na carreira diplomática, além de entrevistas.

Buscam-se razões para o fato de as mulheres representarem nos dias atuais apenas um quinto do contingente de diplomatas brasileiros, a despeito do crescimento da participação feminina na educação superior no país, bem como em campos profissionais também majoritariamente masculinos no passado, a exemplo da medicina e da magistratura. Objetiva-se, também, contribuir para tornar a carreira diplomática mais conhecida do público em geral, em consonância com o intuito manifestado pela atual chefia do Ministério das Relações Exteriores (MRE) de democratizar-lhe o acesso.

De início, cabe explicitar que, de nenhuma maneira, pretende-se fomentar competição para estabelecer qual dos sexos tem mais aptidão para a diplomacia. Essa questão parte de premissa perniciosa: a de que características biológicas (diferenciadas pelo sexo) pesariam mais que a história individual de formação para o exercício de uma profissão. O trabalho concerne à representação de diferentes grupos sociais (nesse caso, as mulheres) nos espaços de poder.

---

[1] Diplomata, assistente do Departamento de Direitos Humanos e Temas Sociais. As opiniões contidas neste artigo são de inteira responsabilidade da autora e não correspondem necessariamente à posição oficial do governo brasileiro.

[2] Trata-se de "*Diplomata. substantivo comum de dois gêneros – um retrato da presença feminina no Itamaraty no início do século XXI*", aprovada em 2005 pelo programa de mestrado em diplomacia do Instituto Rio Branco.

HISTÓRICO DA PRESENÇA DA MULHER NO ITAMARATY

Desde sua criação, na década de 1940, os concursos de acesso à carreira diplomática acabaram com a tradição de indicação e/ou de seleção impressionista para os postos do serviço exterior brasileiro. Segundo o historiador Fábio Koifman (1999, p.40-41, 70), no tempo do barão do Rio Branco, patrono da diplomacia brasileira e ministro das Relações Exteriores entre 1902 e 1912, contavam como critérios para o recrutamento: a família de origem do candidato (na maior parte das vezes, a diplomacia era o modo de inserção profissional mais adequado aos filhos da aristocracia ligada à monarquia recém-decaída), sua aparência física (em que a cor branca era elemento essencial para a imagem que o Brasil desejava construir internacionalmente) e, fundamentalmente, os modos e as ideias que os candidatos expressassem no famoso chá com o Barão. Tinha também grande importância o relacionamento da família do candidato com o chanceler e/ou com o presidente da República para a admissão à carreira, até o advento do concurso público.

Os concursos para a carreira diplomática mudaram sobremaneira desde a década de 1940 até os dias atuais. A permissão para a entrada de mulheres, por exemplo, passou por avanços e retrocessos até a consolidação da igualdade entre os sexos, com a Constituição Federal de 1988.

Como relata a embaixadora Thereza Quintella (2002), havia, no início do século XX, três categorias funcionais distintas no MRE: oficial da Secretaria de Estado, membro do Corpo Consular e membro do Corpo Diplomático, cada uma contando com um concurso próprio. Em 1918, o primeiro colocado no concurso para a Secretaria de Estado foi uma mulher, Maria José de Castro Rebello Mendes. Sua inscrição só foi aceita porque Rui Barbosa argumentou que o artigo 73 da Constituição de 1891 usava o termo "todos os brasileiros", sem discriminar o sexo, sobre a elegibilidade para cargos públicos.

De 1919 a 1938, dezoito mulheres ingressaram no Itamaraty. Nesse último ano, as carreiras de cônsules e diplomatas foram unidas em uma só (a de oficial da Secretaria havia sido extinta em 1931). Como para a maioria dos diplomatas – todos homens até então – era impensável ter mulheres como colegas, o decreto que uniu essas carreiras também determinou que apenas brasileiros do sexo masculino poderiam ingressar. Apenas em 1953 uma mulher foi novamente aprovada, por força de um mandado de segurança. Em 1954, a autorização definitiva para o ingresso de mulheres foi dada.

Dentro do MRE, as possíveis contribuições da mulher à diplomacia foram temas de acaloradas discussões. Em 1951, quando o então chanceler Neves da Fontoura institui uma "Comissão de Estudo e Elaboração Final de Projeto de Reforma do Ministério das Relações Exteriores", um dos pontos sobre os quais os conselheiros deveriam emitir parecer era o retorno das mulheres à carreira diplomática. Um dos convidados, Roberto Campos, versando sobre o tema, opinou:

> A favor existem as inclinações e faculdades essenciais típicas do elemento feminino e para os quais a diplomacia fornece campo abundante. Para dificuldades de contatos, de relações delicadas, o elemento feminino é adequado. O segundo aspecto é o terreno linguístico, em que as mulheres revelam muito de sua superioridade sobre o elemento masculino. A faixa de atividades em que a mulher é útil é considerável [...]. (In: Bandeira de Mello, 1982, p.85)

Outro intelectual convidado, o Dr. Arízio Viana, acrescentou: "Há muitas mulheres que revelam nessa competição, em que há tantos fatores de corrupção, certas condições que nos dão esperança de uma renovação de costumes e melhoria no padrão e na eficiência dos trabalhos públicos" (In: Bandeira de Mello, 1982, p.86).

Apenas para efeito de ilustração, cabe observar que a história foi bastante semelhante nos Estados Unidos da América. Antes de 1920, o sufrágio naquele país não era universal e, portanto, era impensável para uma mulher aspirar à carreira diplomática. Além disso, até 1924, as carreiras consular e diplomática eram separadas, bem como seus exames de admissão. Quando foram unidas, naquele ano, o "clube" dos seiscentos oficiais do serviço exterior americano – todos do sexo masculino – fez tudo o que estava ao seu alcance para tentar impedir a entrada de mulheres: desde a utilização de argumentos sobre a fragilidade física da mulher (que curiosamente jamais tinham sido levantados como empecilho para o trabalho das oficiais de chancelaria e secretárias), sobre "costumes adversos" de outras sociedades que impediriam mulheres de ocupar função pública etc. Segundo Morin (1993, p.8), o advento do exame combinado de três dias de provas escritas e orais tinha o intuito de ser tão difícil que nenhuma mulher conseguiria passar. Quatro lograram êxito entre 1924 e 1929.

No Brasil, o argumento da dificuldade de se alocarem mulheres nos países "hostis" também foi invocado por ocasião das discussões sobre a aceitação de diplomatas do sexo feminino, em 1951. O Dr. Arízio Viana, já citado antes, fez ainda este perspicaz comentário:

> vejo, porém, que se argumenta com motivos de ordem pessoal, como certas dificuldades que surgiriam ao se mandar uma mulher para a Finlândia, por exemplo, ou outro posto, para se combater o princípio de existência de mulheres na carreira, como se não houvesse, às vezes, enorme inconveniente em se mandar um homem, diplomata, para a Índia, por exemplo.

Também a questão do estado civil da diplomata foi motivo de contenda até anos muito recentes. Nos anos 50, enquanto ainda se discutia a pertinência da presença feminina nos quadros diplomáticos brasileiros, o fator "marido de diplomata" parecia pesar contra a aceitação de mulheres. Em 1951, o então secretário Azeredo da Silveira, que depois ficaria eternizado na história do Itamaraty pela "Reforma Azeredo da Silveira", de 1961, fez o seguinte comentário: "A mulher do diplomata tem função própria na vida diplomática, enquanto que o marido da diplomata não tem [...]" (idem, ibidem, p.86).

Se, a partir de 1954, as mulheres obtiveram permissão da Casa para entrar na carreira diplomática, os obstáculos impostos à sua vida profissional, especialmente se casada com colega diplomata, eram grandes o suficiente para fazer que muitas acabassem desistindo. Até meados dos anos 80, a regra vigente era que, no caso de casal de diplomatas, se houvesse remoção, uma das partes deveria *agregar* – isto é: acompanhar o cônjuge, sem direito a remuneração e sem direito a que o tempo no exterior contasse como tempo de serviço. Na quase unanimidade dos casos, quem agregava era a mulher diplomata, que ficava com sua carreira estagnada enquanto a de seu marido progredia. Com isso, a ascensão profissional das diplomatas era virtualmente impossível se fossem casadas com um diplomata, o que não era, absolutamente, incomum (Moura, 2007, p.97-98).

Modificações na estrutura dos concursos públicos de admissão à carreira diplomática criaram a expectativa de que mais mulheres compusessem o corpo diplomático brasileiro. Por exemplo, a partir de 1946, um ano após a criação do Instituto Rio Branco (IRBr), a aprovação no exame vestibular (denominação do concurso até 1995) passou a ensejar a entrada do candidato em um curso de formação que tinha nível de graduação reconhecido pelo Ministério da Educação. O *status* dos aprovados era de "alunos do Rio Branco" e todos recebiam uma bolsa de estudos, sendo que muitos complementavam a renda ministrando aula de línguas ou recebendo ajuda financeira dos pais (Moura, 1999, p.54). Apenas ao final dos dois anos de curso de formação, os aprovados tomavam posse de sua função de diplomatas no cargo de terceiro secretário (primeira classe da carreira diplomática) e passavam a receber salário. Assim permaneceu a estrutura de entrada de novos diplomatas até 1995.

Naquele ano, foi extinto o curso de formação naquele formato, passando o aprovado no concurso (que deixou de ser Exame Vestibular para o CPCD e passou a se chamar Concurso de Admissão à Carreira Diplomática – CACD) a ser investido diretamente no cargo de Terceiro Secretário e a receber o salário correspondente. Foi instituído o Programa de Formação e Aperfeiçoamento – PROFA, também com duração de dois anos, como período de formação dos novos diplomatas. Como havia a exigência de diploma de nível superior para os aprovados, a formação no IRBr deixou de ter caráter de curso de graduação.

Segundo Moura (1999, p.55), as mudanças trazidas com a criação do PROFA, como o recebimento do salário de Terceiro Secretário, uma soma bem mais elevada que a bolsa oferecida aos alunos do CPCD, poderia mudar o perfil dos aspirantes à carreira, passando a atrair, por exemplo, "alunos casados e de origem social mais humilde". Bandeira de Mello (1982, p.88, 127) registrava que o fato de o Ministério passar a oferecer apartamentos funcionais em Brasília no início dos anos 90 para os ingressantes na carreira colaboraria para democratizar o perfil dos novos diplomatas, círculo antes restrito às famílias abastadas que podiam sustentar seus filhos durante o curso e, mesmo, durante o início da carreira.

Outra mudança veio em 2002, quando o Ministério da Educação concedeu a autorização para que o IRBr ministrasse um mestrado profissionalizante em diplomacia (o único do Brasil), que seria constituído por disciplinas somadas à exigência de uma dissertação nos moldes dos mestrados tradicionais. A partir de então, o IRBr passou a permitir que os aprovados portadores de título de mestrado ou doutorado fossem liberados do Programa de Formação (e, consequentemente, do mestrado em diplomacia), caso desejassem ser lotados imediatamente na Secretaria de Estado das Relações Exteriores – SERE.

Além disso, os CACDs anuais realizados entre 2005 e 2008 ofereceram, cada um, cem vagas a serem preenchidas. A título de comparação, vale mencionar que, antes disso, os editais dos CACDs ofereciam de trinta a quarenta vagas a cada ano.

Cada uma das diversas transformações pelas quais passaram os concursos públicos que admitem novos diplomatas foi mudando, paulatinamente, o perfil do diplomata brasileiro. O modelo dos "punhos de renda" está tão longe da realidade quanto a concretização da expectativa de que o aumento do número de mulheres diplomatas dar-se-ia de forma mais ou menos automática com as transformações da estrutura dos concursos e do papel da mulher na sociedade brasileira – que, de fato, tem mudado drasticamente, inclusive do ponto de vista da responsabilidade pelo sustento da casa, dentre tantos outros aspectos.

O número de mulheres diplomatas na verdade aumentou – em relação à década de 1970, quando elas representavam apenas 10% do total de diplomatas brasileiros. Ocorre, porém, que, desde os anos 90, o percentual de mulheres mantém-se persistentemente em torno de 20% do total dos diplomatas brasileiros.

O porquê da permanência desse percentual, apesar da democratização que, em outros aspectos, verifica-se no perfil do diplomata brasileiro é a questão central deste texto. As possibilidades de cenários que poderiam operar o crescimento da presença feminina no Itamaraty é a outra preocupação fundamental aqui acalentada.

MULHER E TRABALHO

Antes de prosseguir, cabe apresentar dois termos a serem utilizados – a saber, "sexo" e "gênero" – no tratamento da questão da representação feminina. O primeiro refere-se à determinação genotípica e à manifestação fenotípica dos caracteres sexuais em dois grupos possíveis: o masculino e o feminino. Utilizar-se-á esse termo ao se tratar de dados numéricos visto que esse é o critério que se dispõe para levantamentos de natureza estatística.

O termo "gênero", por sua vez, refere-se à identificação do indivíduo a um grupo social de papéis definidos, sendo a identificação um processo subjetivo complexo que envolve a relação psicológica do indivíduo com esses papéis. A palavra remete a características da sociedade e a processos culturais, na medida em que os papéis, símbolos, atitudes, estereótipos, valores, tradições e costumes relacionados ao masculino e ao feminino variam no tempo e no espaço. Assim, o uso desse último termo, mais corrente na literatura especializada, busca fugir do determinismo biológico. Existem diferenças inegáveis no corpo de homens e mulheres, porém, conforme Fagundes (2003, p.71), "[...] falar em 'gênero' é indicar que a condição das mulheres resulta de uma invenção social e política".

Como se sabe, os estereótipos ligados a gênero são difundidos socialmente, por meio de agentes como família e escola. Franco afirma que os pais são os primeiros a servir à diferenciação social entre os sexos. E o fazem por meio de expectativas diferenciadas para filhos e filhas, muitas vezes naturalizando os papéis que cabem a uns e a outros, esperando que elas "[...] aceitem o fato, errôneo, de que são dotadas de uma 'natureza' mansa, dócil, meiga, frágil e dependente" (Franco, 2002, p.99).

Contemporaneamente, os papéis tradicionais de gênero não mais correspondem à realidade social. O lapso temporal entre a constatação da mudança de cenário e a revisão da socialização, entretanto, acarreta uma série de conflitos de ordem psicológica aos dois gêneros. No caso masculino, o homem perde a exclusividade sobre um de seus papéis definidores – o de provedor – e sente-se ameaçado frente ao avanço quantitativo e qualitativo das mulheres nos postos de trabalho, em cargos políticos, na posição de chefe de família etc.

No caso feminino, as dificuldades não são menores. A mulher encontra-se perdida em meio às escolhas que pode fazer e, quando finalmente faz suas opções, sente-se, no mais das vezes, frustrada. Se ela assume sua inserção no mundo da produção, sente-se fracassada como esposa e mãe. Se, ao contrário, opta por dedicar-se exclusivamente à vida doméstica, sente-se fracassada como indivíduo (Idem, ibidem, p.101).

Para destacarem-se no cenário competitivo do mercado de trabalho, as mulheres têm de superar os preconceitos de gênero que levam à desvantagem em relação aos homens, seja em remuneração, seja em avaliação de desempenho (Fiske; Glick, 1995). Sobre esse aspecto, Morin, em seu livro sobre a trajetória de 15 mulheres que serviram como embaixadoras dos Estados Unidos da América,[3] nota que as avaliações, dentro do Foreign Service, tendem a gerar apreciações com base em critérios diferentes dependendo do sexo do avaliado. A avaliação de diplomatas mulheres geralmente aponta para traços de personalidade, ao passo que as avaliações dos diplomatas homens versam sobre resultados atingidos (Morin, 1995, p.276).

Segundo Bulard (2003, p.40), a mulher profissional tem uma maneira de enfrentar os desafios do trabalho (notadamente, as promoções) diferente daquela dos homens. De acordo com a autora, a mulher faz escolhas profissionais (seja por preferência, seja por autocensura) que evitam a necessidade de assumir posições de comando – que poderiam dar-lhe a visibilidade do sucesso sobre seus colegas homens. A dificuldade de promoções de mulheres não parece ser atenuada pela presença de outras mulheres em cargos de direção. Na verdade, pode-se observar o contrário.

Há, ainda, aquelas que optam por assumir posição "andrógina", recusando-se a usar a forma feminina de seu título de graduação, na tentativa de escapar do julgamento de seu desempenho profissional com base no gênero. Mas há, também, o que Bulard (2003) chama de "síndrome da fraude", que atingiria mulheres que ocupam funções de alto nível de responsabilidade: trata-se do medo de que uma suposta incompetência seja descoberta e de ser "desmascarada".

Sabe-se que a escolha da carreira profissional é influenciada, entre outros fatores, pelos papéis de gênero. A expressão dessa influência é a manutenção das profissões de assistência como escolhas da maioria das mulheres. De acordo com a Síntese de Indicadores Sociais do IBGE de 2006, as mulheres com doze anos ou mais de estudo "[...] estão predominantemente no setor de serviços, em atividades relacionadas ao cuidado, em áreas que poderiam ser consideradas extensões das atribuições familiares e domésticas" (Brasil, 2006, p.8). Para a permanência dessas ocupações como típicas de mulheres, há que se considerar o conteúdo da educação superior oferecida no Brasil (nível em que o número de concluintes do sexo feminino já é maior que o de graduandos do sexo masculino). Se ela reproduz estereótipos, reforça os papéis tradicionais no momento da escolha da carreira profissional (Brasil, 2004, p.8).

A pesquisa empírica em ambiente de trabalho comprova a dificuldade de conciliação entre os papéis de mulher e de profissional aos olhos de chefes e colegas. Fiske e Glick (1995) descrevem um "círculo vicioso" que ocorre com mulheres que abraçam carreiras estereotipadas como masculinas: se elas apresentam traços tradicionalmente masculinos (como ambição e indepen-

---

3 Nem todas eram diplomatas de carreira. O cargo de chefe de missão diplomática parte de indicação política, que pode coincidir, ou não, com a indicação de um diplomata.

dência), seus pares tendem a classificá-las como mulheres "não tradicionais", o que pode ser ameaçador para alguns. Se, por outro lado, elas tentam se mostrar menos ameaçadoras e enfatizam valores tradicionais (mencionando seu amor por marido e filhos, por exemplo), seus pares passam a questionar sua dedicação ao trabalho.

Morin (1995) considera que a carreira diplomática faz parte desse tipo e que, por isso, as mulheres que chegam a cargos de peso, como as embaixadoras que entrevistou, são constantemente questionadas, ora sobre sua feminilidade, ora sobre sua competência, dando a entender que essas duas características permanecem no imaginário coletivo como mutuamente excludentes. As tentativas de homens (colegas, chefes ou moradores dos países em que serviam) de relacionar características físicas (especialmente julgamentos subjetivos de "beleza" ou "charme") ou orientação sexual das embaixadoras americanas com sua competência ou incompetência foram citadas pelas entrevistadas de Morin como episódios em que se sentiram desqualificadas profissionalmente.

REPRESENTAÇÃO SOCIAL DAS MULHERES

O tema da representação das "minorias" é dos mais discutidos da democracia nos dias atuais. Entende-se que um grupo está adequadamente representado em uma instituição quando está presente em porcentagem correspondente à sua proporção da população total. Compreende-se que somente com a representação adequada de todos os grupos que constituem a sociedade pode-se ter uma democracia legítima, no sentido de que há efetiva participação de todos (ainda que por meio de representantes) na elaboração das regras do convívio social (Avelar, 2001). Dentro desse escopo surgiu a discussão sobre ações afirmativas, por exemplo.

Em termos estritos, o sexo feminino não poderia estar enquadrado ao lado das minorias, pois, no Brasil, corresponde a 50,78% da população, de acordo com o Censo 2000. Não obstante, observa-se que as mulheres encontram-se sistematicamente sub-representadas nas esferas de poder, o que justifica sua alocação sob tal rótulo.

O Itamaraty não é caso isolado em termos de sub-representação feminina no Brasil. As mulheres também estão sub-representadas – em alguns casos, em grau mais acentuado – no Congresso Nacional, nas instâncias superiores do Judiciário, no comando do Executivo etc. As mulheres estão cada vez mais presentes nos níveis básicos e intermediários das carreiras, e continuam ausentes nos níveis mais altos. As mulheres representam 43,9% do contingente de servidores da Administração Pública Federal, a proporção feminina em cargos de comissão corresponde a 47,8% no nível de função mais baixa (DAS-1) e a 16,6% no nível da função mais alta (DAS-6).

Ademais, não são apenas as mulheres que se encontram historicamente sub-representadas. Situação semelhante ocorre com a população negra, indígena, de origem nortista/nordestina, além das camadas sociais de baixa renda. Desde 2003, o Ministério das Relações Exteriores conta com um programa de ação afirmativa cujo objetivo, segundo edital, é:

> [...] ampliar as oportunidades de acesso aos quadros do Ministério das Relações Exteriores e incentivar e apoiar o ingresso de afrodescendentes (negros) na carreira diplomática, mediante a concessão de bolsas-prêmio destinadas ao custeio de estudos preparatórios ao Concurso de Admissão à Carreira de Diplomata". (Edital MRE de 16.10.2006).

BREVE INTRODUÇÃO ÀS CARREIRAS DE DIPLOMATA E DE OFICIAL DE CHANCELARIA

No Serviço Exterior Brasileiro há duas carreiras de nível superior: as que ocupam diplomatas e oficiais de chancelaria (cuja abreviatura é OCs ou "ofchans", no jargão diplomático). Os primeiros têm precedência hierárquica sobre os segundos. Enquanto as mulheres são minoria na primeira carreira, elas são maioria dos OCs. Passar-se-á agora a um breve resumo de características da carreira diplomática que serão examinadas no artigo.

Desde 1995, o(a) candidato(a) aprovado(a)[4] no Concurso de Admissão à Carreira Diplomática (CACD) é admitido no MRE no cargo de terceiro secretário. Após a primeira promoção, o diplomata passa a ser segundo secretário. A carreira prossegue com as seguintes classes: primeiro secretário, conselheiro, ministro de segunda classe – ou simplesmente "ministro" – e ministro de primeira classe, quando o diplomata passa a ser designado por "embaixador".[5]

Cabe ressaltar que, a partir da passagem de segundo para primeiro secretário, passa a ser incluída parcela obrigatória de tempo de serviço no exterior, que varia de acordo com o nível hierárquico. A tempo: a movimentação a serviço de funcionário para o exterior ou de volta ao Brasil é chamada no MRE de "remoção".

Além do critério temporal e do merecimento, há também a exigência de conclusão de cursos, entre os condicionantes das promoções.

---

[4] Para evitar repetição exaustiva da fórmula "o(a)", fez-se opção pelo uso do masculino, mais corrente no português. No inglês, já se usa o feminino como "neutro" em grande parte da literatura de ciências sociais.

[5] A rigor, o termo só se aplicaria ao ministro de primeira classe que apresentou suas credenciais em país estrangeiro como chefe de missão diplomática. A prática, no entanto, consagrou a deferência para todos os ministros de primeira classe.

Há alguns anos, o Ministério vem adotando a prática, não oficial, porém não negada, de incluir pelo menos uma diplomata em cada lista de promovidos a ministros de primeira classe.

Passando ao exame da segunda carreira, de acordo com o edital do último concurso para o cargo de oficial de chancelaria (Edital n.1/2006 – MRE, de 16 de abril de 2006), são atividades desses servidores: "[...] orientar, controlar e executar tarefas técnicas e administrativas, em grau de significativa complexidade, em apoio às atividades de natureza diplomática e consular [...]". Não se realizam concursos anuais para admissão de OCs. Na verdade, o MRE passou vinte anos (de 1973 a 1993) sem realizar concurso para esse cargo. Depois disso, houve três concursos: em 1993, em 2001 e em 2006.

Apesar de a carreira de oficial de chancelaria contar, por lei, com três classes funcionais, na prática, não há distinção de responsabilidade entre OCs de diferentes classes – ao contrário do que ocorre na carreira diplomática, em que esse aspecto é sumamente importante.

Embora o tempo de serviço no exterior não seja critério para progressão nessa carreira, os oficiais de chancelaria em sua maioria buscam remoção para o exterior em algum momento, entre outros motivos, pelo incremento que o salário recebido em dólar representa para as finanças pessoais.

METODOLOGIA: PROPOSTA DE ANÁLISE PARA A SUB-REPRESENTAÇÃO FEMININA NA CARREIRA DIPLOMÁTICA

O problema do baixo número de mulheres na carreira diplomática brasileira pode ser analisado sob diversos prismas. A proposta da pesquisa realizada foi examiná-lo da perspectiva do processo de entrada na carreira, sem ignorar seus desdobramentos posteriores. O estudo empírico original baseou-se nas seguintes questões:

a) há número reduzido de mulheres na carreira diplomática brasileira? Por quê?;
b) em que medida diferem as carreiras de homens e mulheres diplomatas?;
c) que porcentagem de mulheres é aprovada no CACD? Quais as razões?;
d) há número maior de mulheres que de homens na carreira de oficial de chancelaria? Por que, partindo-se do pressuposto de que são carreiras similares?

Formularam-se as seguintes hipóteses para respondê-las:

1) o baixo número de mulheres nos cargos mais altos da carreira diplomática tanto inibe a pretensão de outras mulheres ingressarem na carreira,

como é fruto da baixa representação feminina na instituição. Do ponto de vista das candidatas, não há incentivo à entrada, pois a perspectiva de ascensão é baixa. Do ponto de vista das que já são diplomatas, não se cria uma rede feminina de apoio a promoções e de pressão por igualdade de direitos, como Avelar (2001) sugere ser necessário para o acesso de mulheres ao poder, ficando eventuais iniciativas diluídas na instituição.

Morin (1990, p.271) concluiu, em seu trabalho sobre as embaixadoras americanas, que o baixo número de mulheres em escalões de médio e alto poder dentro do Foreign Service dificultava-lhes a ascensão, ao mesmo tempo em que criava ambiente desfavorável a ponto de que mulheres não selecionassem outras mulheres para promoção. Dessa forma, a sub-representação feminina forma com o clima de competição entre as poucas mulheres um ciclo autorreprodutor que não favorece a ascensão, que, por sua vez, não propicia maior interesse feminino pela carreira e, portanto, mantém a sub-representação. Para interromper esse círculo, medidas institucionais teriam de ser tomadas;

2) mulheres diplomatas têm dificuldades maiores que seus colegas do sexo masculino para angariar o apoio político necessário à promoção para as classes hierarquicamente superiores. Em parte pelo exposto na hipótese 1 (*lobby* feminino de apoio pouco numeroso e pouco articulado), mas também em decorrência da aprendizagem deficiente em jogos de poder, por vezes ficando presas ao receio de parecerem inconvenientes;

3) o baixo número de aprovadas no CACD deve-se à imagem masculina relacionada aos diplomatas e à carreira. Quase sempre são diplomatas homens que aparecem nos meios de comunicação sendo consultados sobre a política externa brasileira ou simplesmente têm mais destaque em cerimônias de grande repercussão porque a maioria dos cargos superiores é ocupada por homens. Não havendo modelos femininos de grande vulto na carreira diplomática no Brasil, as candidatas em potencial (isto é, mulheres com preparação adequada à aprovação no Concurso) não chegam a considerá-la como possibilidade de inserção profissional;

4) o baixo número de neófitas deve-se também à crença de que a carreira destina-se a indivíduos dispostos a abrir mão do matrimônio e da maternidade/paternidade. A decisão sobre constituir ou não família ainda gera mais conflitos para mulheres do que para homens. Presume-se que, a exemplo dos achados sobre diplomatas americanas, dentro da população feminina brasileira parcela pequena esteja propensa a eleger uma carreira cuja reputação é a de que impossibilita realização familiar. Não se pode afirmar, porém, que essa dificuldade seja maior que em outras atividades que exigem grande dedicação por parte da mulher e que, no entanto, atraem parcelas maiores de interessadas, como é o caso da magistratura, da medicina e, principalmente, a carreira de oficial de chancelaria, cujas características são próximas às da carreira diplomática; e

5) a maioria das brasileiras que se interessa pelo estilo de vida requerido pelo serviço exterior opta pela carreira de oficial de chancelaria porque, tradicionalmente, a mulher exerce profissões de assistência. Como efeito da aprendizagem diferenciada por gênero, as mulheres sentir-se-iam menos aptas para o exercício de uma profissão em que há grande necessidade de habilidades políticas e também para um processo de seleção mais exigente. A socialização tradicional torna mais provável que as mulheres tenham, de modo geral, autoestima mais baixa em comparação aos homens no que diz respeito à capacidade intelectual e que experimentem maior sensação de insegurança frente a situações ameaçadoras.

DADOS, PROCEDIMENTOS E INSTRUMENTOS

Para a coleta de dados quantitativos, foram consultados os arquivos da secretaria do Instituto Rio Branco, um perfil dos candidatos ao concurso realizado pela Universidade de Brasília (Universidade de Brasília, 1999) e informações disponíveis no sítio institucional do IRBr. Também foram solicitadas informações à Divisão do Pessoal do MRE.

Para a coleta de dados qualitativos, elegeu-se como procedimento metodológico a entrevista de pesquisa do tipo semiestruturada e aberta com amostra selecionada.

Foram programadas entrevistas com dez oficiais de chancelaria e doze diplomatas, divididas entre quatro segundas secretárias; quatro conselheiras e quatro ministras de primeira classe, objetivando garantir diversidade etária e de experiência na amostra. No grupo de oficiais de chancelaria, procurou-se distribuir os sujeitos em termos de faixa etária e de tempo de serviço, a fim de gerar dados que pudessem ser comparados.

Procedeu-se, inicialmente, a entrevistas de teste, utilizando roteiros provisórios, com duas voluntárias, mediante informação de que se tratava de um procedimento de teste. O roteiro final para diplomatas constava de 27 perguntas e o utilizado com oficiais de chancelaria, 22.

As entrevistas foram realizadas entre agosto de 2004 e fevereiro de 2005, sendo a pesquisadora a única entrevistadora. O local da maioria das aplicações do instrumento foi as salas de trabalho dos sujeitos, visto que grande parte apenas podia receber a pesquisadora em horário de expediente. Para o registro, foi utilizado gravador, que era anunciado e ficava visível para as participantes. O tempo de aplicação do instrumento variou entre 20 min e 2h 30, ficando a média em 40 min, no caso das oficiais de chancelaria, e 60 min, no caso das diplomatas.

RESULTADOS

Com base em dados do próprio IRBr, referentes aos períodos de 1974 até 1988, e de 1992 a 2007, o percentual de mulheres aprovadas no CACD varia entre 15% e 20% do total, de forma persistente ao longo do tempo. Em 2005, data da apresentação da dissertação, as mulheres correspondiam a 19,28% do total. Dos 1.198 diplomatas brasileiros, atualmente 242 (20,2%) são mulheres.[6]

Entre 1993 e 2003, a proporção de mulheres aprovadas no CACD variou muito de ano a ano (desvio padrão = 6,6), ficando a média em 19,8%. Já nos dois últimos concursos realizados, em 2006 e 2007, ambos oferecendo cem vagas e incorporando mudanças como a supressão de provas orais e a transformação do caráter eliminatório em classificatório das provas de línguas estrangeiras, as mulheres corresponderam a 21% e 22,77%, respectivamente, do total de aprovados.

Há dezesseis mulheres entre 164 atuais ministros de primeira classe, o que significa 9,75% do total. Em 2005, as mulheres representavam 7,1% dos embaixadores brasileiros, ao passo que, em 1983, não havia nenhuma mulher entre os ministros de primeira classe.

As oficiais de chancelaria do sexo feminino, por sua vez, representam 57% do total de servidores nessa carreira. Em 2005, elas representavam 60,5%. Em 2001, pela primeira vez, mais homens ingressaram em um concurso para oficial de chancelaria do que mulheres: 64,6% homens e 35,4% mulheres. Em 2006, o resultado do concurso foi praticamente equânime em termos de gênero: 52,52% homens e 47,48% mulheres no total de aprovados.

Em termos qualitativos, foram realizadas 21 entrevistas, sendo onze com oficiais de chancelaria (OCs) e dez com diplomatas. A média de idade das diplomatas foi de 49,4 anos, enquanto a média etária das OCs entrevistadas foi 37,7 anos. Em termos de estado civil, oito diplomatas eram casadas (sendo uma com colega), duas solteiras e uma divorciada. Entre as oficiais de chancelaria, cinco eram casadas, três solteiras e duas separadas/divorciadas. A média do número de filhos por diplomata entrevistada foi de 1,4. Das cinco que eram mães (uma delas, embaixadora), quatro tinham dois filhos e duas, três. Entre as oficiais de chancelaria, a média foi praticamente igual – um filho por oficial de chancelaria. Nesse grupo, também, cinco das dez entrevistadas eram mães.

Perguntadas sobre o impacto da profissão sobre a vida familiar, seis OCs responderam que há impacto, e quatro, que não. Dentre estas, nenhuma havia sido removida e chegaram a mencionar que essa é a principal razão para que não tenha havido impacto na vida familiar.

---

[6] Fonte: Divisão do Pessoal, MRE. Dados referentes a dezembro de 2007.

Sobre os efeitos na vida conjugal, as dificuldades citadas foram: falta de trabalho para os cônjuges nas remoções, constantes separações por motivo de viagem a trabalho e/ou remoção. Todas as entrevistadas mencionaram a dificuldade de um homem deixar emprego para acompanhar a mulher.

As entrevistadas apontaram diferenças e semelhanças entre as carreiras de oficial de chancelaria e de diplomata. Em muitos casos, as entrevistadas começavam a resposta pelo seguinte: "Em primeiro lugar, oficial de chancelaria não é uma carreira. Os diplomatas, sim, têm uma carreira, possibilidade de crescimento... A gente, não". A diferença mais citada pode ser traduzida por um entendimento de que a carreira diplomática representa a "área-fim" do MRE (e, portanto, conta com prestígio e enseja maior responsabilidade), enquanto a ocupação de oficial de chancelaria ocuparia a "área-meio" – levando, quase sempre, a subaproveitamento. O menor salário também foi citado diversas vezes como diferença básica.

As semelhanças mais citadas foram a possibilidade de viver no exterior e as implicações disso no planejamento de vida, e a exigência de conclusão de curso superior. Algumas entrevistadas veem no salário, que é baixo no Brasil e melhora quando o funcionário está removido, uma semelhança entre as carreiras.

No que tange à diferença de presença feminina nas duas carreiras, duas OCs afirmaram não saber que havia poucas mulheres na carreira diplomática. Os motivos citados para a maior presença feminina na carreira de oficial de chancelaria foram:

- profissão de secretária é feminina: a execução de tarefas de secretariado, como os sujeitos relataram ser frequentemente requerido dos oficiais de chancelaria, seria mais procurada ou tolerada por mulheres que por homens;
- complexidade do concurso para diplomata: CACD é um concurso muito específico ("Não é para concurseiros"), para o qual as mulheres pouco se preparam;
- peso maior do fator "família" para mulheres: sujeitos consideram que poucas mulheres devem almejar a carreira diplomática porque, nessa carreira, seria exigida renúncia à vida pessoal.

Duas questionam se a estrutura do concurso[7] não seria mais favorável aos homens: "Os homens são mais frios, enfrentam melhor os exames, que exigem muita calma e confiança", "Imagino que, em algum momento do concurso, a pressão possa ser maior para a mulher". Duas citam o fato de não haver expoentes na carreira do sexo feminino; outras duas creem que o desestímulo da família das mulheres pode ser um dos motivos do baixo interesse de mulheres pela carreira diplomática.

---

[7] Os concursos em 2005 ainda incluíam provais orais.

Quando questionadas sobre o grande número de mulheres oficiais de chancelaria, todas levantaram, principalmente, motivos pelos quais os homens não quereriam essa profissão: "É uma carreira indefinida. Homens são mais criteriosos para escolher"; "Oficial de chancelaria é uma carreira desconhecida"; "É uma remuneração mais baixa, que se encaixa mais com mulheres – principalmente aquelas que só trabalham para complementar a renda do marido, que é quem geralmente ganha mais"; "Os homens têm dificuldade em aceitar um trabalho não condizente com sua formação [sobre a função de secretariado exercida, segundo as entrevistadas, por muitos *ofchans*]"; "Homens estão mais interessados no Rio Branco". Essa foi a questão para cujas respostas houve maior nível de congruência.

Em relação às diplomatas, procurou-se examinar a trajetória profissional das entrevistadas. Quatro avaliam que suas trajetórias (incluindo intervalos entre promoções) foram semelhantes às de homens de sua mesma turma. Uma faz a ressalva: "Tenho algumas colegas mulheres que estão uma classe abaixo por conta da lei antiga, que obrigava a agregar. [...] E acho que os homens competem mais. Essa é a diferença marcante, estão mais abertos à competição. Mulher é mais inibida".

Três diplomatas entrevistadas, todavia, consideram que suas trajetórias (ou as de diplomatas mulheres, em geral) não são semelhantes às de colegas homens. Uma salienta: "Se você olha nosso histórico na carreira, da minha turma só eu cheguei a embaixadora. Você vai ver que as mulheres que logram passar, elas sobem até conselheira e caem. São muitas as razões [...] Acho o grupo feminino muito desunido, se fôssemos mais unidas, talvez a gente lograsse melhor direitos e mais aspectos positivos do que hoje, porque a classe não é unida, cada uma luta por si só".

O tema seguinte era a vida pessoal, familiar e conjugal/afetiva, da entrevistada. Cinco de onze consideram que tiveram mais benefícios advindos das viagens e das experiências de morar em outros países, do que os eventuais malefícios. Seis outras entrevistadas, contudo, levantam mais dificuldades trazidas à vida pessoal pelo fato de serem diplomatas do que benesses. Uma delas afirmou: "O fato de você estar sempre mudando é um grande desafio para a sua vida familiar. Porque o seu cônjuge também fica condicionado a ter que mudar... Pro cônjuge é bem pior do que para o diplomata [...] Os filhos também, você tem todo esse desafio para as crianças, de estar sempre mudando para um país novo, uma língua nova, uma escola totalmente nova. É muito difícil esse aspecto [...] Os seus familiares pagam um preço muito mais alto do que o que você paga".

Entrevistadas casadas com homens que não são funcionários do serviço exterior disseram: "Quanto ao cônjuge, acho que há uma grande diferença entre homem e mulher. Porque o homem..., enfim, existe todo um consenso de que a mulher segue o homem. Homem seguir a mulher é um desafio, é uma reversão dos padrões [...] Pesa, é um impacto, em muitos momentos isso é um conflito [...] Ainda é culturalmente aceitável que mulher pare de trabalhar para acompanhar o marido e o contrário não. Vão falar que o cara é aproveitador, é preguiçoso".

Questionadas sobre o porquê da manutenção do baixo número de mulheres diplomatas no Brasil, as entrevistadas aventaram como hipóteses:

- falta de informação sobre a carreira e o concurso;
- opções mais vantajosas no mercado de trabalho, em comparação às exigências da carreira diplomática;
- imagem da carreira é masculina ou imagem de que mulheres diplomatas são malsucedidas: "A sociedade, de uma maneira geral, associa a diplomacia a uma carreira masculina. Isso acho que a atual administração já se deu conta. Sempre que vai falar um diplomata, é homem, sempre que aparece na TV, são todos homens, nunca mulher. Mulher nunca está em cargo-chave. Nunca houve uma mulher chanceler, secretária geral. [...] Acho que é preciso colocar as mulheres em posição-chave, para que a sociedade possa associar a diplomacia com a mulher. Isso é um caminho";
- papel da mulher na sociedade: "A sociedade ainda tem uma grande expectativa que o homem tenha uma carreira e nela se desenvolva [...] Como equacionar isso frente a uma sociedade que acredita que o homem é o protagonista principal em termos de carreira? Não que as mulheres não tenham formação. Se você olhar os números de educação no país, elas são maioria na universidade... Não é isso, é algo que está mais atrás. É o equacionamento prático de divisão de trabalho mesmo. E do que a sociedade entende o que é a divisão de trabalho".

E ainda: "Talvez porque no Brasil ainda exista uma cabeça mais conservadora, de que lugar de mulher é mais em casa. Hoje a mulher vai à luta no mercado de trabalho e é palatável ao homem unicamente porque, do ponto de vista financeiro, está muito difícil para o homem bancar a vida sozinho. Ele topa que sua metade trabalhe para completar a renda familiar, mas no fundo ele adoraria que ela ficasse em casa. Acho que a criação está muito voltada ainda para o seu papel na família";

- mulheres não estariam bem preparadas;
- dificuldade em conciliar família e trabalho: "Verifiquei que há um certo receio da parte feminina de fazer o concurso, porque acham que implica em certas renúncias do ponto de vista de vida pessoal. Isso é que a gente tem que tirar, essa imagem de que fazer diplomacia é renunciar ao outro lado. Eu vejo no discurso de várias colegas essa escolha: escolher entre a carreira e a vida pessoal. Esse tipo de escolha não se coloca para o homem. O homem não faz uma escolha entre a carreira e a vida pessoal. [...] A mulher tem de ter o direito a ter os

dois – ela pode ter uma vida pessoal bem equilibrada e também uma profissional equilibrada, e conciliar os dois. É uma falsa dicotomia dizer à mulher que ela tem de ser médica ou ser casada, ou ter família. Uma coisa que não se deveria colocar, você não deveria fazer essa opção. Um homem não faz essa opção, ele pode ter as duas coisas. Acho que a mulher pode e deve ter as duas coisas";

As explicações fornecidas pelas entrevistadas para o maior interesse masculino pela carreira, refletido em um número superior de inscrições no CACD, foram:

- papel social/"criação" dos homens se encaixa mais com as características da carreira: "Acho que o homem, socialmente, é criado para se arriscar mais. O homem é estimulado a se arriscar mais, buscar mais, conhecer o mundo. E isso tem tanto a ver com a carreira! Tem a sensação de que ele não vai abrir mão de nada, que isso só vai adicionar à vida dele [...]".

E ainda: "Acho que uma carreira que exige mudança constante é mais adaptável para um homem. Ele pode ser seguido, ele pode liderar e ser seguido".

Ou, então: "Acho que a questão da pressão da progressão funcional da nossa carreira talvez seja um grande desestímulo para as mulheres, porque as mulheres estão menos condicionadas a serem competitivas que os homens. Tradicionalmente, os homens são já direcionados e condicionados a se envolver com atividades competitivas. As mulheres, não, elas são condicionadas para serem cooperativas. Acho isso um desestimulante para a mulher na carreira diplomática".

- imagem da carreira como eminentemente masculina.

O que poderia ser feito para que mais mulheres se interessassem pela carreira? Duas diplomatas citaram que se deveria divulgar a carreira diplomática para o público em geral. Outra destaca que o MRE teria de mostrar em que sentido a presença da mulher é desejada. Duas diplomatas consideram que promover mulheres em maior proporção, ou lotá-las em posições estratégicas, é a melhor maneira de atrair mulheres para a carreira diplomática.

"Acho que uma coisa que se deve levar em conta é o interesse que esse governo tem manifestado pela ascensão de mulheres a cargos de confiança. Não só o presidente Lula, mas o próprio Ministro de Estado [...] Há um interesse genuíno do Ministro de Estado em dar às mulheres um lugar de destaque [...] E noto [...] que existe uma preocupação em contemplar mulheres, seja para remoção, seja para promoção. Inclusive na minha promoção, muitas mulheres foram promovidas. Acho que é uma coisa que faz a diferença. Não que os outros não fizessem, talvez não fosse declarado da forma que é hoje. Eu já vi inclusive irritação de parte de colegas homens por causa disso".

E a segunda disse: "Acho que esse esforço da administração atual se insere dentro dos esforços do governo atual de promover, digamos, uma certa equidade entre promoção de homens e mulheres [...] Acho que ajuda. Mas, enfim, acho que essa progressão será lenta. Mas será fruto de alguma política que vem de cima. Por isso que deve ser mantida essa política [...], de ter uma determinada proporção de mulheres que sejam promovidas independentes dos fatores que tradicionalmente influenciavam promoção de mulheres, como conexões dentro da carreira etc.".

Uma diplomata entrevistada não considera que alguma ação deva ser tomada especificamente para atrair mulheres: "Eu acho que nada deveria ser feito para que mais mulheres entrassem... Quer dizer, por que mais mulheres? Eu tenho dificuldade em ver as coisas dessa maneira. Não há necessidade de haver mais mulheres. Nem homens. O que tem de haver é mais gente, porque o número atual de diplomatas é absolutamente pequeno para as necessidades do Ministério. Tanto faz se serão homens ou mulheres. O que importa é que sejam pessoas preparadas, interessadas e competentes para trabalhar com política externa. Eu não vejo essa distinção entre homens e mulheres, me desculpe".

Pediu-se às entrevistadas que emitissem suas opiniões sobre as razões que levam a que mulheres sejam maioria na carreira de oficial de chancelaria. Abaixo, os argumentos mais citados:

- carreira atrai mulheres que são parentes ou que desejam se casar com diplomatas;
- atividade de secretariado é estereotipada como feminina;
- é uma carreira menos exigente que a diplomática: "Talvez tenha uma coisa aí, que mulher tenha um pouco de medo de responsabilidade nesse sentido, vai pra uma carreira que vai ser mandada, mais do que tomar posto de mando. [...] Tem uma colega minha que diz que a gente sempre duvida da nossa própria capacidade de assumir algumas responsabilidades, alguns cargos. Porque os homens não duvidam".

Perguntadas se, em algum momento, haviam pensado em prestar concurso para o cargo de oficial de chancelaria, dez das onze diplomatas responderam que não: "Não, porque eu nunca quis ser secretária"; "Não, nunca. Sempre achei: "Se posso mais, por que menos?"; "Não sabia direito o que era diplomata, quanto mais *ofchan*"; "Eu não sabia que existia essa carreira de *ofchan* até vir pra cá. Não sei como elas ficam sabendo".

DISCUSSÃO

De acordo com as definições propostas antes, o resultado de 20,2% indica sub-representação feminina na carreira diplomática brasileira. A análise dos dados estatísticos dos CACDs entre 1993 e 2003 corroborou os resultados do estudo de 1999 (Universidade de Brasília, 1999), que examinou os números sobre o CACD entre 1992 e 1998. Naquele período, a proporção entre homens e mulheres aprovados era de "[...] aproximadamente, 75% e 25%, respectivamente" (Idem, Anexo II, p.3).

Tal constatação significa que as mudanças introduzidas no CACD – pensadas, segundo a própria direção do Itamaraty, para democratizar o acesso à carreira – não têm sido suficientes para garantir maior acesso às mulheres. Algumas das entrevistadas, tanto diplomatas, quanto oficiais de chancelaria, imaginavam que o aumento se daria de forma "natural", seja pelas mudanças no concurso, seja pelo aumento do número de graduadas no Brasil – o que não se verifica.

A adoção da prática de incluir-se uma diplomata, pelo menos, em cada lista de promovidos à classe de ministro de primeira classe, em contrapartida, fez que a porcentagem de mulheres no topo da carreira diplomática brasileira subisse quase três pontos em dois anos.

É interessante notar que as mulheres permanecem sendo maioria na carreira de oficial de chancelaria, apesar da tendência à paridade numérica dos gêneros, conforme resultados dos dois últimos concursos e de acordo com as opiniões das entrevistadas. As atividades desempenhadas pela maioria dos OCs estão próximas do secretariado, uma das mais relacionadas com o gênero feminino, conforme visto anteriormente. A carreira diplomática, ao contrário, exige o traquejo nos jogos de poder de que fala Avelar (2001) e o exercício de papel protagônico no trabalho – cujo treinamento as mulheres não costumam receber como o proporcionado aos homens.

Chamaram atenção as respostas dadas por diplomatas que desconstruíam a noção de gênero e afirmavam serem homens e mulheres iguais. Chega-se, aqui, a um ponto mencionado na introdução. Os sujeitos que são minoria em um ambiente (isto é, mulheres em carreiras tradicionalmente masculinas) podem, como estratégia consciente ou não, despir-se daquela característica que os tornam diferentes (o gênero, por exemplo) e passar a enxergar a todos, inclusive a si mesmos, como "funcionários", homogeneizando diferenças. Ao se constatar que essas mulheres ascenderam às suas posições sem atrasos, fica claro que se trata de comportamento que facilita seu sucesso profissional.

A adoção desse esvaziamento do gênero influi na manutenção dos baixos números de mulheres diplomatas. Quanto menos uma mulher em posição de mando confere importância a seu gênero e ao impacto político dessa questão, menos deve estar preocupada relativamente à ascensão de subordinadas. Se assim é, a situação, como se previu na hipótese, é autossustentada: são pouquíssimas as mulheres que têm visibilidade – o que fortalece a imagem masculina da carreira, que, por sua vez, influencia o desestímulo a candidatas ao concurso – e se as que têm poder decisório não estão preocupadas em aumentar a participação feminina no alto escalão, diminuem-se as chances que as mulheres subam, pois passam a depender da sensibilidade de homens para o tema.

O impacto de gênero no trabalho, que, como examinado na introdução deste artigo, é apreciável em diversas profissões, manifesta-se inegavelmente na carreira diplomática. Se as executivas bem-sucedidas temem ser "descobertas" como fraudes e algumas trabalhadoras recebem salários menores que homens que desempenham a mesma atividade, as diplomatas parecem ser constantemente obrigadas a rever suas opções profissionais em face das grandes responsabilidades que acreditam ter sobre o sucesso do matrimônio e da vida de seus filhos. Trata-se de manifestação clara do conflito gerado pela multiplicidade e, por vezes, incompatibilidade dos papéis sociais femininos atualmente.

Reconhece-se que a extensão da pesquisa não é suficiente para confirmar ou refutar de forma definitiva as hipóteses apresentadas. Não obstante, pôde-se verificar que algumas das hipóteses lançadas parecem fortemente plausíveis, especialmente levando-se em conta a caracterização da amostra, que procurou refletir ao máximo a diversidade de formação, de cargo e classe funcional e de idade/geração existentes entre as mulheres dentro do Itamaraty.

CONCLUSÃO

Pode-se justificar a relevância do tema examinado neste artigo levando-se em conta o comprometimento do Brasil com o direito das mulheres, interna – consagrado no estatuto da igualdade jurídica da Constituição de 1988 e corroborado por iniciativas como o advento da Secretaria Especial de Políticas para as Mulheres (SPM) e o Plano Nacional de Políticas para as Mulheres – e externamente, com a assinatura de diversos documentos internacionais, entre os quais:

- a Convenção e o Protoloco Facultativo sobre a Eliminação de Todas as Formas de Discriminação contra a Mulher;
- a Declaração e a Plataforma de Ação de Pequim, adotadas pela IV Conferência Mundial sobre as Mulheres (1995);
- a Convenção Interamericana para Prevenir, Punir e Erradicar a Violência contra a Mulher ("Convenção de Belém do Pará").

A avaliação da situação da mulher na diplomacia é, portanto, parte relevante da avaliação de políticas públicas desenvolvidas para a construção de igualdade de gênero no país, assumida com a assinatura desses documentos – negociados justamente pela via diplomática.

Pode-se concluir que a maior presença feminina na política nacional, tal qual na internacional, é, simultaneamente, uma busca pela democratização das esferas decisórias e uma tentativa de incluir as visões das mulheres sobre política, paz e bem-estar, das quais toda a humanidade pode se beneficiar. Sem dúvida, homens e mulheres não são iguais e oferecem contribuições diferentes ao conhecimento humano. Outra conclusão a que se chega é que o MRE poderia atrair a população feminina brasileira de boa formação acadêmica para seu quadro de funcionários diplomáticos, sem recorrer necessariamente a ações afirmativas. Utilizando-se da comunicação institucional, por meio de campanhas por ocasião da divulgação anual do CACD, por exemplo, o Ministério poderia mostrar-se interessado em aumentar a presença feminina na carreira, pelas contribuições que pode oferecer, e desmistificar a crença de que a mulher que deseja ter família não pode eleger a carreira diplomática como opção profissional.

Um exemplo é o que foi feito no México, país de matriz latina e em vias de desenvolvimento, como o Brasil. O México implementou um programa governamental (Programa Nacional para la Igualdad de Oportunidades y no Discriminación contra las Mujeres 2000-2006 – Proequidad) de inclusão com equidade da mulher nas esferas de poder público, tendo a Secretaria de Relações Exteriores envolvida de forma prática no programa.

Nos Estados Unidos da América, por sua vez, todo indivíduo que acessa a página eletrônica do Departamento de Estado em busca de informações sobre a carreira diplomática encontra um anúncio sobre a recente eleição do Departamento como melhor local de trabalho para mulheres na administração federal daquele país. Além disso, em diversas seções, são apresentadas fotos e depoimentos de diplomatas e funcionários do sexo feminino.

O Brasil está, a bem da verdade, dando passos importantes nesse sentido. É com grata satisfação que se constata que, em 2008, o sítio institucional do IRBr, em sua seção de "Respostas às perguntas mais frequentes", responde à questão "Quantas mulheres há na carreira diplomática¿" com a seguinte informação:

> Há atualmente 219 diplomatas mulheres, pouco menos de 20% do total de 1.100 diplomatas. Cerca de 6% das missões no exterior são chefiadas por mulheres. *Reconhecemos que a participação feminina na carreira ainda é muito baixa, e estamos empenhados em garantir o aumento do número de mulheres no corpo diplomático. [Grifos nossos]*

Além disso, a inclusão de ao menos uma mulher em cada lista de novos ministros de primeira classe vem propiciando mais projeção de mulheres diplomatas nos meios de comunicação e no próprio Ministério. Na década corrente, mulheres diplomatas ocuparam posições de grande influência política no Itamaraty: uma embaixadora ocupou a Subsecretaria-Geral de Assuntos Políticos de 2003 a 2005; outra embaixadora ocupa, desde janeiro de 2005, a posição de chefe de gabinete do Ministro de Estado; desde julho de 2007, uma embaixadora chefia a Missão do Brasil junto às Nações Unidas, um dos postos mais importantes da diplomacia.

Em âmbito internacional, a também recente eleição da ex-senadora Cristina Kirchner para a Presidência da Argentina (ocasião em que a segunda colocada foi também uma mulher), forma, junto com a eleição da presidente Bachellet do Chile, um contexto extremamente auspicioso em termos de equidade de gênero e de representação política das mulheres na América Latina. Quiçá, estimuladas por esses exemplos, as jovens mulheres do subcontinente, incluídas as brasileiras, passem a considerar a possibilidade de exercer posições de comando na política internacional, seja em carreira política, em carreira diplomática, ou como desejarem.

REFERÊNCIAS BIBLIOGRÁFICAS

ADAMS, D. *Early history of the culture of peace: a personal memoire.* 2005. Disponível em: http://www.culture-of-peace.info/history/introduction.html. Acesso em: 23 ago. 2009.

ADDIS, E. et. al. *Women soldiers: Images and realities.* New York: St. Martin Press, 1994.

AGÊNCIA SENADO. *Notícias do Senado: projetos, 27/09.* Brasília, Senado da República, 2007. Disponível em: http://www.senado.gov.br/agencia/verNoticia.aspx¿codNoticia66862&codAplicativo=2& parametros=militares.

ALONSO, J. A. Discurso del Ministro de Defensa, Jose Antonio Alonso. In: *La Jornada sobre la Mujer en el Ejército del Aire,* 2007 [online]. Disponível em: http://www.mde.es/actu_ministro/intervenciones/070308_Mujer_Getafe_Alonso.pdf. Acesso em: 12 jun. 2007.

ALVES, J. A. L. *Relações internacionais e temas sociais: a década das conferências.* Brasília, DF: IBRI, 2001.

APPLEBY, J. et al. (Ed.). *Knowledge and Postmodernism in Historical Perspective.* New York: Routledge, 1996.

ARIAS GONZÁLEZ, A. Aspectos psicosociales de la integración de la mujer en las fuerzas armadas. In: *Mujer, fuerzas armadas y conflictos bélicos. Una visión panorâmica.* Madrid: Ministerio de Defensa, 2005. p.27-57.

ARKIN, W.; LYNNE R. D. Military Socialization and Masculinity. *Journal of Social Issues,* 34(1), p.151-68, 1978.

ART, R.; JERVIS, R. *International Politics: Enduring Concepts and Contemporary Issues.* New York: Harper Collins, 1996.

AVELAR, L. *Mulheres na elite política brasileira.* 2.ed. São Paulo: UNESP, 2001.

BADARÓ, M. "Las cucarachas". *Mujeres militares y contaminación simbólica en la socialización de los oficiales del Ejército Argentino.* Trabalho apresentado no I Encontro Nacional da ABED. São Carlos, 2007.

BALBINO, V. R. *Diplomata. substantivo comum de dois gêneros – um retrato da presença feminina no Itamaraty no início do século XXI.* Dissertação de mestrado. Programa de mestrado em diplomacia do Instituto Rio Branco.

BALZACQ, T. La securité: definitions, secteurs et niveaux d'analyse. *Federalisme, regionalisme,* v.4, 2003-2004. Disponível em: http//popups.ulg.ac.be/document.php¿id=216. Acesso em: 12 abr. 2006.

BANDEIRA DE MELLO, G. *Estrutura e organização do Ministério das Relações Exteriores – análise evolutiva e tendências.*Tese (Curso de Altos Estudos – CAE) – Instituto Rio Branco, Ministério das Relações Exteriores, Brasília, 1982.

BATTISTELLI, F. Con gli occhi degli uomini: l'opinione maschile in tema di donna--soldato. In: BATTISTELLI, F. (ed.). *Donne e Forze Armate*. Milano: Franco Angeli, 1997, p.185-210.

BATTISTELLI, F. "I giovani tra Servizio Militare e Servizio Civile: una questione aperta." *Info/Quarderni* n. VI (1-4), 2000.

______. A mulher e o militar entre antigas dificuldades e novas potencialidades. *Nação e Defesa,* n.88, p.45-70. Lisboa: IDN, 1999.

BESIO, F. El debate nacional sobre defensa. In: DONADIO, M. (ed.). *Atlas comparativo de la defensa*. Buenos Aires: Ser en el 2000, 2007.

BEVERLY, A. *Rape Warfare*. Minneapolis: University of Minnesota Press, 1996.

BIGO, D. Sécurité et immigration: vers une gouvernementalité par l'inquiétude? *Cultures & Conflits*, 31-32. Disponível em: http://www.conflits.org/index539.html. Acesso em: nov. 2007.

BLAIR, A. K. *Congressional Commission on Military Training and Gender-Related Issues*. Washington: United States Congress, 1999.

BLUMLO, D. J. *How the Common Grunt and Prostitute Changed Military Policy*. Florida: Florida State University, 2004.

BOBEA, L. (ed.). *Soldados y ciudadanos en el Caribe*. Santo Domingo, República Dominicana: FLACSO, 2002.

BOBEA, L. Encarando al Jano Bifronte: ¿Reforma o Militarización Policial?. In: PERALES, J. R. (ed.). Reforma de las Fuerzas Armadas en América Latina y el Impacto de las Amenazas Irregulares. Washington, DC, Woodrow Wilson International Center for Scholars, 2002.

BOOTH, K.; SMITH, S. *International Relations Theory Today*. New York: Polity Press, 1995.

BOOTH, K. (ed.). *Critical Security Studies and World Politics*. Boulder; London: Lynne Rienner, 2005.

BRASIL. Presidência da República. Secretaria Especial de Políticas para Mulheres. *Contribuição da Secretaria Especial de Políticas para as Mulheres para as Conferências Estaduais Documento Base.* I Conferência Nacional de Políticas para as Mulheres. Brasília: SPM, 2004.

______. Ministério do Planejamento, Orçamento e Gestão. Instituto Brasileiro de Geografia e Estatística. Diretoria de Pesquisas. Coordenação de População e Indicadores Sociais, Estudos e Pesquisas. Informação Demográfica e Socioeconômica número 19 - *Síntese de Indicadores Sociais 2006*. Rio de Janeiro: IBGE, 2006.

______. Ministério das Relações Exteriores. Instituto Rio Branco, 2007. Disponível em: www.irbr.mre.gov.br. Acesso em: 11 nov. 2007.

______. Census: diretório dos grupos de pesquisa no Brasil. Brasília: CNPq-MCT, 2007. Disponível em: http://dgp.cnpq.br/censos/series_historicas/index_pesquisadores.htm. Acesso em: 26 jan. 2008.

______. IBGE – Comunicado Social, 24/01/2008. Brasília: IBGE, 2008. Disponível em: http://www.ibge.gov.br/home/presidencia/noticias/noticia_visualiza.php?id_noticia=1078&id_pagina=1. Acesso em: 26 jan. 2008.

BRIONES RAZETO, S. Género y FF.AA. en Chile. *Boletín del Programa de Seguridad Ciudadana*, n.2, abril 2007. Programa de Seguridad y Ciudadanía FLACSO-Chile:Santiago, 2007.

BROWN, C. *Understanding International Relations*. 2.ed. New York: Palgrave, 2001.

BROWN-CAMPBELL, G. *Patriarchy in the Jamaica Constabulary Force, Its Impacto its on Gender Equality.* Barbados/Jamaica/Trinidad and Tobago: University of the West Indies, Canoe Press, 1998.

BROWNMILLER, S. *Against Our Will. Men, Women and Rape*. Nova York: Fawcett Columbine, 1993.

BUCHER, M. A. *The Impact of Pregnancy on U.S. Army Readiness*. Alabama: USA Army, 1999.

BULARD, M. Sexisme ordinaire au travail. *Le Monde diplomatique* – Manière de voir 68 Femmes rebelles. Paris, p.36-41, avril-mai, 2003.

BURCHILL, S. *Theories of International Relations*. 2.ed. rev., exp. and updated. Deakin University: Palgrave, 1997.

BURCHILL, S.; LINKLATER, A. *Theories of International Relations*. London: MacMillan Press, 1996.

BUZAN, B.; JONES, C.; LITTLE, R. *The Logic of Anarchy: Neorealism to Structural Realism*. New York: Columbia University Press, 1993.

BUZAN, B.; WAEVER, O.; WILDE, J. *Security: a New Framework for Analysis*. London: Lynne Rienner, 1998.

CAIRE, R. *A mulher militar: das origens aos nossos dias*. Rio de Janeiro: Biblioteca do Exército Editora, 2002.

CALDERÓN, J. La mujer en puestos de mando y combate. In: FERNÁNDEZ VARGAS, V.; BUSQUETS, J.; RODRÍGUEZ, M. L. (coords.). *La mujer en las fuerzas armadas en España*. Madrid: Ministério de Defensa, 1991. p.57-70.

CALLE, F. El rearme regional. In: *DEF*, ano 3, n.27, p.34-7, nov. 2007.

CARLSNAES, W.; RISSE, T.; SIMMONS, B. *Handbook of International Relations*. Londres: SAGE Publications, 2001.

CARPENTER, R. C. Stirring Gender into the Mainstream: Constructivism, Feminism and the Uses of IR Theory. *International Studies Review*, p.287-302, 2003.

CARREIRAS, H. *Mulheres nas forças armadas portuguesas*. Lisboa: Cosmos, 1997.

______. Mulheres militares em Portugal (1991-1998). *Nação e Defesa*, n.88, p.81-111, 1999.

______. *Mulheres em armas: a participação militar feminina na Europa do Sul*. Lisboa: Cosmos/IDN, 2002.

______. *Gender and the Military: Women in the Armed Forces of Western Democracies*. New York; London: Routledge, 2006.

______. Mulheres nas forças armadas: uma revolução silenciosa? In: KRISTENSEN, B.; EVANS PIM, J.; CRESPO ARGIBAY, O. *Mulheres em conflito: presenças e ausências*. Rianxo: Observatório sobre Mulher e Conflitos Armados, 2007. p.381-403.

______. From Loyalty to Dissent: How Military Women Respond to Integration Dilemmas. In: CARREIRAS, H.; KUMMEL, G. (orgs.). *Women in the Military and in Armed Conflict*. Wiesbaden: Vs Verlag, 2008. p.161-181.

CARROLL, B.; HALL, B. W. Feminist Perspectives on Women and the Use of Force. In: HOWES, R. H.; STEVENSON, M. R. (eds.). *Women and the Use of Military Force*. Boulder: Lynne Rienner Publishers, 1993. p.11-21.

CASTAÑEDA, I. *Botas de color rosa. Las mujeres militares en el Perú*, 2006. Disponível em: http://www.resdal.org/producciones-miembros/ultimos-articulos.html.

CECOPAZ. Peru. Disponível em: http://www.ccffaa.mil.pe/cecopaz/cecopaz.htm.

CEPAL. *Las mujeres chilenas en los noventa: hablan las cifras*. Santiago do Chile: CEPAL, 2000.

CEPAL. *Anuario estadístico de América Latina y el Caribe, 2006*. Santiago do Chile, CEPAL, 2007.

COLÔMBIA. Disponível em: http://www.presidencia.gov.co/.

CONNELL, R. W. *Gender and Power: Society, the Person and Sexual Politics*. Stanford: Stanford University Press, 1987.
CONNELL, R. *Masculinities*. Berkeley: University of California Press, 1995.
D'ARAÚJO, M. C. Mulheres, homossexuais e forças armadas no Brasil. In: CASTRO, C. et al. (eds.). *Nova história militar brasileira*. Rio de Janeiro: FGV/Bom Texto, 2004. p.439-59.
DEF. Desarrollo/Defensa/Energía/Medio Ambiente, ano 3, n.27, nov. de 2007.
DEF. Desarrollo/Defensa/Energía/Medio Ambiente, ano 3, n.28, dez. de 2007.
DIAMINT, R. (ed.). Pensamiento y papel militar en America Latina en el umbral del siglo XXI. *Control civil y fuerzas armadas en las nuevas democracias latinoamericanas*. Buenos Aires: Nuevohacer, Grupo Editor Latinoamericano, 1999.
DIAMINT, R. Una mirada estratégica sobre Argentina. In: Diamint, R. et al (eds.). *EL rompecabezas*. Conformando la seguridad hemisférica en el siglo XXI. Buenos Aires: Bononiae Libris y Prometeo Libros, 2006.
DIAS, M. O. S. Hermenêutica do quotidiano na historiografia contemporânea. Projeto História: *Revista do Programa de Estudos Pós-Graduados em História e do Departamento de História da PUC-SP*. São Paulo: *EDUC*, n.17, novembro, 1998.
DÍAZ DE OTAZU GUERRI, F. De los "Provisionales" a la Reserva Voluntaria. Oficiales y suboficiales eventuales en las FAS españolas. In: SEPÚLVEDA, I.; ALDA, S. (eds.). *Fuerzas armadas y políticas de defensa: transición y modernización*. Madrid: Instituto Universitario General Gutiérrez Mellado, 2007.
DOBBINGS, J. F. Haiti: a case study in post-war peacekeeping. *Remarks at the ISD Conference on Diplomacy and the Use of Force*, sep. 21, 1995. Institute for the Study of Diplomacy Edmund A. Wash School of Foreign Service, Georgetown University, v.2, n.1, Oct., 1995.
DONADIO, M. (ed.). *Atlas comparativo de la defensa*. Buenos Aires: Ser en el 2000, 2005.
DOYLE, M. W.; IKENBERRY, G. J. *New Think in International Relations*. Westview Press, 1997.
DUMONT, A. P. *El género en historia*. Londres: School of Advanced Study; London University, 2001. Disponível em: www.sas.ac.uk/ilas/genero_portadilla.htm. Acesso em: 20 mar. 2007.
ECLAC. Advancing gender equality in the Caribbean: Legislative aproaches to sex discrimination. November, 2001. Disponível em: www.eclac.org/publicaciones/xml/8/9898/carg0670.pdf.
EDAC. Bureau of Women's Affairs, *Jamaica Report to the Tenth Session of the Regional conference on Women in Latin America and the Caribbean*. Quito, Ecuador, Aug., 2007. Disponível em: www.edac.org.
EL MUNDO. 2004. Disponível em: www.elmundo.es/elmundo/2004/04/20/internacional/1082419829.
EL NUEVO DIÁRIO. Una mujer para la cartera de Defensa, 2007. Disponível em: http://www.elnuevodiario.com.ni/2007/05/08/nacionales/48223.
EL PERIÓDICO. Mujeres que desactivan explosivos o son pilotos de avión en el Ejército. 19 nov. 2006.
EL SALVADOR. Disponível em: www.fuerzaarmada.gob.sv/home.asp¿mid=1.
ELSHTAIN, J. B. *Public Man, Private Woman*. Princeton: Princeton University Press, 1981.
______. *Women and War*. New York: Basic Books, 1987; Chicago: University of Chicago Press, 1995.

EQUADOR. Ministerio de Defensa de Ecuador: Disponível em: http://www.midena.gov.ec/.

ESPAÑA. Plan de Acción del Gobierno de España para la Aplicación de la Resolución 1.325 del Consejo de Seguridad de las Naciones Unidas (2000), sobre Mujeres, Paz y Seguridad. Madrid: Ministerio de Defensa, 2008.

FACETTI, J. F. El processo de elaboración de la política de defensa en Paraguay. In: DONADIO, M. (ed.). *Atlas comparativo de la defensa*. Buenos Aires: Ser en el 2000, 2007. p.257-9.

FAGUNDES, T. C. P. C. (org.). *Ensaios sobre identidade e gênero*. Salvador: Helvécia, 2003.

FARREL, T. Constructivism Security Studies: Portrait of a Research Program. *International Studies Review*, v.4, n.1, p.49-72(24), Spring, 2002. Disponível em: http://www.blackwell-synergy.com/doi/abs/10.1111/1521-9488.t01-1-00252. Acesso em: 18 set. 2007.

FCC. Mulheres brasileiras, educação e trabalho. *Banco de dados sobre o trabalho das mulheres*, 2004. Disponível em: http://www.fcc.org.br/mulher/index.html.

FEMALE HEADS OF STATE AND GOVERNMENT CURRENTLY IN OFFICE. *Worldwide Guide to Women in Leadership*, 2007. Disponível em: http://www.guide2womenleaders.com/Current-Women-Leaders.htm. Acesso em: 02 abr. 2007.

FERNÁNDEZ VARGAS, V. Mujer y fuerzas armadas. In: FERNÁNDEZ VARGAS, V.; BUSQUETS, J.; RODRÍGUEZ, M. L. (coords.). *La mujer en las fuerzas armadas en España*. Madrid: Ministério de Defensa, 1991. p.45-56.

______. *Las militares españolas. Un nuevo grupo profesional*. Madrid: Biblioteca Nueva, 1997.

______. La incorporación de las mujeres a las fuerzas armadas: notas a un proceso. In: KRISTENSEN, B.; EVANS PIM, J.; CRESPO ARGIBAY, O. *Mulheres em conflito: presenças e ausências*. Rianxo: Observatório sobre Mulher e Conflitos Armados, 2007. p.405-420.

______. La incorporación de las mujeres a las fuerzas armadas españolas: notas a un proceso. In: *20 años de la mujer en las fuerzas armadas*. Madrid: Ministerio de Defensa, 2008.

FERREIRA, E. F. X. *Mulheres: militância e memória*. Rio de Janeiro: Fund. Getúlio Vargas, 1996.

FISKE, S.; GLICK, P. Ambivalence and stereotypes cause sexual harassment: a theory with implications for organizational change. *Journal of Social Issues*, Oxford, v.51, n.1, p.97-115, 1995.

FONTOURA, P. R. C. T. *O Brasil e as operações de manutenção da paz das Nações Unidas*. Brasília: IPRI-FUNAG, 2005.

FUCILLE, L. A. *Democracia e questão militar*: a criação do Ministério da Defesa no Brasil. Tese (Doutoramento) — Ciências Sociais. Campinas: IFCH-UNICAMP, 2006, *digit*.

FUNADA, C. A. M. et. al. Direito de gênero nas forças armadas brasileiras. *Observatorio de Género*, 2005. Disponível em: http://turan.uc3m.es/uc3m/inst/MGP/observatorio/desigualdremubrasil.pdf. Acesso em: 31 jan. 2007.

GALTUNG, J. On the Meaning of Non-Violence. *Journal of Peace Research*, v.2, n.3, 1965.

______. *Peace by Peaceful Means*. London: Sage, 1995.

GIACOMETTI, C. Las metas del Milenio y la igualdad de género. El caso de Argentina. *Mujer y Desarrollo*, n.72. Santiago do Chile: CEPAL, 2005.

______. Las metas del Milenio y la igualdad de género. El caso de Paraguay. *Mujer y Desarrollo* n.79. Santiago do Chile: CEPAL, 2006.

______. Las metas del Milenio y la igualdad de género. El caso de Uruguay. *Mujer y Desarrollo* n.88. Santiago do Chile: CEPAL, 2007.

GOBIERNO DE REPUBLICA DOMINICANA. *Estratégia Militar Dominicana*. 25 noviembre, 2007.

GOLDMAN, N. The Changing Role of Women in the Armed Forces. *The American Journal of Sociology*, v.78, n.4, p.892-911, 1973.

GOLDSTEIN, J. *War and Gender*. Cambridge: University Press, 2001.

GOLDSTEIN, J.; KEOHANE, R. *Ideas and Foreign Policy: Beliefs, Institutions, and Political Change*. Ithaca: Cornell University Press, 1993.

GÓMEZ ÁLVAREZ, I. Situación actual de las mujeres europeas en las fuerzas armadas. In: *Mujer, fuerzas armadas y conflictos bélicos. Una visión panorâmica*. Madrid: Ministerio de Defensa, 2005. p.99-141.

GONÇALVES, W. O Campo Teórico das Relações Internacionais. In: BRIGAGÃO, C. *Estratégias de negociações internacionais: uma visão brasileira*. Aeroplano, 2001.

GONZÁLEZ, G. J. Relaciones FF. AA. y sociedad en Uruguay. In: LÓPEZ, E. (ed.). *Control civil sobre los militares y política de defensa en Argentina, Brasil, Chile y Uruguay.* Buenos Aires: Altamira, 2007.

GRAINGER, D. Guyana under siege: Women in the Guyana Defense Force, 2002. Disponível em: ttp://www.guyanaundersiege.com/Women/Women%20in%20 GDF.htm

GRIFFITH, I. L. *Caribbean Security on the Eve of the 21st Century*. Washington, D.C.: National Defense University, 1996.

GRIFFITHS, M. *50 grandes estrategistas das relações internacionais*. São Paulo: Contexto, 2004.

GRUPO ABRIL. *Veja*, edição 1772, ano 31, n.45, 11 nov. 1998, p.150-52. São Paulo: Abril, 1998.

______. *Veja*, edição 2036, ano 40, n.47, 28 nov. 2007, p.130-42. São Paulo: Abril, 2007.

GUATEMALA. Disponível em: www.mindef.mil.gt/.

GUILD, E.; BIGO, D. Les relations entre acteurs, les tendances technologiques et les droits des individus. *Cultures & Conflits*, 49, 2003. Disponível em: http://www.conflits.org/index939.html. Acesso em: abr. 2007.

GUTIÉRREZ, P. C. Política de defensa de Chile: Una mirada desde la transición democrática. In: LÓPEZ, E. (ed.). *Control civil sobre los militares y política de defensa en Argentina, Brasil, Chile y Uruguay*. Buenos Aires: Altamira, 2007.

GUITÉRREZ VALDEBENITO, O. La mujer y las fuerzas armadas [online]. *Air Power Journal* [edición hispanoamericana]. Tercer Trimestre, 1998. Disponível em: http://www.airpower.maxwell.af.mil/. Acesso em: 30 nov. 2006.

HALLIDAY, F. *Repensando as relações internacionais*. Porto Alegre: Editora da Universidade Federal do Rio Grande do Sul, 1999.

HANNAN, C. *Gender Mainstreaming in the Field of Disarmament*. Apresentação da Coordenadora do United Nations Fellowship Programme on Disarmament. ONU. Nova York, 30 out. 2001.

HAYDEN, R. Rape and Rape Avoidance in Ethno-National Conflicts: Sexual Violence in Liminalized States. *American Anthropologist*, 102(1), p.27-41, 2000.

HECKMAN, S. (1990). *Gender and Knowledge: Elements of a Postmodern Feminism*. Boston: Northeastern University Press, 1990.

HELD, D. *La democracia y el orden global*. Barcelona: Paidós, 1997.

HEYSER, N. Prólogo. In: REHN, E.; SIRLEAF, E. J. *El progreso de las mujeres en el mundo 2002*. Volumen 1. Sumario ejecutivo. Mujeres, guerra, paz. Informe de expertas independientes, 2002. Disponível em: http://www.womenwarpeace.org/Portals/0/ Documents/WWP_ES_SP.pdf. Acesso em: 30 out. 2007.

HIIK - THE HEIDELBERG INSTITUTE FOR INTERNATIONAL CONFLICT RESEARCH. *Conflict Barometer 2006* (15th Annual Conflict Analysis). Heidelberg, HIIK, dez. 2006.

HIJAS DEL LEGADO MORAZÁNICO. 2005. Disponível em: http://www.elheraldo.hn/nota.php¿nid=58762&sec=8&fecha=2006-10-01. 01 out. 2005.

HOBSBAWM, E. J. *A era dos extremos: o breve século XX*. São Paulo: Companhia das Letras, 1995.

HOLM, J. *Women in the Military: an Unfinished Revolution*. Novato, Calif.: Presidio Press, ed. 1993, 1982.

HOMBRADOS, A.; OLMEDA, J. A.; DEL VAL, C. *La incorporación de las mujeres a las fuerzas armadas: el caso español y su percepción pública en perspectiva comparada* [online]. Working paper. Documento de trabajo. Real Instituto Elcano, 2007; Instituto de la Mujer, Madrid, 2007. Disponível em: http://www.realinstitutoelcano.org/wps/portal/rielcano/contenido¿WCM_GLOBAL_CONTEXT=/Elcano_es/Zonas_es/Demografia+y+Poblacion/DT7-2007. Acesso em: 12 jun. 2007.

HON, S. F. *Introductory Statement*: Belize's Third and Fourth Periodic Report, UN Committee on CEDAW noted Nations. Nova York, 24 July, 2007.

HONDURAS. Disponível em: http://www.drepffaa.hn2.com/. http://www.peacewomen.org. http://www.un.org/womenwatch/. http://www.gddc.pt/. http://www.un.org/Depts/dpko/ list/list.pdf. Acesso em: 17 set. 2006.

IBGE. Disponível em: http://www.direitos.org.br/. Acesso em: 12 out. 2007.

IDEA. WOMEN IN POLITICS. INTERNATIONAL INSTITUTE FOR DEMOCRACY AND ELECTORAL ASSISTANCE, 2006 – IDEA. Estocolmo, Suécia, 07 fev. 2006. Disponível em: http://www.idea.int/gender/index.cfm. Acesso em: 15 fev. 2006.

IDE, I. T. Lei Maria da Penha. *Jornal da Cidade*. Bauru, 25 set. 06, p.2, 2006.

IEPADES. *Propuesta de estrategia para la incorporación de la perspectiva de género en el ejército de Guatemala*, noviembre, 2001. Documento Inédito.

______. *Encuentro para el intercambio de experiencias de trabajo en materia de Género y fuerzas armadas en El Salvador y Guatemala*. IEPADES, Guatemala, 20 e 21 de julho de 2001. Documento interno. Documento final dos participantes (delegados das forças armadas de El Salvador e Guatemala, membros do CEMUJER de El Salvador e IEPADES da Guatemala).

______. *Diagnóstico género y fuerzas armadas*. Guatemala, 2005. Documento Inédito.

INSTITUTO DE DEFESA NACIONAL. *Nação e Defesa*, n.88, p.81-111, 1999.

INSTRAW Annual Reports (Gender and Security Sector Reform Ticker), 2008. Disponível em: http://www.un-instraw.org/en/instraw-publications/newsletters/gssr-newsletter-feb-2008/view.html

IZZO, R. C. *Igualdade de gênero*: um caminho para a paz. Texto apresentado nos Seminários do Grupo de Estudos de Defesa e Segurança Internacional (GEDES). Franca, 2007, *digit.*

JANOWITZ, M. *O soldado profissional*: *um estudo social e político*. Rio de Janeiro: Ed. GRD, 1967.

JDF. *A new Beginning*. Jamaica Defense Force, Jan., 2008. Disponível em: http://www.jdfmil.org.

KALIL MATHIAS, S. *Las mujeres llegan a los cuarteles*, 2005. Disponível em: http://www.resdal.org/producciones-miembros/art-kalil.html.

KANTER, R. *Man and Woman of the Corporation*. Nova York: Basic Books, 1977.

KATZENSTEIN, P. *The Culture of National Security: Norms and Identity in World Politics*. New York: Columbia University, 1996.

KLEPAK, H. *Cuba's Military 1990–2005: Revolutionary Soldiers during Counter-Revolutionary Times*. Basingstoke and New York: Palgrave Macmillan, 2006.

KOIFMAN, F. *Quixote nas trevas – o embaixador Souza Dantas e os refugiados do nazismo*. São Paulo: Record, 2002.

KOIFMAN, F. Luiz Martins de Souza Dantas, o embaixador brasileiro na França durante a 2a Guerra Mundial, e sua atuação na ajuda a judeus que fugiam do nazismo. Trabalho apresentado no XX Congresso Nacional da ANPUH. Florianópolis, UFSC (mimio). 1999.

KRAUSE, K. *Culture and Security: Multilateralism, Arms Control and Security Building*. London: Frank Cass Publisher, 1999.

KRAUSE, K.; WILLIAMS, M. C. *Critical Security Studies: Concepts and Cases*. Routledge, 1997. s.l.

KRISTENSEN, B.; EVANS PIM, J.; CRESPO ARGIBAY, O. *Mulheres em conflito: presenças e ausências*. Rianxo: Observatório sobre Mulher e Conflitos Armados, 2007.

KOLODZIEJ, E. A. *Security and International Relations*. New York: Cambridge University Press, 2005.

LAPID, Y. The Third Debate: on the Prospects of International Theory in a Post--Positivist Era. *International Studies Quarterly*, v.33, n.3, p.235, 1989.

LATINOBARÓMETRO. *Informe 2007*. Disponível em: www.latinobarometro.org.

LINKLATER, A. (ed.). *International Relations: Critical Concepts in Political Science*. London: Routledge, 2000.

LOPES CASTELÃO, M. P. Homens e mulheres em armas – duas dinâmicas de identidade? *Nação e Defesa*, n.88, p.113-134, 1999.

LÓPEZ, E. (ed.). *Control civil sobre los militares y política de defensa en Argentina, Brasil, Chile y Uruguay*. Buenos Aires: Altamira, 2007.

LYNN, J. A. Nations in Arms 1763-1815. In: PARKER, G. (ed.). *The Cambridge History of Warfare*. New York: Cambridge University Press, 2006. p.189-216.

MACDONALD, S.; HOLDEN, P.; ARDENER, S. (eds.). *Images of Women in Peace and War. Cross-Cultural and Historical Perspectives*. London: Macmillan, 1987.

MANISCALDO, M. L. Operazione diverse della guerra: il ruolo delle donne. In: BATTISTELLI, F. (ed.). *Donne e forze armate*. Milano: Franco Angeli, 1997.

MARLOWE, D. H. The Manning of the Force and the Structure of Battle. Part 2 - Men and Women. In: FULLINWIDER, R. K. (ed.). *Conscripts and Volunteers: Military Requirements, Social Justice and the All-Volunteer Force*. New Jersey: Rowan & Allanheld, 1983. p.189-199.

MARTÍN TORRIJOS, J. C. Incidencia de género en el perfil profesional de la mujer en las fuerzas armadas españolas. In: *Mujer, fuerzas armadas y conflictos bélicos. Una visión panorâmica*. Madrid: Ministerio de Defensa, 2005. p.187-218.

MARTINEZ, C. La Mujer en Operaciones de Paz. *REDES*, Brasil, 2002.

MARTINEZ NOGUEIRA, R. Un sector público olvidado: la política de defensa. Institucionalidad y capacidades gubernamentales. *Revista CLAD Reforma y Democracia*, n.28. Caracas: 2004.

MARTÍNEZ PARICIO, J. Il caso spagnolo. In: BATTISTELLI, F. (ed.). *Donne e forze armate*. Milano: Franco Angeli, 1997.

MARTÍNEZ, R. *Los mandos de las fuerzas armadas españolas del siglo XXI*. Madrid: Centro de Investigaciones Sociológicas, 2007.

MATHIAS, S. K. *Distensão no Brasil: o projeto militar*. Campinas: Papirus, 1995.

______. *A militarização da burocracia*. São Paulo: UNESP, 2004.

______. As mulheres chegam aos quartéis. In: DONADIO, M. (ed.). *Atlas comparativo de la defensa*. Buenos Aires: Ser en el 2000, 2005. p.88-92.

MATHIAS, S. K.; VILLA, R. *Ensaios latino-americanos de política internacional*. São Paulo: Hucitec, 2007.

MELO, R. B. C. L. *O processo de institucionalização das operações de paz multidimensionais da ONU no pós-Guerra Fria: direitos humanos, polícia civil e assistência eleitoral*. 2006. Tese (Doutorado). Rio de Janeiro: Instituto de Relações Internacionais, Pontifícia Universidade Católica do Rio de Janeiro, 2006.

MESSNER, M. Masculinities and Athletic Careers. In: LORBER, J.; FARELL, S. A. (eds.). *The Social Construction of Gender*. London: Sage, 1991, p. 60-75.

MILÊNIO. Disponível em: www.milenio.com/index.php/2007/08/12/105733.

MI PERIÓDICO. Suplemento del 2 de marzo, 2008. Disponível em: www.elheraldo.hn/nota.php¿nid=36597&sec=2&fecha=2005-08-29.

MINISTERIO DE DEFENSA. *Datos sobre la mujer en las fuerzas armadas*, 2007. Disponível em: http://www.mde.es/img/obs_mujer/datos_mujer2006.pdf. Acesso em: 12 jun. 2007.

______. *Datos sobre la mujer en las fuerzas armadas 2007-2008*. Madrid: Observatorio de la Mujer en las Fuerzas Armadas, 2008.

MITCHELL, B. *Women in the Military, Flirting With Disaster*. Washington: Regnery Publishing, 1998.

MONTE, I. X. et al. *Evolving Paradigms on the Management of Conflict Situations: Security Council's Responsibility in the Maintenance of International Peace and Security*, 2007. Disponível em: http://www.amun.org.br/2007/index2.php¿pag=unsc. Acesso em: 26 ago. 2007.

MORGAN, J.; ESPINAL, R.; HARTLYN, J. Gender Politics in the Dominican Republic: Advances for Women, Ambivalence from Men, Politics & Gender, v. 4 n. 1 (March 2006), p 35-63.

MORIN, E. A construção da sociedade democrática e o papel da educação e do conhecimento para a formação do imaginário futuro. In: *Construtivismo pós-piagetiano* (E. P. Grossi & J. Bordin, orgs.), p.11-25, Petrópolis: Ed. Vozes, 1993.

MORIN, E.; KERN, A. B. *Terra-pátria*. Porto Alegre: Sulina, 1995.

MORIN, A. M. *Her Excellency: An Oral History of American Women Ambassadors*. New York: Twayne Publishers, 1990.

MORRIS, M. In War and Peace: Incidence and Implications of Rape by Military Personnel. In: KATZENSTEIN, M. F.; REPY, J. (eds.). *Beyond Zero Tolerance, Discrimination in Military Culture*. Boulder, CO: Rowan & Littlefield, 1999.

MOSKOS, C. The Emergent Military: Civilianized, Traditional or Pluralistic¿. In: *Public Opinion and the Military Establishment*. Beverly Hills: Sage Publications, 1971.

______. *Sociologia e soldati*. Milano: Franco Angeli, 1994.

______. MOSKOS, W. A.; JOHN y DAVID, R. (comps.). *The Postmodern Military: Armed Forces After the Cold War*. Nova York: Oxford University Press, 2000.

MOURA, C. P. *O Instituto Rio Branco e a diplomacia brasileira: um estudo de carreira e socialização*. Rio de Janeiro: Editora FGV, 2007.

MOURA, C. P. Jovens colegas: um estudo de carreira e socialização no Instituto Rio Branco, 1999 (Dissertação de mestrado). RJ, UFRJ.

MURRAY, W. A. Towards World of War 1871-1914. In: PARKER, G. (ed.). *The Cambridge History of Warfare*. New York: Cambridge University Press, 2006. p.249-277.

NATO. *Nations National Briefings and Reports*. Office on Women in NATO Forces and The Women's Research & Education Institute. 2007. Disponível em: http://www.nato.int/issues/women_nato/perc_fem_soldiers.jpg.

NICARÁGUA. Disponível em: www.midef.gob.ni/.

NOGUEIRA, J. P.; MESSARI, N. *Teoria das relações internacionais*. Rio de Janeiro: Elsevier, 2005.

NUCIARI, M. Women in the Military. Sociological Arguments for Integration. In: CAFORIO, G. *Handbook of Sociology of the Military*. Nova York: Kluwer Academy; Plenum Publishers, 2003.

NUMMER, F. V. *Ser polícia, ser militar: o curso de formação na socialização do policial militar*. Niterói: Ed. UFF, 2005.

O'DONNELL, G.; SCHMITTER, P.; WHITEHEAD, L. (orgs.). *Transiciones desde un gobierno autoritario: perspectivas comparadas*. Buenos Aires: Paidós, 1988.

OEA-AG Convenção Interamericana para Prevenir, Punir e Erradicar a Violência contra a Mulher. *Convenção de Belém do Pará*, 1994. Disponível em: www.agende.org.br/convencoes/belem/belem.php.

OEA-CP/CSH. *Relatório final do projeto "curso de capacitação sobre gênero, conflito e construção da paz"*. Reunião da Comissão de Segurança Hemisférica. Washington--DC, 20 de março (OEA - Ser. G.-CP/CSH-834/07 add.1), 2007, p.12.

OLIVEIRA, E. R. *De Geisel a Collor: forças armadas, transição e democracia*. Campinas: Papirus, 1994.

ONU. Disponível em: www.un.org/spanish/.

ONU. *Mainstreaming a Gender Perspective in Multidimensional Peace Operations*. UN Lessons Learned Unit, DPKO. July, 2000. Disponível em: http://www.un.org/Depts/ dpko/lessons/Gender%20Mainstreaming.pdf.

ONU. *Report of the Fourth World Conference on Women*, Beijing 4 to 15 Sep., 1995. Disponível em: http://www.peacewomen.org/un/women/unwomenpeacedocs.html#16. Acesso em: 24 out. 2007.

ONU-CS *Resolução 1.325*, 2000a. Disponível em: http://www.un.orgDocsscres2000sc2000.htm. 31.10.

ONU-CS *Resolução 1.327*, 2000b. Disponível em: http://www.un.orgDocsscres2000sc2000.htm. 13.11.

ONU. *Policy Dialogue to Review Strategies for Enhancing Gender Balance Among Uniformed Personel in Peacekeeping Missions*. New York, March, 2006. Final Report.

ONU-PNUD *Relatório do Desenvolvimento Humano 2007/2008*. Combater as alterações climáticas: solidariedade humana num mundo dividido. Nova York: PNUD, 2007.

ONU-CS *Informe del Secretario General sobre las mujeres*. Distr. General, 12 de septiembre de 2007. Nova York, ONU, 2007a.

ONU-CS. 2007b. Disponível em: http://www.un.org/av/radio/portuguese/story.asp?NewsID=2019.

ONU - UNIFEM. El Progreso de las Mujeres en el Mundo 2002. Nova York: ONU, 2003.

ORGANIZAÇÃO DAS NAÇÕES UNIDAS. Assembleia Geral, Conselho de Segurança. *Declaração de Windhoek*, maio de 2000. A/55/138-S/2000/693.

ORGANIZAÇÃO DAS NAÇÕES UNIDAS. Assembleia Geral, Conselho de Segurança. *Plano de Ação da Namíbia,* maio de 2000. A/55/138-S/2000/693.

OTAN. *Handbook for Delegates* (March 2007), 2007a. Disponível em: <http://www.nato.int/issues/women_nato/handbook_2007.pdf>. Acesso em: 12 jun 2007.

______. *Spain's Annual Report for the Committee of Women in NATO forces* (2005-2006), 2007b. Disponível em: http://www.nato.int/ims/2006/win/pdf/spain_national_report_2006.pdf. Acesso em: 12 jun. 2007.

______. Percentages of Female Soldiers in NATO Nations "Armed Forces" 2001-2006, 2008a. Disponível em: http://www.nato.int/issues/women_nato/perc_fem_soldiers_2001_2006.pdf. Acesso em: 19 jun. 2008.

______. *Percentages of Female Soldiers in NATO Nations "Armed Forces"* 2007, 2008b. Disponível em: http://www.nato.int/issues/women_nato/perc_fem_soldiers_2007.pdf. Acesso em: 19 jun. 2008.

PAYNE, A.; SUTTON, P. R. *Modern Caribbean Politics*. Baltimore, Maryland: John Hopkins University Press, 1993.

PEDRO, J. M. Traduzindo o debate: o uso da categoria gênero na pesquisa histórica. *História*, Franca, v.24, n.1, 2005. Disponível em: http://www.scielo.br/scielo.php?script=sci_arttext&pid=S0101- 90742005000100004&lng=pt&nrm=iso. Acesso em: 09 out. 2006.

PERROT, M. *Mulheres públicas*. São Paulo: UNESP, 1998.

PETTMAN, J. J. Gendered Issues. In: BAYLIS, J.; SMITH, S. *The Globalization of World Politics – An Introduction to International Relations*. Oxford: Oxford University Press, 2005.

PHILLIPS, D. E. Another Look at the Royal Bahamas Defense Force, n.189. *Center for Hemispheric Defense Studies. Research and Education in Defense and Security Studies* (REDES 2002). Aug. 7-10. Brasília, 2002a.

______. The Military of Guyana. In: BOBEA, L. *Soldados y ciudadanos en el Caribe*. Santo Domingo, República Dominicana: FLACSO, 2002b.

PIRAS, C. (ed.). *Mujeres y Trabajo en América Latina: desafíos para las políticas laborales*. Nova York: BID, 2006.

POJOAJU. ASOCIACIÓN DE ONGS DEL PARAGUAY. *Democracia y desarrollo: una aproximación de la situación del Paraguay*. Documento elaborado para La Mesa de Articulación de Asociaciones Nacionales y Redes de ONGs de América Latina y Caribe, a ser presentado en el Seminario Auto Convocado del Foro Social Mundial de Porto Alegre, Brasil, 2005, enero.

POSSAS, L. M. V. Vozes Femininas na Correspondência de Plínio Salgado. In: GOMES, A. C. *Escrita de si, escrita da história*. Rio de Janeiro: Editora FGV, 2004.

PRESALIBRE. 2008. Disponível em: prensalibre.com/pl/2008/febrero/04/080204181404.kwoma6so.html.

PRESIDENCIA DE LA NACIÓN (ARGENTINA)/CONSEJO NACIONAL DE LA MUJER. *La mujer y la violencia en la República Argentina.* Convenciones Internacionales. Legislación Nacional y Provincial. Estudio Comparativo. Buenos Aires: Governo Argentino, 2004.

PRZEWORSKI, A. Ama a incerteza e serás democrático. *Novos Estudos* CEBRAP. São Paulo, n.9, jul., 1984.

QUINTELLA, T. M. M. A presença feminina na diplomacia brasileira. *Boletim da Associação dos Diplomatas Brasileiros*, Brasília, ano IX, n.41, p.13-15, jul/set, 2002.

REIN, T. Transversalización de la perspectiva de género en las Operaciones de Apoyo a La Paz de las Naciones Unidas. *Estudios Internacionales*, 2006. Disponível em: http://goliath.ecnext.com/coms2/summary_0199-6493985_ITM.

RESDAL. *Atlas comparativo de la defensa*. Buenos Aires: Ser en el 2000, 2007.

REVISTA ESCAPE. Mujeres al asalto del ejército. *Camino hacia la equidad social.*, 9 de abr. 2006. La Paz, 2006.

REYNAUD, E. *Les femmes, la violence et l'armée*. Paris: Fondation pour les Études de Defense Nationale, 1988.

REZENDE, M. A. Z. *Tentando compreender o significado da hemodiálise*: estudo de caso através da abordagem fenomenológica existencial. Especialização em psicologia. COGEAE/PUC-SP, 2006, *digit.*

ROCHA, A. J. R. *Relações internacionais: teorias e agendas*. Brasília: IBRI, 2002.

RODRÍGUEZ, J. Mujeres militares. La última trinchera. *El País*, 19 de abril, 1998.

ROJAS A., 2005. La seguridad en las Americas: Nuevos Y Viejos Desafios, Iberoamerica, 2005.

RUPERT, M. Alienação, capitalismo e o sistema interestados: rumo a uma crítica marxista/gramsciana. In: GILL, S. (org.). *Gramsci, materialismo histórico e relações internacionais*. Rio de Janeiro: UFRJ, 2007.

SAINT-PIERRE, H. Prefácio. In: MATHIAS, S. K. *Distensão no Brasil*: *o projeto militar (1973-1979)*. Campinas: Papirus, 1995.

______. Reconceitualizando novas ameaças: da subjetividade da percepção à segurança cooperativa. In: SOARES, S. L. A.; MATHIAS, S. K. *Novas ameaças: dimensões e perspectivas*. São Paulo: Sicurezza, 2003.

SEBESTA, L. United States – European Cooperation in Space During the Sixties. ESA History Study Report n. 14. (European Space Agency), 1994.

SEBESTA, L. Women and legitimation of use of force. In: *Convention and Convenience: A Preliminary Study of Women Soldiers in the Anglophone Caribbean With Special Reference to the Women's Army Corps of the Guyana Defence Force and the Search for Professional Identity*, 1967-2002. Center for Hemispheric Studies. Brazil, Aug., 2002.

SEGAL, M. Women's Roles in the US Armed Forces: An Evaluation of Evidence and Arguments for Policy Decisions. In: FULLINWIDER, R. K. (ed.). *Conscripts and Volunteers: Military Requirements, Social Justice and the All-Volunteer Force*. New Jersey: Rowan & Allanheld, 1983. p.200-213.

SEGAL, Mady W. Gender and the Propensity to Enlist in the U.S. Military. In: SIMON, R. J. (ed.) *Women in the Military*. New Brunswick, NJ: Transaction Publishers. 2001.

______. Women's Military Roles Cross-Nationally. Past, Present and Future. *Gender and Society*, v.9, n.5, p.757-775, December, 1995.

______. Gender and the Military. In: CHAFETZ, J. S. (ed.). *Handbook of the Sociology of Gender*. New York: Kluwer Academic/Plenum Publishers, 1999a.

______. Funções militares das mulheres numa perspectiva comparada: passado, presente e futuro. *Nação & Defesa*, n.88, p.15-43. Lisboa: Instituto de Defesa Nacional, inverno, 1999b.

SEIFERT, R. War and Rape: A Preliminary Analysis. In: STIGLMAYER, A. (ed.). *Mass Rape. The War Against Women in Bosnia-Herzegovina*. Lincoln: University of Nebraska Press, 1994.

SHARE, D.; MAINWARING, S. Transição pela transação: democracia no Brasil e na Espanha. Dados. Rio de Janeiro, 29 (2), 1986.

SHARRATT, S.; KASCHAK, E. (eds.). *Assault on the Soul: Women in the Former Yugoslavia*. New York: Haworth, 1999.

SPEGELE, R. D. Emancipatory International Relations: Good News, Bad News or No News at All? *International Relations*, v.16, n.3, p.381-401, 2002.

STEANS, J. *Gender and International Relations, An Introduction*. New Brunswick, NJ: Rutgers University Press, 1998.

STIGLMAYER, A. (ed.). *Mass Rape. The War Against Women in Bosnia-Herzegovina*. Lincoln: University of Nebraska Press, 1994.

STRAUSS, C. L. *As estruturas elementares do parentesco*. Petrópolis: Vozes, 1976.

SYLVESTER, C. *Feminist Theory and International Relations in a Postmodern Era*. Cambridge: Cambridge University Press, 1994.

THÉBAUD, F. *História das mulheres no Ocidente: o século XX*. Porto: Edições Afrontamento, 1995.

THOMSON, M. Boys and Girls Apart. *Time Magazine*. Disponível em: http://www.time.com/time/printout/0,8816,987597,00.html. Acesso em: 01 abr. 2007.

TIBILETTI, P. Argentina: defensa y democracia. In: DONADIO, M. (ed.). *Atlas comparativo de la defensa*. Buenos Aires: Ser en el 2000, 2007.

TICKNER, J. A. You Just Don´t Understand: Troubled Engagements between Feminists and IR Theorists. *International Studies Quarterly*, v.41, n.4, p.611-632, 1997.

______. Why women can't run the world: International Politics according to Francis Fukuyama. *International Studies Review*, 1999.

______. Feminist Perspectives on International Relations. In: CARLSNAES, W.; RISSE, T.; SIMMONS, B. *Handbook of International Relations*. Londres: SAGE Publications, 2001a.

______. *Gendering World Politics: Issues and Approaches in a Post-Cold War Era*. New York: Columbia University Press, 2001b.

______. What Is Your Research Program? Some Feminism Answers to International Relations Methodological Questions. *International Studies Quarterly*, v.49, p.1-21, 2005.

______. On the frontlines or sidelines of knowledge and power? Feminist practices of responsible scholarship. *International Studies Review*, v.8, n.3, Set/06, 2006.

TRAVERSO, M. T. *Shrouded in Silence Domestic Violence in Uruguay*. Washington--DC: BID, 2001.

TRINIDAD E TOBAGO ARMY. Trinidad e Tobago Army Regiment, 2008. Disponível em: http://www.ttdf.mil.tt/ttr/index.html

UNAM. 2007. Disponível em: http://www.jornada.unam.mx/2007/05/24/index.php?section=politica&article=016n2pol.

UNITED NATIONS. *An agenda for development* – report of the Secretary-General. Document A/48/935 - 6 may. Nova York, 1994. Disponível em: http://www.un.org/Docs/SG/agpdev.html. Acesso em: 7 dez. 2005.

______. *An agenda for peace* – preventive diplomacy, peacemaking and peace-keeping. Report of the secretary-general pursuant to the statement adopted by the Summit Meeting of the Security Council on 31 Jan. Document A/47/277 - S/24111 - 17 jun.1992. Nova York, 1992. Disponível em: http://www.un.org/Docs/SG/agpeace.html. Acesso em: 7 dez. 2005.

______. *Supplement to an Agenda for Peace* – position paper of the secretary-general on the occasion of the fiftieth anniversary of the United Nations. Document A/50/60 – S/1995/1 – 3 jan. Nova York, 1995. Disponível em: http://www.un.org/Docs/SG/agsupp.html. Acesso em: 7 dez. 2005.

______. United Nations Charter. (s/d). Disponível em: http://www.un-documents.net/charter.htm. Acesso em: 8 abr. 2006.

UNESCO. *Action programme to promote a culture of peace.* Document 141EX/13 - 12 mar. Paris, 2003. Disponível em: http://unesdoc.unesco.org/ulis/cgi-bin/ulis.pl?database=extd&set= 46D8849C_1_152&look=ex&sc1=1&sc2=0&ref=http://unesdoc.unesco.org/ulis/index.html&nl=1&ll=1&scroll=1. Acesso em: 25 ago. 2006.

______. *Action programme to promote a culture of peace.* Document 141EX/16 - 7 abr. Paris, 1993. Disponível em: http://unesdoc.unesco.org/ulis/cgi-bin/ulis.pl?database=extd&set=46D8849 C_1_152&look=ex&sc1=1&sc2=0&ref=http://unesdoc.unesco.org/ulis/index.html&nl=1&ll=1&scroll=1. Acesso em: 24 set. 2006.

UNITED NATIONS. *Gender Mainstreaming:* an overview. New York: Office of the Special Adviser on Gender Issues Department of Economic and Social Affairs, 2002. Disponível em: http://www.un.org/womenwatch/osagi/pdf/e65237.pdf. Acesso em: 26 out. 2007.

______. *Press Release.* Peace inextricably linked with equality between women and men says security council, in international women's day statement. Resolution SC/6816. 8 mar., 2000. Disponível em: http://www.un.org/News/Press/docs/2000/20000308.sc6816.doc.html. Acesso em: 7 out. 2007.

______. *Report of the Fourth World Conference on Women,* Beijing 4 to 15 Sep., 1995. Disponível em: http://www.peacewomen.org/un/women/unwomenpeacedocs.html#16. Acesso em: 24 out. 2007.

______. *Report of the Secretary-General on Women, Peace and Security.* Document S/2006/770. 27 Sep., 2006. Disponível em: http://www.mineaction.org/doc.asp?d=665. Acesso em: 30 set. 2007.

______. *Resolution 1.261.* Adopted by the Security Council at its 4037th meeting. 25 Aug., 1999. Disponível em: http://se2.isn.ch/serviceengine/FileContent?serviceID=23&fileid=97FD443F-0A48-A43D-603B-8D9BFF139552&lng=en. Acesso em: 5 out. 2007.

______. *Resolution 1.296.* Adopted by the Security Council at its 4.130th meeting. 19 Apr., 2000. Disponível em: http://www.un.org/Docs/scres/2000/sc2000.htm. Acesso em: 5 out. 2007.

______. *Resolution 1.314.* Adopted by the Security Council at its 4.185th meeting, 11 Aug., 2000. Disponível em: www.un.org/Docs/scres/2000/sc2000.htm. Acesso em: 30 out. 2007.

______. *Resolução 1.325.* Aprovada pelo Conselho de Segurança na sua 4.213ª reunião, em 31 de Out., 2000. Disponível em: http://www.un.org/Docs/scres/2000/sc2000.htm. Acesso em: 5 out. 2007.

______. Gender Mainstreaming, Competitiveness and Growth. Paris, 2000. *Gender Mainstreaming in Economic Development in the United Nations.* Office of the Special Adviser on Gender Issues and Advancement of Women Session on Gender Mainstreaming in International and Regional Organizations at the ministerial level conference. Disponível em: http://www.un.org/womenwatch/osagi/pdf/oecdmainstgrowth.PDF. Acesso em: 30 out. 2007.

UNIVERSIDADE DE BRASÍLIA. Núcleo de Estudos sobre Ensino Superior (NESUB). *Perfil socioeconômico dos candidatos ao concurso de admissão à carreira diplomática:* relatório final, junho 1999. Brasília, 1999.

US NAVY. Almirante J. Stavridis. *United States Southern Comand Strategy 2016.* Aug., 2007.

USP – COMISSÃO DE QUALIDADE E PRODUTIVIDADE. *Anuário Estatístico da USP.* São Paulo: USP, 2006. Disponível em: http://www2.usp.br/portugues/conteudo.php¿dir=/ausp/infogeral/USPem numeros.htm. Acesso em: 26 jan. 2008.

VALENZUELA, A. Chile: Origins, Consolidation and Breakdown of a Democratic Regime. In: DIAMOND, L.; LINZ, J.; LIPSET, S. (eds.). Democracy in Developing Countries, v.4 - Latin America. Boulder: Lynne Rienner Publishers, 1989.

VAN CREVELD, M. Women in the Military: Gain or Regression¿ In: STUART, A. C. (comp.). Democratic Societies and Their Armed Forces. Israel in Comparative Perspective, Frank Cass. Londres: 2000.

______. *Men, Women and War. Do Women Belong in the Front Line¿* London: Cassell&Co., 2001.

VENEZUELA. Disponível em: http://www.rnv.gov.ve/.

VIAJES AL CONGO. NEGOCIO CORPORATIVO DEL EJÉRCITO. Disponível em: http://www.elperiodico.com.gt/es/20070215/actualidad/36794/.

VIDIGAL, A. A. F. Estratégia e o emprego futuro da força. *Revista da Escola Superior de Guerra*, 12(32), p.39-76, 1996.

WINAND, É.; SAINT-PIERRE, H. O legado da transição na agenda democrática para a defesa: os casos brasileiro e argentino. In: SAINT-PIERRE, H. (ed.). *Controle civil sobre os militares e política de defesa na Argentina, no Brasil, no Chile e no Uruguai.* São Paulo: UNESP, 2007.

WOM/1134. Custom impede women's opportunities in Belize, despite legal protection, women's anti-discrimination committee told. 14 junio 1999. Disponível em: http://www.scienceblog.com/community/older/archives/L/1999/A/un990913.html.

WALTZ, K. *Teoria das relações internacionais*. Lisboa: Gradiva, 2002.

______. *O homem, o estado e a guerra*. São Paulo: Martins Fontes, 2004.

WALTZ, K. O homem, o estado e a guerra: Uma análise teórica. São Paulo: Martins Fontes, 2004.

WENDT, A. Constructing International Politics. *International Security*, v.20, n.1, p.71-81, Summer, 1995.

WENDY, A. H. *Back to the Barracks¿* The Military in Post-Authoritarian Brazil. Dissertation submitted in partial satisfaction of the requirements for the degree of Doctor of Philosophy in Political Science. University of California at Berkeley, 1992.

WILLIAMS, M. C. Words, Images, Enemies: Securitization and International Politics. *International Studies Quarterly*, v.47, p.511-531, 2003. Disponível em: http://www.blackwell-synergy.com/doi/abs/10.1046/j.0020-8833.2003.00277.x. Acesso em: 28 nov. 2006.

WOMEN IN PARLIAMENTS: WORLD CLASSIFICATION. Interparliamentary Union. Genebra, 2007. Disponível em: http://www.ipu.org/wmn-e/classif.htm. Acesso em: 15 mar. 2007.

WOODWARD, R.; WINTER, T. *Sexing the Soldier: the Politics of Gender and the Contemporary British Army*. London and New York: Routledge, 2007.

YOUNG, A. The Central American Crisis and Its Impact on Belize. In: YOUNG, A.; PHILLIPS, D. *Militarization in the Non-Hispanic Caribbean*. Boulder, CO and London: Lynne Rienner Publishers Inc., 1986.

YOUNGS, G. *International Relations in a Global Age: a Conceptual Challenge*. Cambridge: Polity Press, 1999.

SOBRE O LIVRO
Formato: 16 x 23
Mancha: 26 x 48,6 paicas
Tipologia: StempelSchneidler 10,5/12,6
Papel: Off-set 75g/m² (miolo)
Supremo 250 g/m² (capa)
1ª edição: 2009

EQUIPE DE REALIZAÇÃO
Capa
Andrea Yanaguita

Edição de Texto
José Luiz de Campos Salles (copidesque)
Geisa Mathias de Oliveira (preparação)
Guilherme Laurito Summa e Alberto Bononi (revisão)

Editoração Eletrônica
Entreletra Produção Gráfica